山西财经大学中青年学者文库

价格指数的理论与方法

高艳云　著

中国财政经济出版社

图书在版编目（CIP）数据

价格指数的理论与方法 / 高艳云著. —北京：中国财政经济出版社，2008.12

（山西财经大学中青年学者文库）

ISBN 978－7－5095－1179－4

Ⅰ. 价…　Ⅱ. 高…　Ⅲ. 价格指数－研究　Ⅳ. F714.1

中国版本图书馆 CIP 数据核字（2008）第 213611 号

责任编辑：付克华　　　　责任校对：黄亚青

封面设计：陈　瑶　　　　版式设计：汤广才

中国财政经济出版社出版

URL：http：//www.cfeph.cn

E－mail：cfeph@cfeph.cn

社址：北京市海淀区阜成路甲 28 号　邮政编码：100142

发行处电话：88190406　财经书店电话：64033436

北京富生印刷厂印刷　各地新华书店经销

880×1230 毫米　32 开　10 印张　248 000 字

2008 年 12 月第 1 版　2008 年 12 月北京第 1 次印刷

定价：20.00 元

ISBN 978－7－5095－1179－4/F·0995

（图书出现印装问题，本社负责调换）

本社质量投诉电话：010－88190744

总序

大学学术是作为科学策源地、文化发祥地、人才群聚区、社会智力库、知识辐射源的高等学府独具一格的宝贵财富，而大学学者的学术成果则是每一个高等学府经年累月所积淀的思想宝库。大学源于学术，学术是大学的生命力。

我校是一所学术气氛浓郁的财经类高等学府。50多年来，我校学科覆盖经、管、法、文、理、工、教等7个门类，有30余个博士学位、硕士学位授权点，有12个省级重点学科，2个省级人文社科重点研究基地。学科复合、专业交叉、资源互补、观念互渗、乘势而上……在新的发展机遇期，山西财经大学已经绘制了宏伟发展蓝图，确定了学校由教学型转向教学科研型的发展战略。由学校资助出版的中青年学者文库，是具有丰富内涵的山西财经大学中青年学者成果的立体化呈现。它不仅是对学校50多年学术文化和学术传统的历史性继承，而且是我校在战略发展阶段所采取的重要举措。

第一，在于推出学术精品。通过资助出版学术精品，形成精品学术成果的园地，为繁荣国家财经、管理、政法以及人文社会科学研究，解决党和国家面临的重大经济、社会问题，做出我校应有的贡献。第二，培养学术队伍，特别是通过对一批处在成长期的中青年学术骨干、博士的成果予以资助出版，促进学术梯队建设，提高

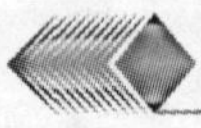

学术队伍的整体实力和水平。第三，凝炼学术特色。通过资助在学术思想、学术方法和学术观点等方面有独到和创新点的学术成果，培育学术特色，力争通过努力，形成有我校特色的学术思想体系。因此，本文库面向中青年，面向原创精品。

我们欣喜地看到，今天的财大学人正沐浴财大学术精神的光芒，凝视前行者或深或浅的脚步，敞开我们日月经天的情怀，共同拥抱山西财经大学无比美好的明天，让我们共同的学术精神发扬光大。

原梅生

二〇〇八年十二月

目录

Mu LU

价格指数的研究背景

1.1 人们为什么关注价格指数

1.1.1 什么是价格指数

从最一般的意义来说，价格指数是指两个不同时期价格水平变动的相对数，即报告期价格水平与基期价格水平变动的比例关系。价格指数可以反映商品价格变动关系，也可以反映生产要素价格变动关系。

作为一个综合性的指标，价格指数往往反映的是多种商品或要素价格的综合变动，是对单个商品或要素价格变动的综合。它能够分析和描述在一段时期内价格变动的轨迹，因此价格指数具有综合性[①]、平均性的特点。

在经济生活中编制和公布的价格指数有多种。按照不同的标准分类，价格指数可以分为不同的类别。

① W. E. Diewert 在《帕尔格雷夫大词典》中解释指数的含义时，说到每个人在一年之间消费上千种商品和服务，大多数的生产者也使用和（或）生产上千种不同商品和服务，指数就是用来简化和概括这种数量惊人的大量微观经济信息的。由此可见指数的综合性特点。

（1）按照价格指数编制的地区范围划分，可以区分为全国价格指数、地区价格指数、城市价格指数、农村价格指数等。

（2）按照价格指数所反映内容划分，可以区分为消费者价格指数（CPI）、生产者价格指数（PPI）、进出口价格指数、投资价格指数、房地产价格指数、股票价格指数、期货价格指数、国债价格指数、基金价格指数等。

（3）按照价格指数所包括的商品范围大小不同划分，可以区分为单项价格指数、类指数和总指数。单项价格指数是针对一种商品或要素编制的价格指数，类指数针对的是一类商品或要素，总指数则针对所有商品来编制。

（4）按照价格指数编制的时期不同划分，可以区分为日指数、月指数、季节指数、半年指数和年度指数。对于价格变动比较频繁的产品或要素，需要编制间隔较短的指数，如每日公布的股票价格指数。如果人们不是特别关注短期内的价格变动，而关注的是较长时期如月度之间的价格变化，则可以编制月度价格指数。多数国家的消费者价格指数都是月度价格指数。当然，若宏观决策依据的是较长时期内的价格变动，则可以编制较长时期的价格指数，如GDP价格指数。

（5）按照编制价格指数时选择的基期不同划分，可以分为定基价格指数和环比价格指数。环比价格指数也被称为桥指数或链指数，是以报告期前一时期为基期计算的价格指数，反映相邻时期价格的变动；定基价格指数反映的是相对于固定基期报告期价格水平的变化。除此之外，还有一种同比价格指数，就是报告期与上年同期相比较得出的价格指数。

1.1.2 人们为什么关注价格指数

宏观经济管理的重大目标之一是保持价格水平稳定。价格指数作为衡量价格水平变化的一个重要宏观经济指标，受到包括政府、

企业和公众在内的很多经济主体的关注。为什么人们会对价格指数给予很高的重视？其原因是：第一，价格指数直接反映了宏观经济运行过程中各个环节的重要经济信息，包括生产、流通、消费、进出口、投资等环节。价格指数本质上反映的是供给和需求的对比关系，在供过于求和供不应求的情况下，价格指数会有不同的反应和表现，政府、企业和个人会据此作出不同的决策。第二，可以根据价格指数的变化和走势来评价政府宏观政策的实施效果，包括财政政策、货币政策、外汇政策等，这些宏观政策的实施效果会体现在价格的变动中。第三，政府可以根据价格指数所反映出来的信息为未来政策的制定提供一定的依据。当价格指数持续上升时，可能是宏观经济过热的一个表现；当价格指数持续下跌时，可能是经济萎缩的信号。政府应密切关注价格指数所传递的信号来作出相应的决策。如英国就将 CPI 作为监测通货膨胀的一个重要指标，2003 年 12 月制定了年度 CPI 不超过 2% 的目标，否则就认为出现一定的通货膨胀，需要采取一定的措施。第四，价格指数作为一种重要的宏观经济资料，可以用来分析其他重要指标的变化，如将名义收入换算为真实收入、对真实生产率的测定等。

就具体某个价格指数来说，由于其反映的领域不同，人们对其关注的出发点或动机不同。如人们关注生产者价格指数，主要是关注企业购买的一篮子产品和劳务的总费用的变化。由于企业最终要把它们的费用以更高的消费价格的形式转移给消费者，所以，通常认为生产物价指数的变动是消费物价指数变动的先期指标，在一定程度上具有预警作用。人们关注消费者价格指数，是因为消费者价格指数直接反映了与人们生活直接相关的商品和服务的价格变化。事实上，消费者价格指数在宏观经济分析中受到非常广泛的关注，包括普通民众、政府、企业等各相关经济主体。

为什么 CPI 会受到更加普遍的关注？因为 CPI 不仅用来测度居民所购买的一篮子商品和服务的价格变化，它还经常被用在很多宏观经济领域方面：一是测定全社会的通货膨胀水平。尽管 CPI 只是一个反映与居民消费相关的商品及服务的价格变动的指标，但经常被用来测度全社会的通货膨胀水平。二是测定实际经济变量水平。若要测定实际经济增长、实际收入水平、实际生产率等，都需要剔除价格因素的影响，人们往往选择用 CPI 作为缩减指标。在美国，CPI 的分类指数也经常被美国经济分析局用来缩减个人消费支出，编制国民收入账户。三是指导宏观政策包括财政政策和货币政策的制定，以及与国计民生紧密相关的一些政策①。比如在美国，CPI 的一个很重要的用途是调整工资水平。超过 200 万人的工人所签订的工资协议与 CPI 挂钩，CPI 也会影响逾 8000 万美国人口的收入水平，包括 2240 万靠政府发放的粮票生活的人。CPI 也会影响 2670 万在学校吃午饭的学生的午餐成本计算，甚至会影响夫妻离婚后生活费及子女抚养费的计算和调整。1985 年以来，CPI 也被作为调整联邦收入税的依据。四是反映居民生活费用的变化。在很多国家，CPI 被用来测度生活费用指数（COLI）。五是 CPI 经常用于一些国际间的比较项目，如购买力平价比较及国际间通货膨胀水平的比较。六是 CPI 也经常被用做指数化工具，如指数化工资、利率、租金等。

1.2 价值、价格理论的历史线索

价格指数是由价格动态变动而产生，而价格则是由商品本身的价值所决定，所以研究价格指数要将其与价值、价格联系起来分析。由于历史的原因以及不同学派的理论不同，人们对价值、价格的解释有很大的差异。回顾这些理论，对于我们理解价格指数有重

① 如美国贫困线的划定就是在 1965 年居民的最低支出的 3 倍的基础上，再考虑 CPI 的影响来加以调整。

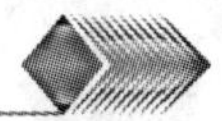

要的参考意义。

1.2.1　古典经济学的价值和价格理论

1. 威廉·配第的价值和价格理论

配第区分了政治价格（市场价格）和自然价格（价值），认为政治价格是围绕自然价格波动的。他首次提出了商品交换的等价基础是耗费的劳动。

配第主要研究的是自然价格的决定因素。他认为，商品的自然价格是由生产该商品所耗费的劳动决定的。他举了一个例子，如果一个人在生产 1 蒲式耳小麦的时间里，能够把 1 盎司的白银从秘鲁运到伦敦，那么这 1 盎司的白银就是 1 蒲式耳的自然价格；也就是说，它们的相等基础是二者耗费相同的劳动量。实际上，威廉·配第指出了商品的价值取决于商品生产时耗费的劳动量，而劳动量由时间决定。

配第还认为，劳动生产率的变化可以影响商品的价值量，即商品劳动价值量与劳动时间成正比，与劳动生产率成反比。劳动生产率的提高可以减少生产单位商品的劳动时间，因此单位商品的价值量下降。此外，配第还考察了分工对劳动生产率的影响。他以织布为例，说明分工越细，劳动生产率越高，所耗费的劳动时间越少，商品的价值量越低。

2. 休谟的货币数量论中的价格理论

休谟是 18 世纪货币数量论的代表人物。他认为："一切东西的价格取决于商品和货币之间的比例，任何一方的重大变化都能引起同样的结果——价格的起伏。看来这是不言自明的原理。商品增加，价钱就便宜；货币增加，商品就涨价。反之，商品减少或货币减少也都具有相反的倾向①。"不过，休谟认为引起商品价格变化

---

① 《休谟经济论文选》，商务印书馆 1984 年版，第 53 页。

的不在于商品和货币供应数量的变化，而在于商品供应量和货币供应量之间比例的变化，即商品的价格是在流通过程中用商品数量去除货币数量所得的商。

由于休谟生活的年代正处于反重商主义时期，为了支持自由贸易，他认为一国的财富与一国所拥有货币的多少没有关系，但是货币数量的多少会对对外贸易产生影响。一国流通货币的增多，使商品价格上涨，出口下降；一国流通货币减少，使商品价格下降，出口增加，反过来又会输入更多的货币。因此，休谟认为不要实行政府干预，主张自由贸易。

3. 亚当·斯密的价格理论

斯密研究了自然价格和市场价格的定义及相互关系。斯密所说的自然价格的概念沿用了配第的说法，并在此基础上详细解释了商品价格构成的三大部分。他说："在每一个社会及其邻近地区，各种用途的劳动的工资以及各种用途的资本的利润，都是一种普通率或平均率。""同样，在每一个社会及其邻近地区，地租也有一个普通率或平均率。""这些普通率或平均率，可称为那地方那时段通行的工资自然率、利润自然率或地租自然率。一种商品价格，如果不多不少恰恰等于生产、制造这商品乃至运送这商品到市场所使用的按自然率支付的地租、工资和利润，这商品就可以说是按它的自然价格的价格出售的①。"也就是说，自然价格是商品从生产到销售过程中所产生的所有费用，包括付给劳动者的工资、资本所有者的利润和土地所有者得到的地租。斯密还说："商品通常出卖的实际价格，叫做它的市场价格，商品的市场价格，有时高于它的自然价格，有时低于它的自然价格，有时和它的自然价格相同②。"

斯密还认为，商品的市场价格是在供求竞争中围绕自然价格而

---

① 《休谟经济论文选》，商务印书馆1984年版，第49页。

② 同上，第50页。

上下波动。商人以自然价格为参考基础来确定商品的市场价格，而消费者根据商品销售者确定的市场价格来决定是否购买商品，经过买卖双方的讨价还价后达成交易，商品的价值得以实现。但是买卖双方的供求比例经常是不对等的，这就使得商品市场价格经常高于或低于自然价格。当市场供不应求时，市场价格高于自然价格；当市场供过于求时，市场价格低于自然价格；只有当商品的供应量等于其有效需求时，商品的市场价格才与自然价格相等。另外，自然和政策等原因也会造成市场价格的波动，而垄断因素也会使一定时期的垄断价格高于自然价格。

4. 大卫·李嘉图的价格理论

李嘉图研究了货币流通量的问题。他认为，如果不考虑因商品供求关系引起的价格波动，商品价格同商品价值和货币价值有关。当货币的价值保持不变，商品价格同商品价值成正比，商品价值增加，其价格也上升，反之，亦然；当商品价值保持不变时，商品价格同货币价值成反比，货币价值增加，商品价格下降；货币价值减少，商品价格上升。他说："一国所能运用的货币量必然取决于其价值。如果只用黄金来流通商品，其所需的数量将只等于用白银流通商品时所需白银数量的十五分之一①。"李嘉图认同货币是一种商品的说法，以劳动价值论的观点来研究货币，认为货币的价值仍然可以由其耗费的劳动量决定。在全社会流通的商品总额不变的条件下，如果开采黄金的劳动耗费量是开采白银的15倍，那么用黄金来替代白银进行商品流通后，其商品价格就会是以前价格的1/15。

1.2.2 近代经济学中的价格理论

1. 萨伊的价格理论

萨伊认为，价格是由供求关系决定的。在其他条件一定的条件

---

① 李嘉图：《政治经济学及赋税原理》，商务印书馆1983年版。

下，物价的变动与需求成正比，与供给成反比。但是，影响价格变动的因素并非只有供求，还有起基础作用的生产费用。他说："如果任何一种物品的法定价格低于它的生产费用，这种物品的生产就将停止；因为谁都不愿意亏本生产①。"萨伊根据他的供求论和生产费用论，提出反对国家限定价格的政策。如果限定的价格低于生产费用，资本家会因投入大于产出而停产；如果限定的价格等于生产费用，那么这一限价政策将没有意义；如果限定的价格高于生产费用，则是对消费者过多的掠夺。因此，萨伊认为价格应该由市场本身的供求来调节，由此才能建立生产和需求之间的合适比例。

2. 奥地利学派（边际效用心理学派）的价格理论

奥地利学派是边际效用学派中影响最大的一个学派。代表人物有门格尔、维塞尔和庞巴维克。其中，庞巴维克是奥地利学派最有影响的代表人物，提出了较为完整的边际效用价值论，包括"主观价值"和"客观交换价值"，其中"主观价值"是他的价值论，指的是具有某些特性的物品给人们带来满足感，这是从心理的角度来定义价值，并且价值量是由该物品的最小效用或经济边际效用所决定。"客观交换价值"是他的价格论，包括两个方面：其一是物品具有能够提供某些特性的能力；其二是该物品与其他物品交换时所具有的能力或购买力。

为了说明价格理论，庞巴维克提出了决定价格的四个因素，即对商品的供给程度、对商品的需求程度、卖主对商品的主观估价、买主对商品的主观估价；也就是说商品的价格是：需要程度越大，需求强度越高，则物品价格越高；供给程度越大，供给强度越高，则物品的价格越低。之后，庞巴维克举了一个卖马的例子来说明马的价格是如何通过买卖双方的博弈形成的。事例中他用"边际对偶"来代表上述四个因素之间复杂的博弈过程，并最终决定了马

① 萨伊：《政治经济学概论》，商务印书馆1982年版，第326页。

的市场价格。由此，庞巴维克得出了自己的价格规律："市场价可以在供和求在数量上互相平衡的地带内找到①。"

3. 洛桑学派（边际效用数理学派）的价格理论

洛桑学派创始人瓦尔拉斯的价值理论融入了数理边际效用的思想，认为价值来源于稀缺，随着商品供给量的不断增加，人们的效用逐渐减少，而"稀缺"代表的价值就是商品提供给消费者最后一点的满足程度。瓦尔拉斯用稀缺性来分析商品之间的交换比例，假设只有两个人和两种商品，则当商品的稀缺性（边际效用）之比等于两种商品价格之比时，两个人获得的效用达到最大化。这是两个人和两种商品的情况，瓦尔拉斯随后将研究对象推广到所有市场的所有商品，认为价格体系中商品的价格是由一般均衡下的所有商品供给和需求决定的，因为任何一种商品的价格都不是独自达到均衡，任何一种商品的价格与本市场或其他市场或多或少保持着某些联系，商品的价格是均衡价格。此外，如果统计资料健全，可以建立和商品价格有关的方程，当未知数的个数等于方程的个数时，就能够解出整个经济中唯一的一组均衡价格。

4. 马歇尔的均衡价格论

剑桥学派创始人马歇尔把供求理论、边际效用理论和生产成本理论综合在一起，提出了均衡价格理论，即由边际效用决定的主观需求价格和由生产成本决定的客观供给价格的相互作用，形成了均衡价格。

商品的需求价格是消费者愿意为获得边际购买量的效用而支付的货币量，从而把边际效用递减规律转化为需求价格递减规律。即需求量与商品价格成反比，价格下跌，需求量增加；价格上涨，需求量下降。此外，马歇尔还提出了需求的价格弹性，分析价格变化时需求量的变化程度。需求的价格弹性大的商品，在价格变动时，

---

① 庞巴维克：《资本实证论》，商务印书馆1982年版，第224页。

需求量变动较大；需求的价格弹性小的商品，在价格变动时，需求量变动较小。

马歇尔认为，均衡价格决定市场价格，如果市场价格与均衡价格相背离，那么就会通过需求和供给的变动使市场价格恢复到均衡价格的位置上。具体的调整会随商品供给的短期和长期性而不同。厂家在长期中可以完全调整自己的产业结构来适应商品需求的变化，例如需求扩大，商品价格上涨，厂家就可以扩大自己的产量来满足市场需求，相反，则会减少自己的产量，所以长期价格变动的掌控权在供给一方；而在短期中，由于厂家来不及调整自己的设备和厂房，只能以现有的生产条件来适应需要的变化，所以短期价格变动的掌控权在需求一方。

1.2.3 现代各流派的价格理论

1. 维克赛尔的价格理论

瑞典学派的主要创始人维克赛尔认为，一般价格水平的变动是因为货币与商品供求的均衡被破坏了，而利率可以用来解释需求和供给是如何被影响的。首先，利率可以影响需求，即影响消费者用于消费和储蓄的比例；另外，利率还影响着商品供给，即影响厂家用于生产商品的资源配置。

维克赛尔把利率分成货币利率和自然利率，前者是金融市场上的实际利率；后者是投资者的预期收益率，也就是资本的边际收益率。当自然利率等于货币利率，金融市场和实物资本市场的供求相等，投资等于储蓄，商品价格和居民收入稳定，整个经济处于均衡状态。当自然利率高于货币利率，厂家看到投资的前景，于是增加投资，扩大生产，收入增加，物价上涨，经济处于扩张期，一直到社会对于货币的需求使货币利率上升到与自然利率同一水平时，经济才在较高水平上恢复均衡。当自然利率低于货币利率，此时资本的边际收益率为负，于是厂家减少投资，缩小生产规模，收入减

少，物价下跌，一直到货币需求的减少使货币利率下降到和自然利率相同的水平时，经济才在较低的水平上恢复均衡。因此，只有金融市场的供求均衡了，商品市场的供求才能均衡，价格水平也就稳定了。

利用这一理论，维克赛尔提出中央银行可以通过调节利率的方法来稳定经济，平抑经济周期。其具体做法是价格上涨时提高利率，价格下降时降低利率。

2. 新剑桥学派的价格理论

新剑桥学派坚持凯恩斯主义理论，否定了一般物价水平的变动是由货币数量决定的说法，提出了自己的通货膨胀理论。卡尔多认为，“初级品的市场价格是由生产者和消费者的供求关系决定的，而制成品的市场价格是一种操纵价格，是由生产者根据成本自己决定的，所以初级产品部门的增长和制成品部门的增长失调，并引发‘滞涨’[①]”。琼·罗宾逊认为，“工业品价格是结合‘完全成本原则’和‘垄断程度原则’制定的，即按直接随产量的变动而变化的可变成本加上按标准开工率计算的平均管理成本（含折旧费）后，再加上‘纯利润幅度’制定的。这样制定的价格在生产能力既定的条件下几乎不对供求关系和销售量作出反应[②]”。按照他们的观点，物价水平的变动主要由产品成本决定，而产品成本在垄断程度一定的条件下是依靠劳资双方一轮又一轮的谈判决定，究竟是提高货币工资率增长率，增加工人收入；还是压低工资增长率，压缩产品成本，谁占据了主动权，谁就确定了产品成本。产品成本的变动直接导致了工资—物价，物价—工资的螺旋式的通货膨胀。

3. 现代货币学派的价格理论

① 卡尔多：《古典经济中的通货膨胀和衰退》，载英文《经济学》杂志，1976 年 12 月号。

② 琼·罗宾逊：《解答停止膨胀难题》，载英文《挑战》杂志，1979 年 11—12 月号。

弗里德曼作为现代货币学派的代表人物，在20世纪60年代欧洲出现了滞涨现象、凯恩斯主义的经济政策普遍失灵的时候，提出了自己的货币政策和经济自由的主张。对于通货膨胀，弗里德曼依据名义收入货币理论，指出通货膨胀始终是一种货币现象，从长期看，由于货币供给的增长速度快于产量增加的速度，而且这种通货膨胀的程度会随货币供给速度的加快而加剧。如果货币的增长速度低于产量的增长，通货膨胀也不会发生。就像他自己认为的："通货膨胀起因于经济脸盆里的货币溢出太多"，"关住货币水龙头，就可以制止在浴室中流溢满地的通货膨胀[①]"。虽然从短期看，通货膨胀可能是由于企业主的贪婪、消费者的浪费或是恶劣的自然天气造成的，但那只是个别商品的短期价格上涨行为，一般持续的通货膨胀是货币供应超速的结果。

1.3 价格指数与宏观经济的关系

1.3.1 价格指数对宏观经济的影响

价格指数对于宏观经济的运行有着重要的影响。宏观经济的各个方面，如投资、消费、就业、收入、国际收支、股票、利率、房地产等，都会受到价格变化的影响。

1. 对投资的影响

很多经济学家都认为适度通货膨胀有利于企业投资和国民经济的发展。当价格持续上升时，由于利润的作用，通货膨胀使得资金周转快的行业收益高于资金周转慢的行业，从而使得企业投向基础

---

① 胡代光：《米尔顿·弗里德曼和他的货币主义》，商务印书馆1980年版，第33页。

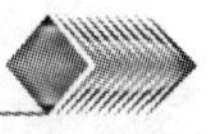

设施和原材料部门的资金大大低于投向流通领域的资金，导致基础生产部门投资资金不足，影响有效供给的增长。同时，也由于工资刚性的作用，会使原生产规模的货币资金不能转化为生产资金，从而使生产企业生产资金不足，原有生产规模无法维持，妨碍经济增长，迫使货币发行增加，导致物价进一步上涨。

当价格持续下降时，通过预期的作用和资本的作用也会对投资产生不利的影响。其主要原因是：一是预期的作用。价格持续下降时，理性的投资者会预期价格还会进一步下降，公司的利润也会预期下降，因此投资者会推迟新的投资项目实施，也会努力减少产量，这样公司税收就会降低，股票价格也会下降，从而降低了投资规模，对经济稳定和社会发展产生了重大影响。二是资本的作用。价格持续下降时，会提高资本形成的价格，降低资本的形成量。在通货紧缩严重的情况下，企业获得银行贷款的困难增加，发行股票市场溢价降低，从而使资本形成价格上升，进一步抑制企业生产需求。生产规模缩小，利润减少，会最终降低企业归还银行贷款的能力，使银行面临更大的风险。

2. 对消费的影响

首先，价格的变动会引起居民可支配收入的改变。由于不同行业在价格变动中或受益或损失，会引起不同居民集团收入水平的变化；同时，由于价格的变动，引起产品销售收益变化，实质上等于对收入进行了再分配。

其次，价格变动对消费的影响主要表现为居民消费倾向的改变，即导致可支配收入中消费与储蓄的分配比例发生变动，进而引起消费的改变。消费是关于可支配收入的函数，收入变了，消费必然也发生变化，但是，即使名义可支配收入与价格按相同比例同方向变化，没有改变实际可支配收入，由于在价格变动时期，不同商品的价格变动幅度可能不一致，不同商品的需求价格弹性也可能不一致，因此，即使总的消费支出没有发生改变，消费结构也发生了改变。

在价格总水平变动时，产生的“货币幻觉”和价格预期也会对消费产生重大影响。从“货币幻觉”角度看，当价格发生变化时，货币幻觉会使消费者相信自己的实际可支配收入得到增加或减少，从而导致消费支出的增加或减少。而价格预期的存在往往导致消费提前或消费推迟，但其价格预期往往在价格变动时期形成，其影响有时难以判断。例如，在通货膨胀时期，虽然价格下降可以提高居民实际可支配收入，但由于名义收入在这时也往往会出现较大幅度的下降，再加上由物价总水平下降引起的价格下降预期的影响，消费需求很可能不是扩张，而是缩小。

3. 对就业的影响

价格指数与就业、失业一般会保持很高的相关性。著名的菲利普斯曲线就说明了这种关系：即一国如果保持较高的价格上涨，就可以获得较低的失业。

在需求增加与成本上升作用的价格上升中，可分为以需求拉动为主的价格上升与成本推进为主的价格上升。前者是由于需求的增长快于成本增加的结果，后者则是成本增加快于需求增长的结果，这两种不同的价格上升，对就业的作用是完全不同的。前者可推动经济增长，从而扩大就业；后者则完全相反。之所以如此，是因为市场经济是利润经济，投资规模的变化由利润率变化决定，两者呈正比关系，在产出不变时，利润率由投入品价格与产出品价格的变化决定。在以需求拉动为主的价格变化中，产出品的价格上升比投入品价格的上升发生得早，速度更快，因此会提高利润率，促使厂商增加投资，从而扩大就业和推动经济增长；在以成本推进为主的价格上升中，则一切相反，所以它会导致就业的下降。与此对应，在需求减少与成本下降作用的价格下降中，以需求萎缩为主的价格下降会导致就业的下降，而以成本萎缩为主的价格下降则会导致就业的上升。在需求增加与成本减少的组合中，不管它们相互作用的

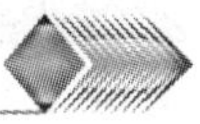

结果是价格总水平的上升还是下降，都是促进就业和经济扩张。在需求减少与成本上升的组合中，则不管是价格总水平的下降还是上升，其结果都可能会降低就业。

4. 对收入分配的影响

价格参与国民收入的分配和再分配，主要是通过价格与价值的一致或不一致以及通过价格的变动实现的。价格变动带来的是经济中的财富再分配效应。适当的价格波动有利于资源的配置和社会财富的分配，有利于提高人们的积极性，促进经济的发展。但如果物价的持续上涨或下跌产生了通货膨胀或通货紧缩，则会造成社会财富的重新分配，扰乱社会的经济秩序。过度的通货膨胀会扭曲市场上的分配格局，使投资、生产和消费脱节。通货膨胀使有资产的富人和投机者获益，而损害了穷人和靠固定货币工资为生者，从而加剧了收入分配的不公平。

在债务人与债权人之间，通货膨胀将有利于债务人而不利于债权人。因为借贷的债务契约一般都是根据签约时的通货膨胀率来确定名义利息率，所以当发生了未预期的通货膨胀之后，债务契约无法更改，从而使实际利息率下降，债务人受益，而债权人受损。

在雇主与雇员之间，通货膨胀将有利于雇主而不利于工人。因为在通货膨胀下，工资增长率不能迅速地根据通货膨胀率来调整，从而即使在名义工资不变或略有增长的情况下，使实际工资下降。

在政府与公众之间，通货膨胀将有利于政府而不利于公众。由于在不可预期的通货膨胀之下，名义工资总会有所增加（尽管并不一定能保持原有的实际工资水平），随着名义工资的提高，达到纳税起征点的人增加了，有许多人进入了更高的纳税等级，这样就使得政府的税收增加；但公众纳税数额增加，实际收入却减少了。

5. 对国际收支的影响

国内价格变动会影响进口和出口。当国内通货膨胀时，由于本国货币贬值，产品价格提高，从而使对外贸易收支状况恶化，导致对外贸易赤字和国际收支失衡。美国的哈德威利斯·罗莫尔等分别从理论角度论述了贸易账户开放程度与通货膨胀成反向关系。他们认为，由于通货膨胀越高，一个国家从对外贸易中的获益越少①。通货紧缩则会由于需求的持续下降使进口萎缩而输出到国外，引起全球性的通货紧缩，反过来又会影响本国出口，造成国际收支逆差扩大和资本外流，使国家外汇储备减少，偿债能力削弱，甚至发生债务危机。可见价格变化对国际收支具有重要影响。

6. 对股票市场的影响

关于物价对股票市场的影响，不同的国家、不同的时期和不同的条件下差别很大，因而不同的人有不同的分析结论。如翟鹏认为，通货膨胀通过两种方式来影响实体经济，进而影响证券市场：通过上下游产品价格的涨跌影响实体经济产品的供求，从而使供求达到动态平衡；通过影响货币政策，从而使得利率上升，抑制实体经济的投资和消费的需求，从而使供求平衡②。贺强则认为，通货膨胀初期会对股市有一定的推动作用；如果未来物价得到了较好的控制，股市可能会继续稳定发展；但如果未来的物价转成了恶性的通货膨胀，不仅会严重破坏股市良性发展的基础，而且有可能引发更为严厉的收紧性政策出台，股市的上涨局面有可能发生逆转③。一般可以认为：在价格上涨发生之初，货币供给量会超常增长，增加了股票的需求力量，形成股票价格上扬的动力；随着价格持续增长，货币供应量的超常增长引起商品价格的全面上涨，股市看好上市公司的前景，促进其股票价格上升，并带动大盘指数上升。当价格持续增长并趋于高峰时，因通胀加剧了各种社会经济矛盾，此时

① 郭彩琴：《最新通货膨胀理论研究发展述评》，《价格理论与实践》，2004 年第 8 期。

② 翟鹏：《通胀背景下的股市投资》，《银行家》，2007 年第 10 期。

③ 贺强：《我国通货膨胀的性质特征及其对股市的影响》，《价格理论与实践》，2007 年第 8 期。

政府会采取严厉的措施，紧缩银根，控制通货膨胀，部分资金流出股市，减少对股票的需求，形成股票价格下降的压力，造成股价下跌。虽然在通胀的不同阶段对股价的影响不同，但从总体上来看，通胀与股价呈反向变动关系，即通胀率上升，股价下跌；通胀率下降，股价上升。

7. 对利率的影响

在经济学理论中，费雪方程将名义利率与预期通胀联系起来用来分析实际利率的长期行为：长期中，当所有的调整都发生后，通货膨胀的增加完全反映到名义利率上，即要求名义利率对通货膨胀的一对一的调整，这种长期效应被称之为“费雪效应①”。刘康兵、申朴和李达应用现代时间序列计量经济学技术，结合中国1979—2000年间的有关数据，进行了费雪效应在中国的实证研究，经验证据表明，在这一时期同时存在长期和短期费雪效应。

1.3.2 宏观经济对价格指数的影响

物价指数和宏观经济的各主要指标都存在着较高的关联性。总体而言，物价指数的变化都是由宏观经济的变化所引起的，宏观经济的多个方面都会影响到价格指数，如国内总供需、货币供应量、国际收支、利率、汇率等，都是影响价格指数的主要因素。

1. 国内总供需对价格指数的影响

归根到底，价格是由供求关系决定的。总供给是指国内生产所提供的可供市场销售的商品总量加上从国外进口的商品数量。总需求是指有支付能力的货币需求，总需求由消费需求、投资需求和国外需求构成。当国内总需求大于总供给时，价格水平上升；当总供给大于总需求时，价格水平就下降。

---

① 刘康兵、申朴、李达：《利率与通货膨胀：一个费雪效应的经验分析》，《财经研究》，2003年第2期。

随着经济的持续快速增长，投资需求和消费需求明显转旺，此时要素价格的上升导致生产能力比较紧缺，产量增加的可能性越来越小，而价格上升的压力越来越大，也就是需求拉动价格上涨。同理，经济处于萧条状态时，在小于充分就业的时候，经济中的过剩生产能力很大，产量增加的可能性越来越大，而价格上升的压力越来越小。

2. 货币供给量对价格指数的影响

传统货币数量论（MV = PT）认为，货币供应量与价格呈同方向变化，得出价格指数水平与货币供应数量成正比的结论。美国经济学家费雪（Fisher, 1911）在《货币的购买力》中认为，货币供应量的增加首先体现在资产价格的上升中，而后会引起消费品价格的上升。国内有关货币供应量与 CPI 之间关系的文献也相当丰富。如陆瑞通过对我国 1994—2005 年的数据进行检验得出：CPI 与 M0 和 M1 之间的相关性是很差的，而与 M2 之间的相关性很强。牛筱颖通过对我国 1994—2004 年的季度数据进行检验分析，表明货币供应对物价的影响有一两年的时滞。

基础货币投放的增加必将使国内经济产生扩张。在货币乘数的作用下，增加的货币引起大规模投资，直接刺激社会总需求，增加就业，工资总额随之上升，这将导致生产资料供不应求，然后传入消费资料市场，生产资料和消费品价格上升成为必然。货币供给的增加还能降低利率，利率的降低又能刺激投资，在投资乘数的作用下，投资需求也会有较大增加，供求矛盾迫使政府推出紧缩政策，通常的实施途径是收缩贷款，利率提高使得经济发展速度减缓，货币流通速度明显下降；但总需求与总供给短时间不会平衡，最终导致消费品和生产资料价格上涨，社会物价指数迅速上升。基础货币投放的减少必将使国内经济产生缩减，最终导致物价的下降。货币供给量的影响通过需求拉动和成本推动同时影响物价。

3. 外汇储备对价格指数的影响

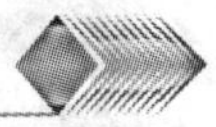

外汇储备是通过作用于基础货币，进而对货币供应量的变动产生影响，并影响价格指数的变动。理论上说，外汇储备对价格影响的途径包括：一是外汇储备增加→外汇占款上升→基础货币增加→货币供应量上升；二是外汇储备减少→外汇占款下降→基础货币减少→货币供应量下降。这样就形成了一条具有主导性的货币增减途径。外汇储备是通过影响货币供给量，从而影响物价。

在实证分析中，由于所采用的变量和方法不同，对外汇储备与国内价格的关系也有不同的结论。如周浩、朱启贵（2006）运用多变量向量自回归模型（VAR）的协整分析方法与向量误差修正模型得出物价水平的变动与外汇储备的变动呈正相关关系；方先明、裴平、张谊浩（2006）基于货币数量论的理论分析框架，发现中国的外汇储备增加具有明显的通货膨胀效应；邵学言、郝雁（2004）认为，外汇储备变动与物价变动正相关，但影响强度不大。

4. 汇率对价格指数的影响

汇率变动可以通过两种渠道影响国内价格水平：一是汇率贬值会导致从国外购买等量的商品要支付更多的本国货币，引起进口商品国际价格的上涨，从而减少国外商品的进口，使国内产品供给不足，导致国内价格水平上涨。二是出口商品的相对价格下降；国内市场对国内制造商品的需求增加，出口商品及其替代品的本币价格上升，也会导致国内价格上升。另外，汇率贬值会影响国际资本流动，本国和外国的投资者都不愿持有以贬值国货币计量的各种金融资产，因而会导致资本外逃的现象。这样货币供应减少，政府会实行扩张的货币政策来增加货币供应，从而进一步影响物价。

Phylaktis（2001）研究中国汇率市场时发现，国内货币供应量增加造成物价上涨，物价上涨带来人民币汇率贬值的预期，从而导致黑市汇率贬值，进而加剧国内物价上涨和人民币黑市汇率的下跌。Lu（2003）采用 VARs（向量自回归）检验人民币汇率变动对国内物价的影响，发现人民币汇率贬值将给国内物价带来通货膨胀。Scheibe（2005）在研究中国通货膨胀时得出，以贸易额为权重的名义有效汇率波动是影响国内通胀的重要因素。傅建设（1997）从汇率传递理论的角度探讨汇率波动对进出口价格的影响，认为市场不完全和产业组织理论、沉淀成本理论从不同角度解释汇率传递不完全的原因，人民币汇率变动并不能100%传递到进出口价格。卜永祥（2001）运用协整和Phillips - Hansen两阶段方法，建立以名义有效汇率、货币供应量、国外价格等因素为自变量的国内价格决定方程，使用1990—2000年的季度数据进行实证分析后发现，长期而言，名义有效汇率和国内物价水平、国外物价水平、国内货币供应量是协整的。

5. 利率对价格指数的影响

利率是货币的价格，是持有货币的机会成本，它取决于资本市场的资金供应。资金的供给来自储蓄，资金需求来自投资。利率提高，则会提高货币的持有成本，促进投资向储蓄转化，从而减少消费需求。利率提高使得借贷的成本增加，从而一定程度上降低了企业的投资需求。利率对物价的影响通过需求拉动物价变动。

另一方面，当利率提高时，中央银行就会收缩银根，形成国内货币供应量减少，抑制了物价的上涨；利率降低时，货币扩张，则物价上升。

物价波动的原因很复杂，有总需求推动的因素，也有总供给拉动的因素。总需求推动的主要动力是投资、国际收支、货币的流动性，特别是第三个原因，可能是其他原因的根源。总供给拉动主要是要素价格变化，比如工资、石油价格、粮价对食品成本的拉动等。总需求的推动使总需求曲线变动，总供给的拉动使总供给曲线变动，二者的共同作用都会使价格水平发生变化。货币供应量、汇率、利率等虽然也是相对独立的影响因素，但都是通过作用于总供求关系来引起价格指数发生变化。

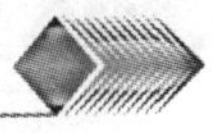

1.4 国内外价格指数研究进程

1.4.1 价格指数的研究历程

指数作为一种重要的分析方法，已经在很多领域得到了广泛的应用。人们经常利用指数方法来编制各种事物或现象的指数，来反映其在不同时期或不同空间之间的变化，如一些学者编制的市场化指数、现代化指数等等，都可以用来分析不同领域内的特定事物，但是价格指数是指数理论应用最早、应用也最广泛的领域之一。历史地看，价格指数的研究历程经历了从比较简单到复杂、从单一到系统的发展过程。

价格指数最早起源于欧洲。1650 年，英国学者沃恒(R. Voughan)在他的《货币铸造论》中，就以谷物、鱼类、布匹、棉花和蔬菜为样本，将 1650 年的价格与 1352 年的价格进行比较，编制了反映金属货币交换价值变化的调整，被学术界公认为是价格指数的起源。1738 年法国学者 Dutot 将法国路易十四时期的价格在分别汇总价格总数的基础上进行了比较。这也形成了后来指数文献中的 Dutot 指数，被视为是简单综合法的开端。在指数研究历程中，意大利经济学家 Carli 也对指数的发展起着重要的作用，以他的名字命名的 Carli 指数反映的是两期价格比较的简单算术平均。1764 年他在其著作《铸币金属的价值与比例》一书中，利用谷、酒、油三项产品在 1750 年与 1500 年间价格的比较，将三项产品在两期的价格比进行简单算术平均，得出其变化程度。1865 年英国经济学家 Jevons 在《1782 年以来的价格波动与通货膨胀》一文中，采用几何平均公式编制了英国 1782—1865 年间的价格指数。这也就是后来指数文献中比较重要的 Jevons 指数，是用几何平均的公式来计算的。

在这些价格指数研究的基础上，经济学家和统计学家近年来又深化了价格指数的研究，其中代表性的人物包括 Fisher、Laspeyres、Paasche、Konüs、Divisia、Diewert 等。美国著名经济学家和统计学家 Fisher 的代表作是《指数的编制》（*The Making of Index*），他提出和完善了指数的检验标准，并得出了著名的 Fisher 理想价格指数。Laspeyres 和 Paasche 对价格指数发展的贡献不容低估，分别提出了用基期和报告期商品数量作为同度量因素的综合公式来计算价格指数的思路。Konüs 则提出了指数的经济理论方法，从经济学角度分析了为维持特定效用水平的真实生活费用指数的思路。法国经济学家 Divisia 则从另外一个角度，即将价格和数量变化看做是连续的变量，引入积分的方法编制了 Divisia 价格和物量指数。现实生活中，价格指数的编制往往强调实用、方便的特点，因此该方法在政府统计实践中并没有得到广泛的推广，但是在金融领域、生产率测定等方面有着广泛的应用。Diewert 是加拿大英属哥伦比亚大学经济系的教授，他对指数理论的发展也有着重要的作用，在对指数基本方法的系统分析、高级和精确价格指数概念体系的发展方面都有着重要的贡献。

事实上，除了上述学者对价格指数贡献较大之外，很多其他学者也对价格指数理论和方法的完善起了重要的作用。

1.4.2 近年来国际机构对价格指数的研究

近年来，国际机构对价格指数理论和实践的发展给予了很大的重视，包括联合国、国际货币基金组织、国际劳工组织、OECD、世界银行等。在众多国际机构的组织和合作下，经过多次讨论和修改，目前已经出台了消费者价格指数、生产者价格指数、进出口价格指数手册，以指导各个国家的统计实践。相对于学者的研究，国际机构对价格指数的研究更侧重于其应用和实践中的问题。我们总

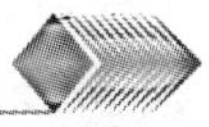

结了近几年来国际机构对消费者价格指数的研究。

作为一个重要的宏观经济指标，CPI 的相关理论和方法受到了国际上很多机构的重视，包括国际货币基金组织（IMF）、联合国统计委员会（United Nations Statistical Commission）、国际劳工组织（ILO）、联合国欧洲经济委员会（UNECE）、经济合作与发展组织（OECD）、世界银行（The World Bank）、欧盟统计局（Eurostat）等都给予了充分的重视。这些国际机构不仅对 CPI 的理论进行研究，同时也针对实际进行广泛的调查和研究。目前，为多数国家提供理论和实践指导意义的《消费者价格指数手册：理论与实践》（2004），就是由 ILO、IMF、OECD、UNECE、Eurostat、The World Bank 会同一些统计机构和大学学者共同完成的，目前最新的手册是 2004 年版的。该手册主要包括两部分：一部分是实践中使用的方法；另一部分是方法的经济学和统计学理论基础。其前身是 1989 年完成的 CPI 手册。在 1989 年 CPI 手册出台之后，1997 年在日内瓦举办的 UNECE/ILO 联合会议提出了关于修改手册的正式提议。

在众多的国际机构参与研究的过程中，我们需要提及下面几个机构的工作，这些机构的工作对于 CPI 理论及方法的改进及完善是非常重要的：

一是联合国欧洲经济委员会（UNECE）与国际劳工组织（ILO）的合作会议，即 Joint UNECE/ILO Meeting on Consumer Price Indices。该会议从 1995 年开始每两年举办一次。近年来，该会议的一个议题就是对 CPI 手册的修订，包括调查搜集各国对 CPI 的反馈及修改意见等。

Ottawa 国际研讨会对于 CPI 的方法和实践也起着非常重要的作用。该研讨会始于 1994 年，也就是在 1989 年的手册出台之后发现还有很多问题需要讨论，于是 1994 年在 Ottawa 召开了一个专家小组会议，此后该会议被称为 Ottawa 小组国际会议（Ottawa Group）。

到2007年，该会议已经举办了10届，第11届将于2009年在瑞士召开。成员构成主要是发达国家的统计部门及一些国际组织，也有一部分是大学学者。研讨会涉及的议题包括CPI的各个方面，并且紧密跟踪实际。如随着世界上很多国家实行市场经济，许多国家的经济出现转型，CPI的编制也需要考虑一些新情况，如新产品的频繁出现等等，那么该怎么编制价格指数呢？20世纪90年代后期很多会议涉及价格指数的质量调整工作，尤其是关于Hedonic方法的研究很多。在经历了这样一个研究热潮后，2007年的研讨会出现了一些新的话题，如对服务，尤其是保险服务、金融服务、医疗服务、电信服务等在CPI中的处理方式。总之，这个研讨会更注重CPI编制中的技术以及CPI偏差概念及测度等问题。

还有一个比较重要的就是国际组织秘书处间价格统计工作组（Intersecretariat Working Group on Price Statistics，IWGPS）。该组织于1998年在联合国统计委员会的协调下成立，其主要任务是制定与其他国际标准相一致的价格指数国际标准。随着各种研究的深入，人们逐渐认识价格指数国际统计标准修订的重要性。针对CPI的有关问题，秘书处间价格统计工作组于1999年成立了CPI技术专家组（TEG－CPI）。

在这众多的参与机构中，每个机构有着一定的侧重，但是这些机构的工作也存在一定的交叉，互相交流①。

实际上，从事CPI相关理论和方法研究的机构还很多，包括美国国民经济研究局（NBER）、布鲁金斯研究所（Brookings Institution）、欧洲经济研究中心、国际清算银行、欧洲中央银行以及许多国家的政府统计部门等。

还需要提出的是美国的《Boskin委员会研究报告》。尽管这不是一个国际性机构作的研究，但是它的里程碑意义却不容忽视。

① 参考 http://www.ilo.org/public/english/bureau/stat/download/cpi/iwgps/ottawa.pdf。

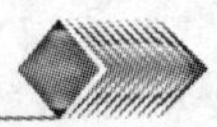

Boskin 委员会报告明确提出了 CPI 的偏差问题，并进行了实际测算，之后很多国家，包括英国、德国、加拿大及日本都进行了偏差的实证测算。该研究报告的意义不可否认。

1.4.3　国内对价格指数的研究

国内近年来对价格指数的研究也逐渐增多，包括曹振良的《价格指数概论》、徐国祥的《指数理论及指数体系研究》、孙慧钧的《指数理论研究》等，都从方法的角度进行了分析。徐强的博士论文《宏观经济价格指数侧度论》则对价格指数中的很多理论和方法问题进行了非常系统的分析。此外，也有只针对一种指数方法进行分析的研究，如伍超标的《统计指数的随机方法及其应用》，主要讨论了指数的随机方法；张瑾的博士论文《随机指数方法及其应用问题研究》也主要从随机指数方法的理论和模型入手，研究了与价格指数编制相关的、实践中迫切需要解决的问题。

近年来，国内学者也跟踪了国际上一些研究动向，试图解决国内价格指数编制实践中的一些问题，如温海珍利用 hedonic 模型编制了房地产的价格指数，夏祥谦、王力宾编制了汽车的 hedonic 价格指数。王力宾的博士论文《特征价格指数研究》主要从价格指数编制中的质量调整问题入手，研究了特征价格指数的编制问题，并编制了多种商品的特征价格指数，如中国大学本专科教材的价格指数、美国计算机特征价格指数、美国计算机硬盘特征价格指数、中国汽车特征价格指数。这些研究对中国价格指数研究的推动作用是不可低估的。

与国外相比，国内对价格指数方法论和实践应用方面的研究相对贫乏，国内学者参加关于价格指数的国际会议也较少。随着中国市场经济的不断发展和完善，对价格指数的研究提出了新的要求，我们应该对价格指数的研究给予更多的重视。

价格指数编制的基本方法

2.1 价格指数的基本方法

本章我们先对指数公式的系谱进行一个综合考察。在此基础上，结合一定的指数理论来研究不同价格指数提出的不同背景。在第三节、第四节给出国内和国外部分国家价格指数编制方法的一些概况，第五节将从宏观的角度讨论国民经济综合价格指数的编制方法。

2.1.1 价格指数公式的发展

纵观指数文献，我们发现形形色色的价格指数公式，不同的指数公式有着不同的表达形式，同时对价格变动的解释也不尽相同。按照帕尔·科夫斯在《指数理论与经济现实》① 一书中对指数公式系谱的总结，可以将价格指数公式的发展按照是否加权、加权的形式等顺序划分为三代指数公式。当然，指数公式是一个庞大的家族，如 Irving Fisher 在 1922 年《指数的编制》一书中就概括了 134 种价格指数公式。我们这里借用帕尔·科夫斯的总结，概括为三代价格指数公式，主要涉及一些比较重要、影响较大，或者说在逻辑

---

① 【匈】帕尔·科夫斯著，夏一成、刘运哲、胡伏云译：《指数理论与经济现实》，中国统计出版社 1993 年版。

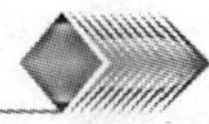

体系中起主导作用的指数，并且指数公式仅限于两个时期的对比。

1. 第一代指数公式——未加权指数公式

这里所说的第一代指数公式主要是指未加权指数公式。未加权指数公式从形式上和意义上看最简单。常见的未加权指数公式包括后面第三章基本指数公式部分介绍的三种指数以及其他的一些指数。

（1）简单综合指数。简单综合指数表示两个不同时期单位价格的总和之比，该指数由法国统计学家 Dutot 提出，如 2.1.1 式所示。

$$P_D^{0:t} = \frac{\sum_{i=1}^{n} p_i^t}{\sum_{i=1}^{n} p_i^0} = \frac{\frac{1}{n}\sum_{i=1}^{n} p_i^t}{\frac{1}{n}\sum_{i=1}^{n} p_i^0} \tag{2.1.1}$$

（2）价比的算术平均数。这种指数由意大利人 Carli 于 1764 年提出，如 2.1.2 式所示。

$$P_C^{0:t} = \frac{1}{n}\sum_{i=1}^{n}\left(\frac{p_i^t}{p_i^0}\right) \tag{2.1.2}$$

（3）价比的几何平均数。这种指数最早由 Jevons 于 1863 年提出，如 2.1.3 式所示。

$$P_J^{0:t} = \prod_{i=1}^{n}\left(\frac{p_i^t}{p_i^0}\right)^{1/n} = \frac{\prod_{i=1}^{n}(p_i^t)^{1/n}}{\prod_{i=1}^{n}(p_i^0)^{1/n}} \tag{2.1.3}$$

除了这几种常用的指数公式外，第一代未加权指数公式还包括如下几种形式：

（4）价比的调和平均数。这种指数可表示为如 2.1.4 式所示。

$$P_H^{0:t} = \frac{n}{\sum_{i=1}^{n}\left(\frac{p_i^0}{p_i^1}\right)} \tag{2.1.4}$$

（5）位置型平均数指数，如中位数指数和众数指数。中位数指数就是指按照大小排列的个体指数序列 p_i^t/p_i^0 中，居中间位置的个体指数的数值；众数指数则是指个体指数 p_i^t/p_i^0 序列中出现最多的那个指数。由于在某些情况下，中位数和众数不好估计，因此在几乎所有的指数文献中，位置型平均数指数用得很少。Fisher 的结论也指出人们不必过多地注意中位数指数和众数指数。

2. 第二代指数公式——加权公式

第二代指数公式中引进了权重，即包含价格和数量资料，因此相比第一代指数公式，指数的计算结果更接近实际。

按照帕尔·科夫斯的指数系谱，第二代又可以划分为以下两种情况：

（1）加权相加性结构指数。这类指数的一般公式为：

$$P^{0:t}=\frac{\sum_{i=1}^{n}p_i^t q_i^x}{\sum_{i=1}^{n}p_i^0 q_i^x} \tag{2.1.5}$$

如果 $x=t$，则 2.1.5 式就是常见的帕氏指数公式；如果 $x=0$，则为拉氏指数公式。当然 x 可以取不同于 0 和 t 的其他时期。

除此之外，还包括如 2.1.6 式和 2.1.7 式所示的指数。

$$P^{0:t}=\frac{\sum_{i=1}^{n}\left(\frac{p_i^t}{p_i^0}\right)p_i^0 q_i^x}{\sum_{i=1}^{n}p_i^0 q_i^x} \tag{2.1.6}$$

$$P^{0:t}=\frac{\sum_{i=1}^{n}p_i^t q_i^x}{\sum_{i=1}^{n}\frac{p_i^t q_i^x}{(p_i^t/p_i^0)}} \tag{2.1.7}$$

公式 2.1.6 表示个体指数的加权算术平均指数，公式 2.1.7 表示个体指数的加权调和平均指数。

（2）加权相乘性结构指数。这类指数的一般公式如 2.1.8 式所示。

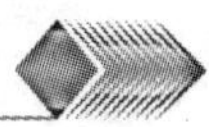

$$P^{0:t} = \left(\prod_{i=1}^{n} \left(\frac{p_i^t}{p_i^0} \right)^{v_i^x} \right)^{\frac{1}{\sum v_i^x}} \tag{2.1.8}$$

其中，$v_i^x = p_0^x q_0^x$ 表示价值资料，其中 $x = t$ 或者 $x = 0$，当然 v 也可以是其他形式，如 $p_0 q_0$、$p_1 q_1$、$p_0 q_1$、$p_1 q_0$ 等。相乘性结构公式认为不同商品的资料是可以相乘的，但是其经济内涵不易解释，而且操作起来也不容易。

3. 第三代指数公式

与第一代指数公式相比，第二代指数公式引进了权重，因而更接近经济现实。但是第二代指数公式是否还能够继续改进，从而更接近指数真值呢？第二代指数公式是从所对比的时期中的一个时期取得权数，能否将两个时期的权数资料都考虑进来，使结论更全面一些呢？基于这样的思想，产生了第三代指数公式。但是如何将两个时期的资料都考虑进来，是采用算术平均、几何平均还是调和平均形式呢？这又产生了不同的指数公式类型。这里有两个相关的概念，即权偏误和型偏误。权偏误是指由于权数设定不同而导致的指数之间的差异。型偏误是指由于指数公式选择的不同而导致的指数之间的差异。消除差异的方法就是交叉，因此第三代价格指数公式主要有如下几种：

（1）Fisher 理想指数公式。所谓 Fisher 理想指数公式，就是对指数公式的交叉，即取拉氏指数和帕氏指数的几何平均得到，如公式 2.1.9 所示。

$$P_L^{0:t} = \sqrt{\left(\frac{\sum_{i=1}^{n} p_i^t q_i^0}{\sum_{i=1}^{n} p_i^0 q_i^0} \right) \left(\frac{\sum_{i=1}^{n} p_i^t q_i^t}{\sum_{i=1}^{n} p_i^0 q_i^t} \right)} \tag{2.1.9}$$

（2）对权数进行交叉的几种公式。权数可以采用两期数量的算术平均，即马歇尔（Marshall）—埃奇沃斯（Edgeworth）指数；也可以取两期的几何平均，即 Walsh 指数。两类指数分别对应

2.1.10 式和 2.2.11 式。

$$P_{M-E}^{0:t}=\frac{\sum_{i=1}^{n}p_i^t\left(\frac{q_i^0+q_i^t}{2}\right)}{\sum_{i=1}^{n}p_i^0\left(\frac{q_i^0+q_i^t}{2}\right)} \tag{2.1.10}$$

$$P_{Walsh}^{0:t}=\frac{\sum_{i=1}^{n}p_i^t\sqrt{q_i^0q_i^t}}{\sum_{i=1}^{n}p_i^0\sqrt{q_i^0q_i^t}} \tag{2.1.11}$$

2.1.10 式和 2.1.11 式是对权数进行交叉经常采用的两种公式。

在实践中，使用较多是第二代相加性结构指数，或者说拉氏指数和帕氏指数用得较多。当然在资料允许的情况下，第三代价格指数的使用也变得广泛起来。

2.1.2 价格指数方法的综合考察

上面只是从公式形式、权数设定等角度给出了价格指数公式的大致系谱。纵观指数文献，存在多种不同的指数构造方法和思想，每一种方法支持的指数不同。国际劳工组织（International Labor Office，ILO）在其《消费者价格指数手册：理论与实践》[①] 中概括为五种不同的指数方法，这五种指数方法分别是：固定篮子指数法、随机方法、经济理论方法、检验法（或称为公理法）、Divisia 指数方法。这里将对这五种指数方法进行一个综合考察。

1. 固定篮子指数法（fixed basket type index）

(1) 固定篮子指数法的思路及常用指数。固定篮子指数（fixed basket index）是一种传统的方法，该方法的起点是对价值的分解。所谓价值分解，就是将两个时期的价值比分解为价格变化部分和物量变化部分的乘积。但是由于价格和物量都会影响价值，如

① *"Consumer Price index Manual: Theory and Practice"*。

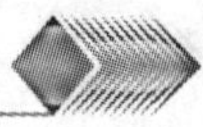

果两个时期的价格和物量都发生变化，则通过价值分解来得到价格指数和物量指数就变得困难。因此，固定篮子指数方法提出在反映价格变化时，需要将物量变动固定起来。同样，在反映物量变化时，需要将价格固定下来。这也就是固定篮子指数方法的由来。固定篮子可以用（q_1，q_2，…，q_3）表示，由固定篮子法得到的价格指数就被称为固定篮子指数（fixed basket index）或纯价格指数（pure price index）。

那么如何将篮子固定下来？篮子可以固定在基期，也可以固定在报告期，这也就形成了最常用的1871年提出来的拉氏指数（公式2.1.12）和1874年提出的帕氏指数（公式2.1.13）[①]。除此之外，篮子还可以用其他形式固定，也就是固定的时期既不在基期，也不在报告期，而是固定在某一个时期。Walsh（1901，1921）又提出，既然可以用基期的篮子，也可以用报告期的篮子，那么到底选用哪个时期的篮子更合适？Walsh提出可以使用基期和报告期篮子的平均。根据在采用两个时期的篮子时是用算术平均还是几何平均形式，又区分为马埃指数（Marshall、Edgeworth）和Walsh指数，分别简称为P_{M-E}和P_{Walsh}（见公式2.1.14和公式2.1.15）。马埃指数是用基期和报告期两期篮子的算术平均作为权重的，Walsh指数是用两期产品篮子的几何平均作为权重的。

$$P_L^{0:t}(p^0,p^t,q^0,q^t) = \frac{\sum_{i=1}^{n} p_i^t q_i^0}{\sum_{i=1}^{n} p_i^0 q_i^0} \tag{2.1.12}$$

$$P_P^{0:t}(p^0,p^t,q^0,q^t) = \frac{\sum_{i=1}^{n} p_i^t q_i^t}{\sum_{i=1}^{n} p_i^0 q_i^t} \tag{2.1.13}$$

① 严格意义上的拉氏指数要求产品篮子与计算指数时的价格基期应保持一致。

$$P_{M-E}^{0:t}(p^0,p^t,q^0,q^t) = \frac{\sum_{i=1}^{n} p_i^t\left(\frac{q_i^0 + q_i^t}{2}\right)}{\sum_{i=1}^{n} p_i^0\left(\frac{q_i^0 + q_i^t}{2}\right)} \tag{2.1.14}$$

$$P_{Walsh}^{0:t}(p^0,p^t,q^0,q^t) = \frac{\sum_{i=1}^{n} p_i^t \sqrt{q_i^0 q_i^t}}{\sum_{i=1}^{n} p_i^0 \sqrt{q_i^0 q_i^t}} \tag{2.1.15}$$

在实践中，拉氏价格指数又可以变形为如 2.1.16 式所示。

$$P_L^{0:t}(p^0,p^t,q^0,q^t) = \frac{\sum_{i=1}^{n} p_i^t q_i^0}{\sum_{i=1}^{n} p_i^0 q_i^0} = \frac{\sum_{i=1}^{n}\left(\frac{p_i^t}{p_i^0}\right) p_j^0 q_j^0}{\sum_{j=1}^{n} p_j^0 q_j^0} = \sum_{i=1}^{n}\left(\frac{p_i^t}{p_i^0}\right) s_i^0 \tag{2.1.16}$$

其中，$s_i^0 = p_i^0 q_i^0 / \sum_{j=1}^{n} p_j^0 q_j^0$，表示基期第 i 种商品的消费支出在总支出中的比重。拉氏价格指数可以理解为每一个个体价格指数 p_i^t/p_i^0 的加权算术平均指数。

帕氏指数可以变形为如 2.1.17 式所示。

$$P_P^{0:t}(p^0,p^t,q^0,q^t) = \frac{1}{\sum_{i=1}^{n} p_i^0 q_i^t \Big/ \sum_{j=1}^{n} p_j^t q_j^t}$$

$$= \frac{1}{\left\{\sum_{i=1}^{n}\left(\frac{p_i^0}{p_i^t}\right) p_i^t q_i^t \Big/ \sum_{j=1}^{n} p_j^t q_j^t\right\}}$$

$$= \left\{\sum_{i=1}^{n} (p_i^t/p_i^0)^{-1} s_i^t\right\}^{-1} \tag{2.1.17}$$

其中，$s_i^t = p_i^t q_i^t / \sum_{j=1}^{n} p_j^t q_j^t$，表示报告期第 i 种商品的消费支出在总支出中的比重。帕氏指数也可以理解为每一个个体价格指数 p_i^t/p_i^0 的加权调和平均指数。

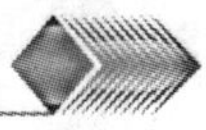

实质上，拉氏指数和帕氏指数都可以看做是Lowe指数的一种。Lowe（1823）比较系统地讨论了固定篮子指数或纯价格指数，其指数形式可以表示为如2.1.18式所示。

$$P_{lowe}^{0:t}(p^0,p^t,q^b)=\frac{\sum p_i^t q_i^b}{\sum p_i^0 q_i^b} \quad (2.1.18)$$

若$b=0$，Lowe指数就变成拉氏指数；若$b=t$，Lowe指数就变成帕氏指数。如果b是0期和t期之间的某一个时期，那么Lowe指数就可以理解为年中指数。

实践中，Lowe指数又可以变形为如2.1.19式所示。

$$P_{lowe}^{0:t}(p^0,p^t,q^b)=\frac{\sum p_i^t q_i^b}{\sum p_i^0 q_i^b}=\sum_{i=1}^{n} s_i^b(p_i^t/p_i^0) \quad (2.1.19)$$

其中，$s_i^b=p_i^0 q_i^b \Big/ \sum_{j=1}^{n} p_j^0/q_j^b$，表示一个混合的消费支出份额。

Lowe指数又可以表示为两个拉氏指数的比，如公式2.1.20所示。

$$P_{lowe}^{0:t}=\frac{\sum p_i^t q_i^b}{\sum p_i^0 q_i^b}=\frac{\sum p_i^t q_i^b}{\sum p_i^b q_i^b}\Bigg/\frac{\sum p_i^0 q_i^b}{\sum p_i^b q_i^b} \quad (2.1.20)$$

（2）固定篮子指数的衍生指数。由于拉氏指数和帕氏指数在某些时候计算结果相差很大，因此Fisher（1922）又提出了Fisher理想指数，即拉氏指数和帕氏指数的几何平均（公式2.1.21）。几何平均是对称平均的方法之一，除此之外，还包括算术平均，如Drobisch（1871）、Sidgwick（1883）and Bowley（1901）就提出了对拉氏和帕氏指数取算术平均这种对称平均方法（公式2.1.22）。

$$P_F=\sqrt{P_L\times P_P} \quad (2.1.21)$$

$$P_D=\frac{1}{2}(P_L+P_P) \quad (2.1.22)$$

由固定篮子指数还可以衍生出 Törnqvist 指数。Törnqvist 指数是两期个体指数的加权几何平均，权数是两期支出份额的均值，可以用公式 2.1.23 表示。

$$P_T^{0:t} = \prod_{i=1}^{n} \left(\frac{p_i^t}{p_i^0} \right)^{\frac{s_i^0 + s_i^t}{2}} \qquad (2.1.23)$$

式中，s_i^0 和 s_i^t 分别表示两期第 i 个商品的支出份额。

这些指数本身并不属于固定篮子指数，因此我们将它们定义为衍生指数。

（3）固定权重指数与固定篮子指数。与固定篮子指数相近的一个概念是固定权重指数（fixed weight price index），但这属于两个概念，不能混合。在固定权重指数中，“权重”的固定针对的是价比或价格指数；而固定篮子指数中，“篮子”的固定针对的是价格本身。权重应满足可加性，权重之和为 1；固定篮子的“篮子数量”则并不要求具有可加性，而且也不要求具有同度量性。固定权重指数是指两个或两个以上的价格指数序列，它们使用相同的权重。如拉氏价格指数是固定篮子指数，由多个拉氏指数构成的一系列指数则为固定权重指数。帕氏价格指数是固定篮子指数，但由多个帕氏指数构成的一系列指数则不是固定权重指数。

指数文献中的 Young 指数为“固定权重指数”。Young 指数可表示为公式 2.1.24。

$$P_{Young}^{0:t}(p^0, p^t, s^b) = \sum_{i=1}^{n} s_i^b (p_i^t / p_i^0) \qquad (2.1.24)$$

其中，$s_i^b = p_i^b q_i^b \Big/ \sum_{j=1}^{n} p_j^b q_j^b$，表示在时期 b 第 i 种商品的支出份额，其不同于 Lowe 指数中的混合支出份额 $s_i^b = p_i^0 q_i^b \Big/ \sum_{j=1}^{n} p_j^0 q_j^b$。

由于权重采用时期 b 的支出份额，因此 b 可以被称为权重基期（weight reference period），区别于价格基期 0（price reference

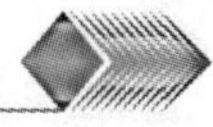

period）。当然，b 可以等于 0，但在概念上是有区别的[1]。

指数文献中还有一种几何形式的 Young 指数，如公式 2.1.25 所示。

$$P_{GYoung}^{0:t} = \prod_{i=1}^{n}\left(\frac{p_i^t}{p_i^0}\right)^{s_i^b} \tag{2.1.25}$$

2. 指数的公理法

在各种各样的价格指数中，到底哪种指数更好，公理法的提出就是要检验各种价格指数是否满足特定公理。指数的公理法的理论基础是 Walsh（1901）和 Irving Fisher（1922）的研究，其中 Fisher 在 1922 年的著作《指数的编制》尤其著名。在传统的指数公理法下，价格指数和物量指数都被定义为两个时期的价格向量和数量向量的函数，价格和物量是相互独立的变量[2]。指数的公理法下还有一种思路是将价格指数看做是两个价格向量或价比向量以及两期价值（用 V 表示，V = pq）的函数，在此基础上提出了一系列检验公理。

在指数的公理法发展中，比较重要的人物有 Irving Fisher（1922）、Eichhorn and Voeller（1976）、Diewert（1992，1993，1995，2004）、Balk（1995）、Vogt and Barta（1997）、Von Auer（2001）等。

（1）Fisher 检验。Fisher 在其颇具影响力的著作《指数的编制》一书中，主要提出了八种指数检验，中文文献中通常译为恒等性检验、同度量性检验、比例性检验或平均值检验、确定性检验、进退检验或联合检验、时间互换检验、因子互换检验、循环检验或连锁检验。

---

① 实际还存在一个指数基期的概念。指数基期是指所计算的价格指数参照的时期。而价格基期是指计算价格指数时分母位置对应的时期。在公式中，我们用 0 表示价格基期，b 表示权重基期。指数文献中 Triplett（1981）定义的纯粹拉氏指数是指权重基期与价格基期相同的情况。

② 但在指数的经济学方法下，数量被假定为价格的函数。

①恒等性检验。某时期的资料与其本身相比，结果必然为100%。

②同度量性检验。价格指数不受计量单位变化的影响。

③比例性检验或平均值检验。当报告期各种商品的物价都乘以正数 c，新的物价指数应为原来的 c 倍。

④确定性检验。当某商品的单位价格或数量为 0 时，p^t/p^0 既不为 0，也不为无穷大，更不是不定。

⑤进退检验或联合检验，或称对规模变动的不变性检验。当在原有 n 个商品的资料中，增加或减少一个产品时，所得的结果仍然与原来 n 个产品资料情况下相同。

⑥时间互换检验，即将基期与报告期互换，物价指数变为原来物价指数的倒数。

⑦因子互换检验，即价值指数与物价指数之比等于物价指数计算公式中的物价与数量互换后计算所得的物量指数。

⑧循环性检验，即环比指数的连乘积等于定基指数。

（2）检验方法的扩展。在后来的指数研究中，检验方法得到了扩展，我们这里详细分析国际劳工组织《消费者价格指数手册》中提到的 20 种公理，其中一些公理与上面的 Fisher 检验相同。

公理 1：价格指数的非负性（Positivity），即

$P(p^0,p^t,q^0,q^t) > 0$

公理 2：连续性（Continuity），价格指数可理解为一个连续函数。

公理 3：恒等性（Identity or Constant Price Test），即当两个时期的个体价格均没有变化时，价格指数等于 1，可表示为：

$P(p,p,q^0,q^t) = 1$

公理 4：固定篮子检验（Fixed Basket or Constant Quantities Test），即若两个时期的数量没有发生变化，则价格指数等于两个时期的消费支出之比，可表示为：

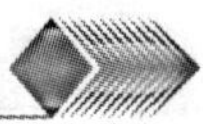

$$P(p^0, p^t, q, q) = \frac{\sum_{i=1}^{n} p_i^t q_i}{\sum_{i=1}^{n} p_i^0 q_i}$$

公理5：比例性（Proportionality in Current Prices）。也就是说若报告期所有商品的价格均扩大相同的 λ 倍，则价格指数为不扩大 λ 倍情况下计算的价格指数的 λ 倍，可表示为：

$$P(p^0, \lambda p^t, q^0, q^t) = \lambda P(p^0, p^t, q^0, q^t), \lambda > 0$$

公理6：逆等比例性（Inverse Proportionality in Base Period Prices）。也就是说如果基期所有价格均扩大 λ 倍，则这样得到的价格指数是不扩大情况下价格指数的 $1/\lambda$ 倍。

公理5和公理6均可以理解为价格指数的齐次性问题，公理5是一次齐次性，公理6表明是负一次齐次性。

公理7：报告期数量等比例变化的恒等性（Invariance to Proportional Changes in Current Quantities）。公理7揭示的也与齐次性有关。当报告期的数量均扩大 λ 倍时，价格指数保持不变，可表示为：

$$P(p^0, p^t, q^0, \lambda q^t) = P(p^0, p^t, q^0, q^t), \lambda > 0$$

公理8：基期数量等比例变化的恒等性（Invariance to Proportional Changes in Base Quantities）。当基期的数量均扩大 λ 倍时，价格指数与不扩大 λ 倍情况下的指数相等，即

$$P(p^0, p^t, \lambda q^0, q^t) = P(p^0, p^t, q^0, q^t), \lambda > 0$$

公理9：商品顺序互换检验（Commodity Reversal Test）。

这是 Fisher 三个互换检验之一。把商品的价格和数量用向量的形式表示出来，若商品顺序发生变化，则这样计算得到的价格指数保持不变。用公式表示如下：

$$P(p^{0*}, p^{t*}, q^{0*}, q^{t*}) = P(p^0, p^t, q^0, q^t)$$

式中，p^{t*} 和 q^{t*} 分别表示 p 向量和 q 向量中商品价格和数量顺

序发生变化后得到的新向量。

公理 10：同度量性检验（Commensurability Test）。也就是说若所有商品的价格及数量与基期相比都扩大相同的倍数，则价格指数保持不变。用公式表示如下：

$$P(a_1p_1^0,\cdots,a_np_n^0;a_1p_1^t,\cdots,a_np_n^t;a_1q_1^0,\cdots,a_nq_n^0;a_1q_1^t,\cdots,a_nq_n^t)$$
$$=P(p_1^0,\cdots,p_n^0;p_1^t,\cdots,p_n^t;q_1^0,\cdots,q_n^0;q_1^t,\cdots,q_n^t)$$

$a_1>0,\cdots,a_n>0$

公理 11：时间互换检验（Time Reversal Test），用公式表示如下：

$$P(p^0,p^t,q^0,q^t)=1/P(p^t,p^0,q^t,q^0)$$

也就是说如果基期和报告期的价格和数量互换之后，计算得到的价格指数等于互换之前价格指数的倒数。如果只考虑一种商品的价格指数，这个检验很容易得到满足。但是若考虑多种商品的价格指数，则有些指数公式如拉氏和帕氏指数都不能满足这个检验。

公理 12：数量互换检验（Quantity Reversal Test），用公式表示如下：

$$P(p^0,p^t,q^0,q^t)=P(p^0,p^t,q^t,q^0)$$

这个公理也称为数量权重对称检验。在很多指数公式中，数量作为权重经常是被固定的，因此多数指数公式满足该检验。

公理 13：价格互换检验（Price Reversal Test）。可以将该检验理解为是针对数量指标指数而言的，用公式表示如下：

$$Q(p^0,p^t,q^0,q^t)=Q(p^t,p^0,q^0,q^t)$$

公理 14：价格的均值检验法（Mean value test for prices），即

$$\min_i(p_i^t/p_i^0:i=1,2,\cdots,n)\leqslant P(p^0,p^t,q^0,q^t)\leqslant\max_i(p_i^t/p_i^0:i=1,2,\cdots,n)$$

也就是说价格指数是介于个体指数的最小和最大值之间的一个数，因为指数是对个体指数的某种平均。

公理 15：数量的均值检验法（Mean Value Test for Quantities），

即

$\min_i(q_i^t/q_i^0: i=1,2,\cdots,n) \leqslant Q(p^0,p^t,q^0,q^t) \leqslant \max_i(q_i^t/q_i^0: i=1,2,\cdots,n)$

公理 16：拉氏和帕氏的界限检验（Paasche and Laspeyres Bounding Test），也就是说拉氏和帕氏价格（数量）指数构成了价格（数量）指数的上限和下限。

公理 17：报告期价格的单调性检验（Monotonicity in Current Prices），用公式表示如下：

若 $P^1 < P^2$，则 $P(p^0,p^1,q^0,q^1) < P(p^0,p^2,q^0,q^1)$

公理 18：基期价格的单调性检验（Monotonicity in Base Prices），用公式表示如下：

若 $P^0 < P^2$，则 $P(p^0,p^1,q^0,q^1) < P(p^2,p^1,q^0,q^1)$

公理 19：报告期数量的单调性检验（Monotonicity in Current Quantities），用公式表示如下：

若 $q^1 < q^2$，则 $Q(p^0,p^1,q^0,q^1) < Q(p^0,p^1,q^0,q^2)$

公理 20：基期数量的单调性检验（Monotonicity in base quantities），用公式表示如下：

若 $q^0 < q^2$，则 $Q(p^0,p^1,q^0,q^1) < Q(p^0,p^1,q^2,q^1)$

上述 20 种检验又可以区分为几种不同类型的检验，见表 2－1。

表 2－1　　不同公理的类型

公　理	对应的类型
公理 1－4	基本检验（basic test）
公理 5－8	齐次性检验（homogeneity test）
公理 9－13	不变性及对称性检验（invariance and symmetry test）
公理 14－16	均值检验（mean value test）
公理 17－20	单调性检验（monotonicity test）

（3）对 $P(p^0, p^1, v^0, v^1)$ 型指数公式的公理法。上述检验中，我们将指数的表达式设定为 $P(p^0, p^1, q^0, q^1)$。如果将指数表达式设定为 $P(p^0, p^1, v^0, v^1)$，其中，v^0 和 v^1 分别表示两个对应时期的消费额，又存在什么样的公理呢？下面列举了相应的17种公理。

公理1：非负性，用公式表示如下：

$P(p^0, p^t, v^0, v^t) > 0$

公理2：连续性，指数可理解为一个连续性函数。

公理3：单位性，用公式表示如下：

$P(p, p, v^0, v^t) = 1$

即当两个时期的价格没有发生变化时，计算得到的价格指数等于1。

公理4：等比例性，即对于 $\lambda > 0$，

$P(p^0, \lambda p^t, v^0, v^t) = \lambda P(p^0, p^t, v^0, v^t)$。

公理5：基期价格的逆等比例性，即对于任意 $\lambda > 0$，有

$P(\lambda p^0, p^t, v^0, v^t) = \lambda^{-1} P(p^0, p^t, v^0, v^t)$

公理6：表示若报告期消费支出均扩大 λ 倍，指数保持不变，用公式表示为：

$P(p^0, p^t, v^0, \lambda v^t) = P(p^0, p^t, v^0, v^t)$

公理7：公理7与公理6类似，即若基期消费支出均扩大 λ 倍，指数仍保持不变，用公式表示如下：

$P(p^0, p^t, \lambda v^0, v^t) = P(p^0, p^t, v^0, v^t)$

公理8：表示若价格和数量顺序发生变化，则指数保持不变，用公式表示如下：

$P(p^{0*}, p^{t*}, v^{0*}, v^{t*}) = P(p^0, p^t, v^0, v^t)$

公理9：表示同度量性，用公式表示为：对 $a_1 > 0$，…，$a_n > 0$

$P(\alpha_1 p_1^0, \cdots, \alpha_n p_n^0; \alpha_1 p_1^t, \cdots, \alpha_1 p_n^t; v_1^0, \cdots, v_n^0; v_1^t, \cdots, v_n^t) = P(p_1^0, \cdots, p_n^0; P_1^t, \cdots, P_n^t; v_1^0, \cdots, v_n^0; v_1^t, \cdots, v_n^t)$

公理10：时间互换检验，即

$P(p^0,p^t,v^0,v^t)=1/P(p^t,p^0,v^t,v^0)$

公理11：价格的传递性，即

$P(p^0,p^1,v^\gamma,v^s)P(p^1,p^2,v^\gamma,v^s)=P(p^0,p^2,v^\gamma,v^s)$

式中，v^γ 和 v^s 表示在计算价格指数时支出权重信息保持不变。

公理12：权重信息的对称性，即

$P(p^0,p^t,v^0,v^t)=P(p^0,p^t,v^t,v^0)$

公理13：价格的均值检验，即

$\min_i(p_i^t/p_i^0 : i=1,2,\cdots,n)\leqslant P(p^0,p^t,v^0,v^t)\leqslant \max_i(p_i^t/p_i^0 : i=1,2,\cdots,n)$

公理14：报告期价格的单调性检验，即若 $p^1<p^2$，

$P(p^0,p^1,v^0,v^1)<P(p^0,p^2,v^0,v^1)$

公理15：若 $p^0<p^2$，

$P(p^0,p^1,v^0,v^1)>P(p^2,p^1,v^0,v^1)$

公理16：表示两个时期内若除了第 i 种商品的价格外，其余商品的价格均为1，则价格指数可表示为四个变量的函数，即

$$P(1,\cdots,1,p_i^0,1,\cdots;1,\cdots,1,p_i^t,1\cdots;v^0,v^t)$$

$$=f\left(p_i^0,p_i^t,\left[v_i^0\Big/\sum_{j=1}^{n}v_j^0\right],\left[v_i^t\Big/\sum_{j=1}^{n}v_j^t\right]\right)$$

公理17：表示两个时期内若除了第 i 种商品的价格外，其余商品的价格均为1，但同时第 i 种商品的消费支出为0，则价格指数等于1，用公式表示如下：

$P(1,\cdots,p_i^0,1,\cdots1;1,\cdots,p_i^t,1,\cdots1;v_1^0,\cdots,0,\cdots,v_n^0;v_1^t,\cdots,0,\cdots,v_n^t)=1$

（4）基于公理法的部分结论。指数的公理法就像一个筛子，在筛选满足特定公理的指数公式，然而很多指数存在不能通过很多检验的问题。

Fisher 在考察了多种指数后，认为拉氏指数和帕氏指数的几何

平均公式，即我们常说的 Fisher 理想指数仅仅不能通过其设定的循环检验或进退检验，其余检验均能通过，尤其能够通过时间互换检验和因子互换检验，因此被认为是最理想的指数公式。基于与理想指数公式的比较，Fisher 将 134 个指数公式区分为七类：①毫无价值的公式；②弱公式；③正确的公式；④好公式；⑤很好的公式；⑥优秀的公式；⑦超级公式。

从双向价格指数公式所对应的 20 个检验中，指数的通过情况又如何呢？我们结合常用的几种指数公式来看。拉氏和帕氏指数公式不能通过时间互换检验、数量互换检验和价格互换检验，Fisher 理想指数公式能够通过 20 种检验，而 Walsh 和 Törnqvist 指数不能通过的检验更多一些，尤其是 Törnqvist 指数只能通过 11 种检验，不能通过第 4、12、13、15、16、17、18、19、20 条公理。但是，Törnqvist 指数在基于 $P(p^0, p^1, v^0, v^1)$ 型指数公式的公理法下，能够通过全部 17 条公理。它是唯一能够通过所有 17 条公理的指数公式。如此来看，从公理的角度，Fisher 和 Törnqvist 指数可以被看做是最佳的指数。

但是对于用检验法来选择指数我们应持一个客观的态度，指数的编制应该更多地结合经济现实和指数的经济意义。完全根据检验法来确定指数会限制我们的思维，甚至得出的结论可能与实际有差距。

3. 指数的经济学方法

（1）COLI 基本理论。指数的经济学方法主要针对消费者价格指数。这种方法导致的一个直接概念是生活费用指数（cost of living index，COLI）。该方法最早由俄罗斯经济学家 Konüs（1924）提出来，它所依赖的假设是消费者的效用最大化，认为理性的消费者会追求效用的最大化。COLI 被定义为消费者为了维持给定效用水平或福利所需要的最小支出额在两期的比值。从其定义可以看出，COLI 与前面固定篮子指数下的 Lowe 指数有类似的地方，两个指数都是用两期的消费支出额进行比较的。但两个指数也存在不同之处，Lowe 指数表示的是购买固定篮子货物和服务所需要的支出之比，而 COLI 并不要求篮子固定，两个时期的产品篮子可以不同，而只限定两期的效用水平相同。两者的另一个不同之处在于 Lowe 指数中的消费数量可看做保持不变；而 COLI 中的消费数量可看做是价格的函数，其随价格变化而变化。

在指数文献中，这种理论还进一步区分了两种具体的角度，一种是从单个消费者角度出发，另一种则将多个消费者作为一个整体来看待。

从微观角度来看，若只考虑一个消费者，假设消费者效用是一连续的、单调递增的凹函数，q 为表示消费数量的向量，$q=[q_1, \cdots, q_n]$，消费者效用可表示为 $u^t=f(q^t)$。假定消费者追求既定效用水平下的成本最小化，如 2.1.26 式所示。

$$C(u^t,p^t) = \min_q\Big[\sum_{i=1}^{n} p_i^t q_i : f(q) = u^t = f(q^t)\Big]$$

$$= \sum_{i=1}^{n} p_i^t q_i^t, t = 0,1 \qquad (2.1.26)$$

Konüs（1924）定义的生活费用指数则可表示为如式 2.1.27 所示。

$$P_K(p^0,p^1,q) = \frac{C(f(q),p^1)}{C(f(q),p^2)} \qquad (2.1.27)$$

在单个消费者视角下，可以对每个消费者计算一个 COLI。若将视角扩展到多个消费者或者多个家庭，则指数的经济理论方法也与单个消费者情况下类似。在指数的经济学方法研究中，继 Konüs（1924）之后，又有很多学者进行了深化和扩展，包括在近代仍有人在不断研究，包括 Samuelson 和 Swamy（1974）、Deaton 和 Muellbauer（1980）、Diewert（1980，1981，1987，1993）、Schultze

和 Mackie（2002）等。

（2）对 COLI 的几点理解。COLI 的提出丰富了 CPI 的理论框架。CPI 的理论框架包括两种：一种是生活费用指数框架；一种是固定篮子指数框架。目前，世界上不同国家的理论框架设定是不同的，如美国、瑞典等国家以 COLI 为理论框架，而英国等国家则以固定篮子指数为框架。但是，尽管有些国家以 COLI 为理论框架，COLI 却不是一个容易操作和量化的概念。COLI 理论假定消费者的偏好、影响消费者福利和生活水平的非价格因素等需要保持不变，但是人们的效用水平是一个很主观的概念，而且受很多因素的影响，如环境、社会因素以及一些不可预知的突发事件等。当一些突发事件发生时，人们会增加一些支出以维持其效用水平，那么这样 COLI 会受到突发事件的影响和推动而变化，而不能反映价格本身的变化。

（3）COLI 的估计。尽管 COLI 不容易直接量化，但是我们可以尽量找到其上限和下限，或者找到一个近似的估计值。

我们可以对 2.1.27 式进一步具体化，来分析 COLI 的上限和下限。取式中 $q=q^0$，则 2.1.27 式可表示为如 2.1.28 式所示。

$$P_K(p^0,p^1,q^0)=\frac{C(f(q^0),p^1)}{C(f(q^0),p^0)}=\frac{C(f(q^0),p^1)}{\sum_{i=1}^{n}p_i^0q_i^0}$$

$$=\frac{\min_q\left[\sum_{i=1}^{n}p_i^1q_i:f(q)=f(q^0)\right]}{\sum_{i=1}^{n}p_i^0q_i^0}$$

$$\leqslant\frac{\sum_{i=1}^{n}p_i^1q_i^0}{\sum_{i=1}^{n}p_i^0q_i^0}=P_L(p^0,p^1,q^0,q^1)\qquad(2.1.28)$$

若取 $q=q^1$，则 2.1.27 式可表示为如 2.1.29 式所示。

$$P_K(p^0,p^1,q^0) = \frac{C(f(q^1),p^1)}{C(f(q^1),p^0)} = \frac{\sum_{i=1}^{n} p_i^1 q_i^1}{C(f(q^1),p^0)}$$

$$= \frac{\sum_{i=1}^{n} p_i^1 q_i^1}{\min_q\left[\sum_{i=1}^{n} p_i^0 q_i : f(q) = f(q^1)\right]}$$

$$\geqslant \frac{\sum_{i=1}^{n} p_i^1 q_i^1}{\sum_{i=1}^{n} p_i^0 q_i^1} = P_P(p^0,p^1,q^0,q^1) \qquad (2.1.29)$$

上述 2.1.28 式和 2.1.29 式揭示了拉氏和帕氏指数分别是 COLI 的上限和下限。在指数文献中，上述两个式子分别称为 Laspeyres－Konüs 和 Paasche－Konüs 型生活费用指数。

那么什么指数能更逼近 COLI 呢？Diewert（1976）发现，在类似偏好的情况下，如果再对效用函数或费用函数施加某种假设，则可以用最佳价格指数（superlative price index）来估计生活费用指数 COLI。这里有必要给出最佳指数的相关概念。如果一个 N 变量的线性齐次函数 F 能够对一个任意的二次连续可微的线性齐次函数提供一个二阶逼近的话，则 F 可定义为“灵活的”。令价格指数 P 和物量指数 Q 满足积检验，如果 P 对一个灵活的单位成本函数 C 是精确的，或者 Q 对一个灵活的总量函数 F 是精确的话，P 和 Q 就可以定义为最佳指数。那么哪些指数属于最佳价格指数？常用的最佳价格指数包括 Fisher、Walsh 和 Törnqvist 指数。这些指数都属于最佳价格指数家族中的一员，最佳价格指数家族可以用公式 2.1.30 表示：

$$P^{\gamma} = \frac{\sqrt[r]{\sum_{i=1}^{n} s_i^0 \left(\frac{p_i^t}{p_i^0}\right)^{\gamma/2}}}{\sqrt[r]{\sum_{i=1}^{n} s_i^t \left(\frac{p_i^0}{p_i^t}\right)^{\gamma/2}}} \qquad (2.1.30)$$

当 $r=1$ 时，2.1.30 式就变成 Walsh 价格指数；当 $r=2$ 时，2.1.30 式就变成 Fisher 价格指数；当 $r \to 0$ 时，2.1.30 式就变成 Törnqvist 指数。

如果以 COLI 为理论框架，则可以采用上述三种指数公式来编制价格指数。那么如何在这三种指数之间进行选择？结合前面价格指数的公理法的结论，这三种指数中，Fisher 指数是双向价格指数公理法下能通过全部检验的指数，Törnqvist 指数是基于 $p(p^0, p^1, v^0, v^1)$ 型指数公式的公理法下能通过全部检验的指数。这两种指数都可以看做是某种公理法下的最佳指数。但实际上三种指数的值是高度逼近的。Diewert（1978）证明，当各指数都在一个相等的价格和数量点上计值的时候，这些指数彼此都是二阶逼近。在时间序列中，三种指数的彼此差异程度低于 0.2%，在截面数据中大约有 0.2% 的差异（Fisher，1922；Ruggles，1967）。

实践中的情况如何？由于上述三种最佳指数均要求有报告期和基期的支出份额数据，而报告期的支出份额又不能及时获得，因此实践中这三种指数并不适合作为月度 CPI 指数的公式，不过可以作为一种补充来检验实际的价格指数与 COLI 之间的偏差。后面价格指数偏差部分中就涉及利用最佳指数与实际指数之间的差来测度 CPI 偏差。

4. 指数的 Divisia 方法

Divisia 指数是由法国经济学家 Divisia 于 1926 年提出来的，他把价格和物量看做是关于时间的连续函数，用微分理论把价值分解为价格和物量两部分，Divisia 价格指数和物量指数分别表示如 2.1.31 式和 2.1.32 式所示。

$$P_{Div}^{0:t} = \exp\left(\int_0^t \sum_{i=1}^n s_i(\phi) \frac{d\ln p_i(\phi)}{d\phi} d\phi\right) \quad (2.1.31)$$

$$Q_{Div}^{0:t} = \exp\left(\int_0^t \sum_{i=1}^n s_i(\phi) \frac{d\ln q_i(\phi)}{d\phi} d\phi\right) \quad (2.1.32)$$

其中，s_i（φ）表示在时点 ϕ 第 i 个产品的价值份额。

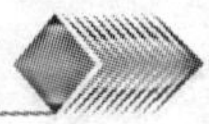

但实际情况是价格的搜集经常是间断的而非连续的，因此还可以用离散函数来考察 Divisia 指数。

Divisia 指数具有如下几个特点：第一，该指数的假设具有一定的现实性。Divisia 指数假设价格和物量是时间的连续函数，在实际生活中也确实是连续变动的，因此该假设与现实有一定的吻合性。第二，从检验的角度来看，Divisia 指数能够通过很多检验，包括同度量性检验、恒等性检验、传递性检验、时间互换检验和因子互换检验等，不过 Divisia 指数不能通过比例性检验。第三，在某些条件下，Divisia 指数是精确指数。第四，Divisia 指数为使用链式指数提供了一些依据。

但是 Divisia 指数也有缺陷。Frisch 曾指出，拉氏和帕氏指数都可以被看做是对连续时间下的 Divisia 指数的近似，但在有些实证分析中，拉氏和帕氏指数的结果相差很大，因此 Divisia 指数并无助于确定一个唯一的指数。Divisia 指数现在被广泛地应用于生产率测定、货币增长量分析和货币购买力平价理论等领域，但在价格指数的编制实践中用得并不多。

5. 指数的随机化方法（The Stachastic Approach）

指数的随机方法有时也称为统计法（Statistical Approach），可区分为两种：一种是加权方法；另一种是不加权方法。这种方法最早可追溯到 Jevons（1863，1865）和 Edgeworth（1888），其基本思想是每一个物品的价格变化可看做是对一般价格变化率 α 的一个估计，即

$$\frac{p_i^1}{p_i^0} = \alpha + \varepsilon i \qquad (2.1.33)$$

式中，α 表示 n 种商品的共同的价格变化率；ε_i 表示具有零均值和方差为 σ^2 的随机变量。若按照最小二乘法或极大似然估计法，可估计出 α，我们将 α 用 P 表示，即为：

$$P = \sum_{i=1}^{n} \frac{1}{n} \frac{p_i^1}{p_i^0} \qquad (2.1.34)$$

这样估计出来的指数实际就是 carli 指数。

若我们假设每一个商品价格变化的对数是商品共同价格变化率对数的一个估计，即

$$\ln(p_i^1/p_i^0) = \beta + \varepsilon i,$$

即

$$\beta = \ln a \tag{2.1.35}$$

则根据最小二乘法或极大似然估计法得出的 β 的估计值就是几何平均数的对数，Jevons 几何平均数如公式 2.1.36 所示。

$$P = \prod_{i=1}^{n} \sqrt[n]{\frac{p_i^1}{p_i^0}} \tag{2.1.36}$$

关于加权的随机方法，是在不加权方法的基础上进一步发展的。Walsh（1901）是较早提出此问题的学者。他认为指数的构建应该考虑到重要程度的差异，但是他没有对如何具体地处理差异性问题给出说明。Henri Theil（1967）则针对上述 Jevons 几何平均指数给出了加权形式，表示如下：

$$\ln P_T = \sum_{i=1}^{n} \frac{1}{2}(s_i^0 + s_i^1)\ln\left(\frac{p_i^1}{p_i^0}\right) \tag{2.1.37}$$

式中，s_i^0 和 s_i^1 分别表示基期和报告期的支出份额。这种加权形式也可以理解为：对每个商品价格变化的对数，若其出现概率为 $\frac{1}{2}(s_i^0 + s_i^1)$，则其期望为总价格指数的对数。这个指数公式实质与 Törnqvist 指数是相同的。

由上述公式又可以进一步导出如下形式的价格指数，即为：

$$P_L = \sum_{i=1}^{n} s_i^0 \frac{p_i^1}{p_i^0} \tag{2.1.38}$$

$$P_{PAL} = \sum_{i=1}^{n} s_i^1 \frac{p_i^1}{p_i^0} \text{①} \tag{2.1.39}$$

① 这种指数为 Palgrave 指数。

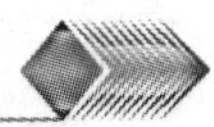

或

$$P_U = \sum_{i=1}^{n} \frac{1}{2}(s_i^0 + s_i^1)\frac{p_i^1}{p_i^0} \tag{2.1.40}$$

或

$$P_{HL} = \frac{1}{\sum_{i=1}^{n} s_i^0 \frac{p_i^0}{p_i^1}} \tag{2.1.41}$$

或

$$P_{HP} = \frac{1}{\sum_{i=1}^{n} s_i^1 \frac{p_i^0}{p_i^1}} \tag{2.1.42}$$

从上面的分析可以看出，未加权的随机方法得出的都是基本指数，但是加权随机方法得出的指数未必都是加权形式的指数，不过多数是加权形式的。Diewert 曾经论述了在指数的随机化方法下 Törnqvist 价格指数是最优指数。

随机方法是对回归模型通过不同的方法来估计参数，最终得到价格指数的一种方法。但直接使用随机方法来编制价格指数在实践中也存在很多挑战和限制，因此用得并不多。

小结：尽管有多种指数构造方法，每种方法有不同的思路，但是我们发现不同方法之间还是存在相通的地方，同一种指数可以从不同的角度来理解其性质，而不同方法下支撑的可能是同一指数。

2.2　价格指数编制流程与原则

价格指数有多种，不同的领域可以编制不同的价格指数，如生产者价格指数、消费者价格指数、进出口价格指数等。但是不管是什么类型的价格指数，都存在一般性的指数编制流程和原则。总结起来，价格指数的编制流程可以概括为“自上而下”和“自下而上”的流程。

2.2.1 价格指数编制中的“自上而下”流程

价格指数编制中首先要明确我们的目的是什么，目的的差异决定了指数的差异。不同价格指数的目标和指向是不同的，比如生产者价格指数主要侧重于生产过程中的投入或产出的价格变化，零售价格指数主要侧重于零售环节，消费者价格指数主要侧重于消费者所消费的商品及服务，进出口价格指数主要侧重于进出口环节的商品及服务等等。明确价格指数的目标和指向是所有工作的前提。当价格指数的目标和指向明确之后，我们才能确定需要搜集什么样的价格，在什么范围搜集价格，采用什么样的权数，用什么样的方法来综合等问题。

在目的确定之后，我们就需要确定具体内容，包括大类的内容是什么、中类是什么，以及小类及具体的代表性规格品都需要明确。以消费者价格指数 CPI 为例来看，消费者所消费的内容五花八门，到底怎么来搜集价格？COICOP（Classification of Individual Consumption by Purpose）为编制消费者价格指数提供了一个框架。COICOP 是按照用途划分的个人消费分类，它提供了层层分类，在编制 CPI 时可以参照 COICOP 来确定哪些内容应该纳入指数核算范围。COICOP 包括 12 大类（divisions），47 中类（groups），117 小类（classes）。表 2－2 给出了 COICOP 中住户消费支出的大类和中类的分类情况①。

① COICOP 中还包括政府和为住户服务的非营利机构为个人提供的一些消费。我们这里并没有列出。

表 2－2　　　COICOP 中个人消费支出结构简表

1. 食品及非酒精性饮料	1.1　食品 1.2　非酒精性饮料
2. 酒精性饮料及烟草、麻醉品（marcotics）	2.1　酒精性饮料 2.2　烟草 2.3　麻醉品（marcotics）
3. 服装及鞋类	3.1　服装类 3.2　鞋类
4. 住房、水、电、气及其他燃料	4.1　实际房租 4.2　虚拟房租 4.3　住房的保养修理支出 4.4　水供应及与住房相关的其他多种支出 4.5　电、气及其他燃料
5. 家具、家庭设备及其他维修保养	5.1　家具、地毯及其他地面覆盖物 5.2　家庭纺织物 5.3　家庭用品 5.4　玻璃器具和家庭用具 5.5　家庭和花园用的工具 5.6　家庭保养方面的货物和服务
6. 保健	6.1　医疗产品、用具和设备 6.2　门诊服务 6.3　住院服务
7. 交通	7.1　交通工具的购买 7.2　个人交通设备的支出 7.3　交通服务
8. 通信	8.1　邮局服务 8.2　电话及传真设备 8.3　电话及传真服务

续表

9. 娱乐及文化	9.1 视听、图像及信息处理设备 9.2 其他用于娱乐及文化的耐用品 9.3 其他娱乐项目、设备、花园、宠物 9.4 娱乐及文化服务 9.5 报纸、书及文具 9.6 一揽子旅游
10. 教育	10.1 学期教育及小学 10.2 中学 10.3 中学后及专科教育 10.4 高等教育 10.5 非学历教育
11. 饭店及酒店	11.1 饮食服务 11.2 住宿服务
12. 其他各种货物及服务	12.1 个人照料 12.2 享乐 12.3 个人效用 12.4 社会安全 12.5 保险 12.6 金融服务 12.7 其他服务

资料来源：http：//unstats. un. org/unsd/cr/registry/regcst. asp？Cl = 5.

当然，COICOP 提供的是一个大致的分类框架，各个国家在实践中可以根据情况进行调整。如我国编制 CPI 时，将消费支出划分为 8 类，包括食品、衣着、家庭设备及用品、医疗保健用品、交通和通讯工具、娱乐教育文化用品、居住、服务项目。美国将消费者支出也划分为 8 大类，包括食品及饮料、居住、衣着、交通、保健、娱乐、教育和通讯、其他货物和服务。英国将消费者支出划分

为12大类，包括食品及非酒精性饮料、酒及烟草、衣服和鞋类、住房及住房服务、家具及家庭用品、保健、交通、通信、娱乐和文化、教育、在外就餐及旅店、其他货物和服务。在编制具体价格指数之前，我们需要明确到代表性规格品这个层次。

明确了内容之后，接下来就需要确定在哪儿搜集价格。这里涉及多个层次，首先是一个国家需要在哪些地区来搜集，确定了地区之后，需要确定在什么地点采集价格。地点的确定也有不同的方法，如完全按照随机抽样，或者按照规模大小来等比例随机抽样确定（probability proportional to size，PPS），或者分层抽样，在每一层内按照随机抽样或等比例随机抽样的方式来确定。当然，有些价格不需要在具体的采集点搜集，如CPI中的房租价格，如在美国是通过访问若干住户得到的。

价格指数往往又涉及加权的问题，权数往往也是通过抽样调查的方式得来。那么如何进行抽样调查，调查的地点、时间问题都需要明确。这是一个由上而下的流程描述。当采集到各种具体价格资料后，就进入自下而上的指数编制流程。

2.2.2　价格指数编制中的"自下而上"流程

自下而上反映的是实际价格指数的编制流程。最基础的工作是收集和整理价格。对于编制比较频繁的一些月度价格指数，如CPI、PPI等，需要定期收集价格，尤其对于变动比较频繁的产品，有时需要在一月内收集数次价格。当然权重资料也属于最基础的资料，也需要进行数据的收集和处理。不同价格指数确定权数的依据不同。生产者价格指数权数的确定可以根据产品产量来确定，消费者价格指数的权数可以根据消费支出份额来确定。在消费者价格指数中，权重的收集频率往往较长，有时甚至是四五年才收集一次新的权重。

接下来的工作就是根据收集到的价格资料编制指数，指数的编制可以理解为是一个层层汇总的过程。首先编制基本指数，在基本指数的基础上再汇总成为上一级指数，然后再逐层汇总成为上上一级指数等等。

汇总后的指数可以反映某一个地区所有产品价格的总变化，可以反映所有地区某一类产品价格的变化，也可以反映全国所有商品价格的总变化等等。

2.2.3 价格指数编制的基本原则

价格指数编制的基本原则有如下几条：

第一，价格指数的相关概念和定义应符合国际标准和建议。随着统计工作日益国际化，与国际接轨成为一个重要的趋势。如我们将在后面提到，国际货币基金组织提出的 CPI 数据质量评估框架，其中一个评估要素就是概念和定义应符合国际标准和建议。我们认为这是价格指数编制工作的基本原则之一。

第二，价格指数的编制实质是由样本推断总体的过程，因此抽样设计应合理科学，以提高样本对总体的代表性。价格指数编制中的抽样涉及对产品或服务的抽样、调查地区和调查点的抽样和时间的抽样。产品或服务的抽样关系所抽取的样本对所有产品或服务的代表性如何。调查地区的抽样关系能否很好地考虑经济区域和地区分布的合理性，以得到更大范围或全国性的价格指数。调查点的确定关系能否很好地考虑经营规模、商品种类等因素。在什么时间去收集价格可以看做是对时间的抽样，这涉及价格调查频率设计是否适当，是否能及时反映价格的变动，尤其是一些价格变动比较频繁的产品。价格指数编制中还涉及权数的确定，权数也是根据抽样调查得到，如消费者价格指数的权数则根据住户消费者支出调查得到。这些抽样调查的质量往往成为影响价格指数质量的一个重要方面，因此价格指数编制的基本原则之二是设计科学合理的抽样方法。

第三，前后时期产品或服务的同质可比性。这一原则在价格指

数编制中也很重要，尤其在消费者价格指数中。保持前后时期产品的同质可比是保证价格指数中没有质量变化因素而引起的价格的变化。在国民经济核算中，质量因素引起的变化属于物量变化，如果不能将质量因素剔除出去，那么计算得到的价格指数是有偏差的。

第四，价格指数应能够反映实际情况。这涉及价格指数能否将市场上新出现的一些情况考虑进去，权数能否反映结构的变化等。以消费者价格指数为例，消费者的产品篮子经常会发生变化，在经济快速发展的背景下更是如此。那么价格指数能否反映这些实际变化？消费者的消费结构也会随时间发生变化，如中国近年来食品支出在总支出中的比例迅速下降，那么编制价格指数时所使用的权数能否反映这种变化？换句话说，价格指数应能够反映实际情况是编制价格指数的原则之一。

第五，价格指数公式的选择应本着简明易懂，容易解释，且时效性强的原则。在前面的分析中，我们涉及了很多类型的价格指数，但是很多指数在实践中并没有得到广泛的应用，其原因之一是很多指数形式复杂，对数据的要求高，不易在实践中推广。其次，很多指数的经济意义并不清楚，很难为公众所理解。再次，很多指数对时效性的要求较高，如 CPI、PPI 都是月度指数，时效性也对指数公式的选择提出了一些要求。总之，指数从经济现实中来，也要以反映经济现实为最终目的，不能陷入“唯美”的陷阱。

2.3　中国的主要价格指数体系

2.3.1　中国编制的主要物价指数

目前，中国政府统计部门在宏观经济运行中的生产、流通、消费与投资各环节均编制价格指数，其价格指数体系包括居民消费价格指数、商品零售价格指数、农业生产资料价格指数、农产品收购价格指数、工业品出厂价格指数、固定资产投资价格指数等；此外，还包括工农业商品综合比价指数。中国目前并不公布生产者价格指数，很多研究中用工业品出厂价格指数替代。中国对外贸易指数是由海关总署统计的，并不是国家统计局统计和公布①。

1. 居民消费价格指数

居民消费价格指数是反映一定时期内城乡居民所购买的生活消费品价格和服务项目价格变动趋势和程度的相对数，是对城市居民消费价格指数和农村居民消费价格指数进行综合汇总计算的结果。通过居民消费价格指数，可以观察和分析消费品的零售价格和服务价格变动对城乡居民实际生活费支出的影响程度。其按年度计算的变动率通常被用来作为反映通货膨胀（或紧缩）程度的指标。

该指数是月度指数，其下共包括 8 大类指数，分别是食品、烟酒及用品、衣着、家庭设备用品、医疗保健和个人用品、交通和通信、娱乐教育文化用品及服务、居住，在每一类下又包括多种子类指数。《中国统计年鉴》公布的 2000 年及之前的 CPI 分类指数略有不同，分别是食品（包括烟酒）、衣着、家庭设备及用品、医疗保健用品、交通和通讯工具、娱乐教育文化用品、居住、服务项目。

中国居民消费价格指数包括全国消费价格指数、城市居民消费价格指数和农村居民消费价格指数。

2. 商品零售价格指数

商品零售价格指数是反映城乡商品零售价格变动趋势的一种经济指数。零售物价的调整变动直接影响城乡居民的生活支出和国家的财政收入，影响居民购买力和市场供需平衡，影响消费与积累的比例。因此，计算零售价格指数可以从一个侧面对上述经济活动进

① 在很多国家是由中央统计部门或国家统计局编制对外贸易指数。

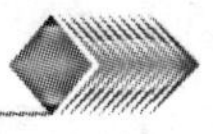

行观察和分析。

中国商品零售价格指数共分为16大类，包括食品类、饮料烟酒、服装鞋帽、纺织品、家用电器及音像器材、文化办公用品、日用品、体育娱乐用品、交通通信用品、家具、化妆品、金银珠宝、中西药品及医疗保健用品、书报杂志及电子出版物、燃料、建筑材料及五金电料。《中国统计年鉴》公布的2002年及以前的商品零售价格指数有所不同，包括食品、饮料烟酒、服装鞋帽、纺织品、中西药品、化妆品、书报杂志、文化体育用品、日用品、家用电器、首饰、燃料、建筑装饰材料、机电产品共14大类。商品零售价格指数中不包括服务项，这与居民消费价格指数不同。

中国商品零售价格指数也包括全国、城市和农村的零售价格指数。

3. 农产品收购价格指数

农产品收购价格指数是反映国有商业、集体商业、个体商业、外贸部门、国家机关、社会团体等各种经济类型的商业企业和有关部门收购农产品价格的变动趋势和程度的相对数。农产品收购价格指数可以观察和研究农产品收购价格总水平的变化情况以及对农民货币收入的影响，作为制定和检查农产品价格政策的依据。

4. 农业生产资料价格指数

农业生产资料价格指数是反映一定时期内农业生产资料价格变动趋势和程度的相对数，其编制目的是了解农业生产中物质资料投入价格的变动状况，服务于国民经济核算。1994年以前，农业生产资料价格指数仅仅是商品零售价格指数的一个类别，此后从商品零售价格指数中分离出来，单独编制。

5. 农产品生产价格指数

农产品生产价格指数是反映一定时期内，农产品生产者出售的农产品价格水平变动趋势及幅度的相对数。该指数可以客观地反映全国农产品生产价格水平和结构变动情况，满足农业与国民经济核算需要。我国从2002年开始正式编制该指数，2003年起开始公布分类细项指数。

6. 工业品出厂价格指数

工业品出厂价格指数是反映一定时期内全部工业产品出厂价格总水平的变动趋势和程度的相对数，包括工业企业售给本企业以外所有单位的各种产品和直接售给居民用于生活消费的产品。该指数可以观察出厂价格变动对工业总产值及增加值的影响。工业品出厂价格指数包括全部工业品、生产资料和生活资料的分类指数，也公布分行业价格指数。

7. 原材料、燃料和动力购进价格指数

原材料、燃料和动力购进价格指数是反映工业企业作为生产投入而从物资交易市场和能源、原材料生产企业购买原材料、燃料和动力产品时所支付的价格水平变动趋势和程度的统计指标，是扣除工业企业物质消耗成本中的价格变动影响的重要依据。目前，我国编制的原材料、燃料和动力购进价格指数所调查的产品包括燃料动力、黑色金属、有色金属、化工、建材等9大类的近1800种产品。

8. 固定资产投资价格指数

固定资产投资价格指数是反映一定时期内固定资产投资品及项目的价格变动趋势和程度的相对数。固定资产投资额由建筑安装工程投资完成额、设备工器具购置投资完成额和其他费用投资完成额三部分组成。编制固定资产投资价格指数应首先分别编制上述三部分投资的价格指数，然后采用加权算术平均法求出固定资产投资价格总指数。该指数可以准确地反映固定资产投资中涉及的各类投资品和取费项目价格变动趋势和变动幅度，消除按现价计算的固定资产投资指标中的价格变动因素，真实地反映固定资产投资的规模、速度、结构和效益，为国家科学地制定、检查固定资产投资计划并提高宏观调控水平，为完善国民经济核算体系提供科学、可靠的依据。

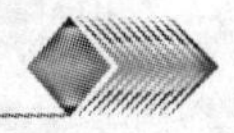

9. 房地产价格指数

房地产价格指数是反映一定时期内房地产价格变动趋势和程度的相对数，包括房屋销售价格指数、房屋租赁价格指数、土地交易价格指数和物业管理价格指数。这四套指数的计算方法相似，均采用由下到上逐级汇总的方法。

2.3.2　中国价格指数体系的公布

中国价格指数主要的公布渠道包括国家统计局官方网站、《中国统计年鉴》、《中国统计摘要》、《中国经济景气月报》等渠道，同时也有一些付费的数据库，如中经网等提供一些数据。

每个月在国家统计局的官方网站公布的价格指数包括居民消费价格指数和商品零售价格指数。其中，居民消费价格指数包括全国范围、城市居民和农村居民的消费者价格指数及8大类指数，食品类下还公布粮食、肉禽及其制品、蛋、水产品、鲜菜、鲜果的子类指数，但更具体的指数不公布，公布的指数形式包括上年同月=100和上年同期=100，同时公布各省以上年同期价格为100的居民价格指数。每月国家统计局的官方网站也公布商品零售价格指数，包括全国、城市和农村的总指数及16类分类指数，指数形式包括上年同月=100和上年同期=100，但不公布各省的商品零售价格指数①。国家统计局官方网站公布的季度数据是全国主要农产品生产价格指数，包括种植业产品、林业产品、畜牧业产品和渔业产品的4大类及部分小类的季度指数。其余的价格指数以年度价格指数的形式公布。公众若想获得一些更具体的价格指数，可以通过一些付费的渠道获取，如通过中经网或其他数据库形式获得。

在国家统计局出版的《中国统计年鉴》上，全国总的居民消

① 工业品出厂价格指数每月并不通过国家统计局的官方网站公布，其公布的刊物有《中国统计信息报》、《中国经济景气月报》、《中国统计年鉴》。

费价格指数和农村居民消费价格指数的历史数据只能得到1985年以来的数据，商品零售价格指数、城市居民消费价格指数、农产品收购价格指数、农村工业品零售价格指数和工农业商品综合比价指数的历史数据能得到1978年以来的数据。能提供分类指数的历史则较短，如农业生产资料价格指数（分类)、农产品收购价格指数（分类）的编制始于1995年，农产品生产者价格指数（分行业）的编制始于2002年，工业品出厂价格指数（分行业、分类别)、原材料、燃料、动力购进价格指数（分类）的编制始于1985年，固定资产投资价格指数（分类）的编制始于1994年，房地产价格指数（分类）的编制始于1997年①（见表2-3)。

表2-3　　中国部分价格指数公布列表

价格指数	公布频率	公布时间	何时开始公布	指数编制依据的方案
消费者价格指数	月度	月后25日	1978年	《流通和消费价格统计调查方案》
商品零售价格指数	月度	月后25日	1978年	《流通和消费价格统计调查方案》
农产品生产（者）价格指数	季度	季后25—26日	2002年	《农产品价格调查方案》
工业品出厂价格指数	月度	月后20日	1985年	《工业品价格调查方案》
房地产价格指数	季度	季后25日	1997年	《房地产价格统计调查方案》
固定资产投资价格指数	季度	季后25日	1994年	《固定资产投资价格统计调查方案》

① 赵红：《中国国民经济核算中的价格指数及其发展》，8th NBS-OECD Workshop on national accounts，2004。

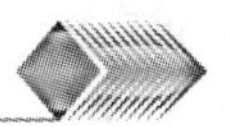

在政府公布的价格指数体系中，数据的详细程度较低。以国家统计局网页上公布的2008年9月消费者价格指数及商品零售价格指数为例，我们可以看官方统计网站公布了哪些价格指数信息①（见表2－4至表2－6）。

表2－4　　居民消费价格分类指数（2008年9月）

项目名称	上年同月＝100			上年同期＝100		
	全国	城市	全国	城市	全国	城市
居民消费价格指数	104.6	104.4	105.3	107.0	106.7	107.7
一、食品	109.7	110.2	108.7	117.3	117.2	117.3
粮　食	107.6	107.7	107.3	107.5	107.7	107.2
肉禽及其制品	108.5	109.5	106.4	129.2	130.0	127.6
蛋	105.1	105.7	103.9	104.8	104.6	105.1
水产品	114.7	114.6	115.2	115.1	114.6	116.3
鲜　菜	100.1	100.4	99.7	114.0	113.7	114.9
鲜　果	108.9	109.1	108.5	110.7	110.6	111.3
二、烟酒及用品	103.4	103.8	102.9	102.8	103.0	102.5
三、衣着	98.8	98.6	99.5	98.6	98.3	99.4
四、家庭设备用品及服务	103.2	103.4	102.8	102.7	102.9	102.3
五、医疗保健及个人用品	102.6	102.6	102.7	103.2	103.0	103.6
六、交通和通信	99.8	99.2	101.5	99.0	98.3	100.7
七、娱乐教育文化用品及服务	99.6	99.2	100.8	99.2	99.1	99.6
八、居住	106.5	104.7	110.2	107.0	106.0	109.1

资料来源：国家统计局官方网站，http：//www.stats.gov.cn/tjsj。

① 相比之下，美国等国家公布的CPI数据非常详细。

表 2-5　各地区居民消费价格指数（2008 年 9 月）

地区	本月	累计	地区	本月	累计
全国	104.6	107.0	河南	106.0	108.3
北京	105.2	106.0	湖北	104.8	107.4
天津	106.3	105.9	湖南	105.5	106.7
河北	105.7	107.4	广东	104.3	106.7
山西	106.8	108.5	广西	105.8	109.3
内蒙古	104.8	107.0	海南	105.4	108.0
辽宁	103.0	106.2	重庆	102.7	107.1
吉林	103.9	106.3	四川	102.7	105.9
黑龙江	103.7	107.0	贵州	104.0	109.4
上海	104.8	106.7	云南	102.7	106.9
江苏	104.3	106.4	西藏	105.8	107.0
浙江	103.8	106.4	陕西	105.0	107.5
安徽	104.6	107.4	甘肃	107.9	109.3
福建	103.4	105.6	青海	109.7	111.5
江西	104.5	107.1	宁夏	107.6	109.7
山东	104.6	106.2	新疆	106.7	109.5

资料来源：国家统计局官方网站，http：//www. stats. gov. cn/tjsj。

表 2-6　商品零售价格分类指数（2008 年 9 月）

项　目	上年同月=100 全国	上年同期=100 城市	上年同月=100 全国	上年同期=100 城市	上年同月=100 全国	上年同期=100 城市
商品零售价格指数	105.3	105.1	105.9	106.9	106.5	107.9
一、食品	109.8	110.3	108.7	117.3	117.3	117.3
二、饮料、烟酒	104.0	104.4	103.2	103.3	103.6	102.7
三、服装、鞋帽	98.6	98.3	99.4	98.4	98.1	99.2
四、纺织品	100.8	100.8	101.0	100.5	100.4	100.8

续表

项　目	上年同月=100	上年同期=100	上年同月=100	上年同期=100	上年同月=100	上年同期=100
	全国	城市	全国	城市	全国	城市
五、家用电器及音像器材	96.8	96.3	98.2	97.1	96.5	98.4
六、文化办公用品	97.1	96.3	99.3	96.7	95.8	99.1
七、日用品	104.5	104.4	105.0	103.3	103.1	103.6
八、体育娱乐用品	97.8	96.7	100.4	97.7	96.7	100.0
九、交通、通信用品	93.9	93.5	95.1	93.0	92.5	94.6
十、家具	103.1	103.1	103.2	102.5	102.4	102.7
十一、化妆品	101.0	101.0	100.9	100.4	100.4	100.6
十二、金银珠宝	115.5	114.8	117.7	121.8	121.5	122.6
十三、中西药品及医疗保健用品	102.5	102.7	102.1	103.4	103.3	103.7
十四、书报杂志及电子出版物	103.1	103.6	101.9	100.8	101.1	100.2
十五、燃料	124.7	122.2	130.6	117.2	115.5	121.4
十六、建筑材料及五金电料	109.4	108.8	110.5	109.0	108.4	110.0

资料来源：国家统计局官方网站，http：//www.stats.gov.cn/tjsj。

2.3.3 中国主要价格指数的编制

1. 居民消费价格指数

(1) 中国 CPI 编制的基本问题。中国 CPI 的编制单位主要包括全国及各省、自治区、直辖市，省会城市、自治区首府城市和大连、青岛、宁波、厦门、深圳市，其他调查市县的居民消费价格调查工作由各省（区、市）统一组织和管理。中国 CPI 的调查内容基本按照 COICOP 框架划分为 8 个大类，包括食品、烟酒及用品、衣着、家庭设备用品及维修服务、医疗保健和个人用品、交通和通信、娱乐教育文化用品及服务、居住等。根据全国城乡近11万户居民家庭消费支出调查资料中消费额较大的项目以及居民消费习惯，确定263个基本分类。每一个基本分类的代表规格品数量一般不能少于制度规定的最低标准，并可根据当地实际情况适当增加。代表规格品的数量在《居民消费价格指数目录》有详细规定。选取代表性规格品时要遵循如下原则：①消费量较大；②价格变动趋势和变动程度有较强的代表性，即选中规格品的价格变动特征与未选中规格品之间价格变动的相关性愈高愈好；③选中的规格品之间，性质相隔愈远愈好，价格变动特征的相关性愈低愈好；④选中的工业消费品必须是合格产品，产品包装上有注册商标、产地、规格等级等标识。

在选择调查市、县时，各省、自治区、直辖市应按照大中小兼顾以及地区分布合理原则，采用划类选择法抽选价格调查市县和价格调查点。对于城市的抽选，首先要将辖区内所有城市以年平均工资为标志从高到低排队；其次，将各个城市的常住人口数累计起来，然后依据所需调查城市的数量进行等距抽样。对于县的抽选也类似，首先将辖区内所有县以年人均纯收入为标志从高到低排队；其次将各个县的人口数累计起来，然后依据所需调查县的数量进行等距抽样。在确定了市县后，需要确定价格调查点。价格调查点的确定过程是：首先，将各种类型的商场（店）、农贸市场、服务网点分别以人均销售额、成交额和经营规模为标志，从高到低排队；其次，分别将销售额、成交额和经营规模累计起来；然后，依据所需调查点的数量进行等距抽样。

在确定了价格调查点后，就需要收集价格。价格调查的基本原则是：①同一规格品的价格必须同质可比；②如果商品的挂牌价格与实际成交价格不一致，应调查采集实际成交价格；③对于与居民生活密切相关、价格变动比较频繁的商品，至少每5天调查一次价

格，一般性商品每月调查采集 2 ~ 3 次价格。收集到代表性规格品的价格后，采用简单算术平均法来计算平均价格。中国 CPI 的权数资料根据居民家庭用于各种商品或服务的开支在所有消费商品或服务总开支中所占的比重来计算，并辅之以典型调查数据进行补充和完善。全省（区）城市和农村权数分别根据全省（区）城镇居民家庭生活消费支出调查资料和农村居民家庭生活消费现金支出资料整理计算。全省（区）权数根据城市和农村权数按城乡居民消费支出金额加权平均计算。全国权数根据各省、自治区、直辖市的权数按各地居民消费支出金额加权平均计算。

当价格和权数资料均收集到后，就可以开展价格指数的编制工作。

（2）CPI 编制的基本方法。

①采用简单算术平均方法计算代表规格品的平均价格，其计算公式为：

$$P_t = \sum \frac{P_i}{m} \qquad (2.3.1)$$

式中，P_t 为第 t 个规格品的平均价格；P_i 为调查期第 t 个规格品的第 i 次调查的价格；m 为调查期第 t 个规格品的调查次数。

②计算基本分类指数，包括：

第一类，月环比指数的计算。根据所属代表规格品价格变动相对数，采用几何平均法计算，其计算公式为：

$$K_1 = \sqrt[n]{G_{t1} \times G_{t2} \times \cdots \times G_{tn}} \times 100\% \qquad (2.3.2)$$

式中，G_{t1}，G_{t2}，…，G_{tn} 分别为第一个至第 n 个规格品报告期（t）价格与上期（$t-1$）价格对比的相对数；$G_{ti} = P_{ti}/p_{t-1,i}$，$n$ 表示规格品的数量。

第二类，定基指数的计算，其计算公式为：

$$I_{基} = K_1 \times K_2 \times \cdots \times K_t \qquad (2.3.3)$$

式中，K_1，K_2，…，K_t 分别为基期至报告期间各期的月环比指数。

③类别及总指数逐级加权平均计算，其计算公式为：

$$L_t = \left(\sum W_{t-1} \frac{P_t}{P_{t-1}} \right) \times L_{t-1} \tag{2.3.4}$$

式中，L 为定基指数；W 为权数；P 为价格；t 为报告期；$t-1$ 为报告期的上一时期；$\frac{P_t}{P_{t-1}}$为本期环比指数。

全省（区）指数根据全省（区）城市和农村指数，按城乡居民消费支出金额加权平均计算。全国城市（农村）指数根据各省（区、市）指数，按各地居民消费支出金额加权平均计算。全国指数根据全国城市和农村指数按城乡居民消费支出金额加权平均计算。中国 CPI 每 5 年更换一次基期，本轮基期为 2005 年。基本分类及以上类别计算权数，一年内固定不变。

2. 商品零售价格指数

（1）中国商品零售价格指数编制的基本问题。商品的零售价格是商品在流通过程中最后一个环节的价格，是工业、商业、餐饮业和其他零售企业向城乡居民、机关团体出售生活消费品和办公用品的价格。商品零售价格调查的任务是系统地调查、搜集和整理市场商品零售价格资料，编制商品零售价格指数，以此反映市场商品零售价格的变动趋势和变动程度。其目的是掌握商品价格的变动趋势，为国家宏观调控和国民经济核算提供参考依据。同时，还可以在此基础上编制其他派生价格指数。

商品零售价格指数的调查范围涉及各种类型的工业、商业、餐饮业和其他行业的零售商品以及农民对非农业居民出售商品的价格，包括食品、饮料烟酒、服装鞋帽、纺织品、家用电器及音像器材、文化办公用品、日用品、体育娱乐用品、交通通信用品、家具、化妆品、金银珠宝、中西药品及医疗保健用品、书报杂志及电子出版物、燃料、建筑材料及五金电料等 16 个大类，229 个基本

分类的商品零售价格。各省、自治区、直辖市执行全国统一的分类标准，分类标准在《商品零售价格指数目录》中有详细说明。

在选择调查城市和县时，要采用抽样方法，按照经济区域和地区分布合理等原则，在全国抽选出具有代表性的大、中、小型城市和县作为国家调查市、县，对价格进行经常性的直接调查。目前，在全国共抽选出 226 个市县作为国家的价格调查点，其中城市为 146 个，县为 80 个。为增强各地区价格指数的代表性，部分省（区）如果需要，也可以增加调查市县，可参照抽样调查原则，结合当地实际情况，适当增选一定数量的中小城市和县进行调查。

在选择调查商店或农贸市场时，应首先对当地零售企业、农贸市场的基本情况包括经营品种、零售额等指标进行一次摸底调查，在此基础上，选择经营品种齐全、零售额大的中心市场、农贸市场作为价格调查点。对于同一规格品，大城市应选择 3 ~4 个价格调查点，小城市和县应选择 2 ~3 个价格调查点。每个大城市应选择 3 ~5 个农贸市场作为价格调查点，小城市和县应选择 1 ~2 个农贸市场作为价格调查点。如果实际工作中某些代表规格品在不同调查点保持一致性比较困难，可采用适当增加代表规格品数量，而相应减少同一代表规格品采价点的方法加以解决。对于一些规格等级复杂多变的商品，各地可根据实际情况，适当多选几个价格调查点作为辅助调查点。

代表规格品的选定应本着以下原则：①价格变动趋势有代表性；②零售量较大；③选中的规格品之间具有较强的异质性；④生产和销售前景较好；⑤选中的工业消费品必须是合格产品，产品包装上有注册商标、产地、规格等级等标识。代表规格品一经确定，原则上一年内不能更改。如果失去代表性或出现其他缺价情况，可采用辅助调查点的价格或用其他有代表性的规格品变动幅度估算其价格。

商品零售价格调查是一种非全面调查，主要方法是定时定点定人直接调查，各地可以利用价格采集单位的计算机管理系统作为辅助性调查工具。保障价格资料的真实性、科学性和准确性是价格调查采集工作所必须遵循的基本原则。如果商品的挂牌价格与实际成交价格不一致，应调查采集实际成交价格。对于与居民生活密切相关、价格变动比较频繁的商品，至少每5天调查采集一次价格；一般性商品每月调查采集2~3次价格；由国家控制价格的一些主要商品或价格相对稳定的商品，可视情况每月或每季调查采集一次价格。对规格等级复杂多变的商品，如果固定价格调查点无货，可以不受所选价格调查点的限制，采用辅助价格调查点的价格代替。如果辅助价格调查点也无货，可用其他商店或农贸市场同种代表规格品的价格替代或用近似规格品的价格上涨率推算。

在确定商品零售价格指数的权重时，与CPI权重的确定不同。对于大类权数，根据批发零售贸易统计中的相关资料和其他相关资料推算；小类及基本分类的权数，可参考居民消费价格指数中的相关权数进行调整，并辅之以典型调查资料。中国商品零售价格指数的编制权数原则上在尾数为0和5的年份进行调整，目前本轮基期更换以2005年为基年。在商品零售结构发生较大变动的情况下，各地可在新的调查年份对权数进行适当调整。全省（区）城市（农村）权数根据该省批发零售贸易统计中的相关资料和城市（农村）居民消费价格指数中的权数资料进行推算，并辅之以典型调查进行补充。全省（区）权数根据全省（区）城乡相应类别的权数，按城乡零售额加权计算。全国城市权数根据各省（区）城市及四个直辖市相应类别的权数，按各自相应类别的零售额加权计算。全国农村权数根据各省（区）农村相应类别的权数，按各自相应类别的零售额加权计算。全国权数根据全国城乡相应类别的权数，按城乡相应类别的零售额加权计算。

（2）商品零售价格指数编制的基本方法。商品零售价格指数

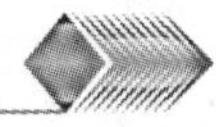

的编制方法基本与CPI相同。首先，计算各个代表性规格品的平均价格，并得出两个时期的价比。其次，根据基本分类所属的代表规格品的数量，利用几何平均法计算基本分类指数。然后，再依次计算小类、中类、大类及总的价格指数。

全省（区）指数根据全省（区）城市和农村指数按城乡相应的零售额资料加权平均计算，全国城市（农村）指数根据各省（区、市）指数按各地相应的零售额加权平均计算，全国指数根据全国城市和农村指数按城乡相应的零售额加权平均计算。

3. 农业生产资料价格指数的编制

农业生产资料价格是农业生产资料在流通领域最后一个环节的价格，是工业、商业及其他单位和个人向农民出售农业生产资料（包括主要生产性服务，下同）的价格。农业生产资料价格调查的任务是系统地调查、搜集和整理市场农业生产资料价格资料，编制农业生产资料价格指数，据此测定全国市场农业生产资料价格变动趋势和变动程度。其目的是掌握农业生产资料的平均价格水平，为国家制定经济政策提供依据；同时，为研究城乡市场流通和国民经济核算提供参考依据。

农业生产资料价格的调查范围包括各种经济类型的工业、商业及其他单位和个人售给农民的农业生产资料价格，主要是调查统计农用手工工具、饲料、产品畜、半机械化农具、机械化农具、化学肥料、农药及农药器械、农用机油、其他农业生产资料零售价格和农业生产服务价格。

编制农业生产资料价格指数的权数可根据农村住户调查资料中的相关数据和农业生产资料公司、供销社等销售资料加工计算。对不能在上述资料中取得权数的商品，可根据典型调查资料推算。农业生产资料价格指数中基本分类及以上类别的计算权数，原则上在尾数为0和5的年份进行调整，本轮基期更换以2005年为基年。各地可根据实际变动情况，每年对权数进行适当调整。全省（区）

权数根据该省各抽中县权数，按各地农业生产资料零售额加权计算。全国权数根据各省（区）相应类别的权数，按各自相应类别的农业生产资料零售额加权计算。

农业生产资料价格指数的计算也与消费价格指数和商品零售价格指数类似，都是按照基本分类指数、小类、中类、大类及总指数的顺序逐层编制。

全省（区）农业生产资料价格指数根据全省（区）所抽中县指数，按相应的农业生产资料零售额加权平均计算。全国指数根据各省（区）指数按各地相应的农业生产资料零售额加权平均计算。

4. 农产品生产（者）价格指数

农产品价格统计始于1994年。农产品价格调查的范围包括抽中的农业生产经营单位和农产品集贸市场，调查的内容主要是被调查单位生产并出售的主要农产品，采价时使用的价格为农产品生产者第一手出售其产品时实际获得的单位产品收入。代表品的确定要参考国家统计局农调总队的《农产品参考目录》，国家一级代表品的数目为180种，其销售额占全部农产品销售额的70%以上。

农产品生产价格指数的编制过程也类似，不同之处在于计算代表规格品的平均价格时，要用调查期间内每次农产品出售时的数量作为权数进行加权平均，其余计算基本指数、小类、中类、大类及总指数的过程都相同。

2.4 国外的主要价格指数

2.4.1 国外价格指数编制概览

国外一般编制哪些价格指数？我们在这一节将分析部分国家的

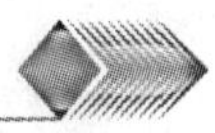

价格指数编制实践，并与中国价格指数编制工作进行比较，同时也了解国外的发展动向。

我们主要根据美国、英国、德国、加拿大、澳大利亚等国家的官方统计网站整理得到其主要的价格指数。总的来看，CPI、PPI、进出口价格指数等是多数国家都编制和公布的价格指数，这些指数也是多数国家所关注的主要宏观经济指标。但除了这些基本指标外，有些国家还会编制和公布一些特殊指标，如美国除了劳工统计局（Bureau of Labor，BLS）编制的 CPI 外，还编制一种与 CPI 很接近、但不完全相同的 PCE（Personal Consumption Expenditures）指数。加拿大统计局编制教育价格指数，主要用来核算教育方面价格的变化，包括学校食宿费用及教师工资等的变化，并定期公布每个省的教育价格指数。英国编制和公布的消费价格指数系列包括 CPI 及 RPI，这两个指数有很多类似的地方，但也不完全相同。在英国，政府的通货膨胀控制目标建立在 CPI 之上，英格兰银行的货币政策委员会在制定利率时要考虑 CPI，而 RPI 则更多地与年金、福利和免税额等挂钩。

另外一个现象是在具有紧密联系的多个国家之间共同编制一个价格指数，如 HICP（Harmonized Index of Consumer Prices）是广泛使用于欧元区国家间的一种价格指数，1997 年 3 月欧盟统计局开始发布各成员国的 HICP 及欧盟整体的 HICP。1998 年 6 月欧洲中央银行（European Central Bank）成立之后，HICP 成为其用来测度通货膨胀和价格水平稳定的指标，欧洲中央银行制定的中期目标是 HICP 大约保持在 2% 的水平。HICP 并没有取代各个国家的 CPI，二者在很多数据来源方面是相同的，但是在一些核算范围方面可能存在差异，如是否包括自有住房等是造成很多国家 CPI 与 HICP 出现差异的原因。很多国家仍然使用其 CPI 用于指数化工资等目的。

在价格指数的公布方面，按照 GDDS 的要求，CPI 和 PPI 应该是月度指标，并且在月份结束之后的一到两个月内公布。多数国家编制了月度指标并按月公布，在很多国家还会提前公告具体的公布时间，如英国每月 CPI 的具体公布时间会提前 6 个月公布，美国 CPI 的公布日期也会提前发出公告。但在澳大利亚，CPI 和 PPI 都是按季度编制和公布的，新西兰也是按季度编制 CPI。很多国家在其官方网站都公布相应的数据，如英国、美国、加拿大（见表 2-7）等，很多国家都提供相应的分类指数和权数信息。在数据公布的细致程度方面，存在国别影响。

表 2-7　　　　部分国家的主要价格指数①

国别	主要价格指数
美国	消费者价格指数（CPI-U，CPI-W，C-CPI-U）、生产者价格指数、进出口价格指数、就业成本指数个人消费支出价格指数（PCE）②
加拿大	消费者价格指数、服务价格指数、农业价格指数、建筑业价格指数、教育价格指数、工业产品价格指数、机械设备价格指数、国际商品贸易价格指数等
英国	CPI、PPI 的投入价格指数、PPI 的产出价格指数、RPI（Retail Price Index）、扣除抵押利息付款后的零售价格指数（RPIX）等③
德国	CPI、PPI、RPI、进口价格指数、出口价格指数等
澳大利亚	CPI、PPI、进口价格指数 IPI、出口价格指数 EPI、劳工价格指数 LPI（labor price index）、工资价格指数 WPI（wage price index）

注：①这些价格指数主要根据这些国家的官方统计网站整理得到。分别是 http：//www. bls. gov；http：//www. statistics. gov. uk；http：//www. statcan. ca；http：//www. destatis. de；http：//www. abs. goc. au 等。

②PCE 价格指数由美国经济分析局（Bureau of Economic Analysis，BEA）编制。

③英国编制的价格指数包括英国在 2003 年将其 HICP 改为 CPI，并取代扣除抵押利息付款后的零售价格指数（RPIX），成为英格兰银行测度通货膨胀的指标。

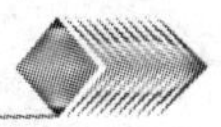

2.4.2 HICP 指数

1. HICP 产生的背景

HICP 可称为消费价格协调指数，它是欧洲各国经济一体化进程的产物，其提出、产生应该说与 1992 年的《马斯特里赫特条约》（Maastricht Treaty，以下简称《马约》）中的某些条例直接相关①。1992 年 2 月《马约》正式签署，目标是建立经济和货币联盟，使用欧元（euro）作为欧洲的单一货币。根据《马约》第 6 号条款的规定，欧盟成员国采用欧元必须满足的一个标准是：该国的年通货膨胀率比三个通货膨胀率最小的国家低 1.5 个百分点以上。而通货膨胀的测定在不同国家是不同的。随着欧洲经济一体化的加深，人们认识到有必要协调各国通货膨胀的测定，使得不同国家的通货膨胀测定具有可比性。《马约》的出台是 HICP 指数产生的最初根源。在这之后，欧盟统计局和成员国的统计机构推动了 HICP 的产生。1993 年 6 月 HICP 的技术工作小组开始工作。1995 年 10 月 23 日，欧盟部长理事会（Council of Ministers）通过了关于 HICP 的 2454/95 号理事会条例，从立法的角度把消费者协调价格指数工作向前推进了一步，这是 HICP 发展的一个重要里程碑。1997 年 3 月编制了第一个 HICP 指数。HICP 指数是一个不断发展和完善的过程，如 1996—2001 年间通过了三个理事会条例（Council Regulation）和十个委员会条例（Commission Regulation），有关 HICP 编制方法和技术问题的研究也在不断完善。

目前，共有 30 个国家编制 HICP，它们分别是欧元区的 12 个

---

① Mark A. Wynne and Diego Rodriguez - Palenzuela, Measurement Bias In The HICP, "*What do We Know And What Do We Need To Know*?" Journal of economic surveys, Vol18, No. 1, 2004.

国家[①]、欧元区之外的13个欧盟国家[②]、3个欧盟申请国（保加利亚、罗马尼亚和土耳其）以及非欧盟成员国的冰岛和挪威。

2. HICP的用途

HICP的产生是为了便于比较欧盟国家之间的通货膨胀。在1998年欧洲中央银行成立之后，HICP便成为欧洲中央银行制定货币政策、监测价格或币值是否稳定的一个重要指标。1998年欧洲中央银行行长Duisenberg宣布，按照《马约》的规定，保持价格稳定是欧洲中央银行的首要目标，价格是否稳定则根据欧元区的年度HICP不超过2%为判断标准。2003年，欧洲中央银行重申了其在1998年10月宣布的通货膨胀目标，对于非欧元区国家来说，是否适合采用欧元也往往通过HICP指标来判断。

HICP目前已经成为欧盟、欧洲中央银行等机构监测经济和评价政策效果的一个重要宏观经济指标。

3. HICP体系

HICP体系有多种标准的划分，可以从编制HICP的国家的角度来看，也可以从HICP包含的内容来看。

编制HICP的国家范围有多种，目前共有30个国家编制其各自的HICP，我们可以将每个国家j在t期的HICP表示为$HICP_{j,t}$。在此基础上，HICP体系还包括对若干国家的HICP进行平均，如货币联盟消费者价格指数（Monetary Union Index of Consumer Prices，MUICP）。货币联盟消费者价格指数是欧元区12个国家HICP的加权算术平均，其中的权数来源于国民经济核算中的住户最终货币消费支出。欧盟统计局从1998年5月开始正式发布MUICP。其计算公式为：

---

① 这12个国家分别是：比利时、德国、希腊、西班牙、法国、爱尔兰、意大利、卢森堡、荷兰、奥地利、葡萄牙、芬兰。

② 这13个国家分别是丹麦、瑞典、英国、捷克、爱沙尼亚、塞浦路斯、拉脱维亚、立陶宛、匈牙利、马耳他、波兰、斯洛文尼亚、斯洛伐克。

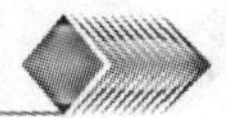

$$MUICP_t = \sum_{j \in MU} w_{j,t} HICP_{j,t} \tag{2.4.1}$$

Ambjörn Berglund 在其为 1999 年召开的渥太华国际会议上提交的论文中，提供了关于计算 MUICP 的权重信息，如表 2-8 所示。这有助于我们理解 MUICP 是如何编制的。

表 2-8　MUICP 计算中各国权重信息表　　单位：%

国别	1996 年	1997 年	1998 年	1999 年
比利时	38.2	38.2	38.0	39.9
德国	346.5	345.5	345.2	345.2
西班牙	88.2	88.7	89.0	91.5
法国	219.5	219.3	218.7	210.5
爱尔兰	9.0	9.1	9.0	9.6
意大利	180.5	181.2	181.7	188.1
卢森堡	2.2	2.2	2.2	2.0
荷兰	53.2	53.2	53.5	51.3
奥地利	30.5	30.5	30.4	28.9
葡萄牙	16.7	16.7	16.8	18.2
芬兰	15.6	15.5	15.5	14.8
欧元区合计	1000	1000	1000	1000

资料来源：Ambjörn Berglund，“*New inflation measure used as main indicator in the ECB/ESCB monetary policy for the euro - zone*”，ESTADÍSTICA ESPAÑOLA，Vol. 42，No. 145，2000。

其次，还包括欧洲消费者价格指数（European Index of Consumer Prices，EICP）。欧洲消费者价格指数实际上是欧盟 25 个国家整体的价格指数。在计算 EICP 时，将欧元区 12 个国家看成一个整体，将 MUCIP 与欧盟其他 13 个成员国的 HICP 进行加权算术平均，其中的权数也来源于国民经济核算中的住户最终货币消费支出，并根据购买力平价（PPP）进行换算。HICP 中还包括欧洲经济区消费者价格指数（European Economic Area Index of Consumer Prices, EEAICP）。欧洲经济区消费者价格指数是 EICP 与冰岛、挪威两国 HICP 的加权算术平均。从 HICP 包含的内容来看，HICP 可区分为包含所有项目的 HICP 以及剔除部分项目的 HICP，如剔除能源的 HICP；剔除能源、食品、酒和烟草的 HICP；剔除未加工食品的 HICP；剔除能源和季节性产品的 HICP；剔除烟草的 HICP；能源价格指数；食品、酒和烟草价格指数。

4. HICP 编制方法及与各国 CPI 的比较

HICP 与 CPI 编制方法类似，二者都采用拉氏方法来编制，编制程序也类似。所采用的价格资料和权重资料也基本相同，这主要是考虑到成本—收益问题，因为如果再单独搜集一套价格和权重资料成本太高。对于存在质量差异变化的产品，各国的 CPI 与 HICP 均采用质量调整方法。

HICP 与 CPI 有很多不同的地方。首要的区别在于两者的范围并不完全相同。HICP 更强调测度实际货币支出，因此它并不包括像虚拟房租支出一类的项目，因为这些项目没有发生实际支出。HICP 的核算范围主要依据住户最终货币消费支出框架，即 HFMCE（Household Final Monetary Consumption Expenditure）。采用 HFMCE 范围框架，导致了如下一些做法：第一，HICP 采用国内原则而不是国民原则来确定人口范围和地理范围，而有些国家的 CPI 则采用国民原则；第二，HICP 主要包括消费者实际发生货币支出的那部分；第三，HICP 不包含如利息等支出，利息支出被认为是一种金融成本而不是消费支出。

此外，HICP 与各个国家的 CPI 的区别还包括：概念框架上存在差异，如 HICP 主要是反映通货膨胀的指数，而每个国家的 CPI 则并不统一，有的是一种生活费用指数，有的则是补偿指数。在基本指数层面所使用的公式有区别。HICP 使用的是 Jevons 或 Dutot 指数，而在具体国家的 CPI 计算中，尽管多数也是使用 Jevons 指

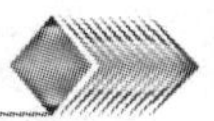

数，但还存在使用 Carli 指数或加权 Carli 指数的情形，如奥地利和葡萄牙等。在关于卫生保健和教育补贴方面，HICP 采用的是净价格口径，而有些国家采用的是总价格，即含补贴的价格，而有些国家则不包括这些项目。

多数国家的 HICP 与其 CPI 是有差异的，目前只有卢森堡使用 HICP 作为其国内的 CPI。

表 2 –9 列出了部分国家 HICP 与 CPI 范围的比较。

表 2 –9 部分国家 HICP 和 CPI 范围的比较 单位：%

国别	包含在 HICP，但未包含在 CPI 中	包含在 CPI 中，但未包含在 HICP 中
比利时	0.0	1.1
丹麦	8.2	11.4
德国	2.0	11.4
希腊	6.9	0.0
西班牙	0.0	0.5
法国	8.7	0.0
爱尔兰	n. a	n. a
意大利	0.0	4.8
卢森堡	n. a	n. a
荷兰	8.4	17.3
奥地利	13.2	8.3
葡萄牙	0.0	7.7
芬兰	0.0	0.0
瑞典	0.0	16.5
英国	12.4	9.6

资料来源：Commission of European Communities（1998），转引自 Mark A. Wynne and Diego Rodriguez – Palenzuela，“*Measurement Bias In The HICP*：*What do We Know And What Do We Need To Know*?” Journal of economic surveys，Vol. 18，No. 1，2004.

2.4.3 各国为不同群体编制 CPI 的实践

在很多国家都有为不同群体编制 CPI 的实践。不同群体的划分既有从地域角度的划分，如城市居民、农村居民；也有按照收入角度的划分，如低收入群体和高收入群体；也有按照不同年龄的划分，以及按照不同职业的划分。

美国每月编制和公布的 CPI－U 和 CPI－W 系列，就是为两个不同人口群体编制的 CPI。除此之外，美国还试验性地编制了若干子指数，如为 62 岁以上的老人编制的指数（称为 CPI－E）和为穷人编制的指数，因为这些群体的消费可能有其共同特点。编制这些指数时，主要需要有这些群体的消费结构信息，因为基本指数的编制与总人口的 CPI 相同，也就是说与总的 CPI 相比，价格的基础资料可以共享，不同的地方主要是要有相关消费结构信息，因此需要对这些群体的消费支出进行调查。如果能有这些群体的消费支出信息，那么也可以很方便地编制群体的价格指数，也能够实现快捷、定时地公布这些指数。

世界上其他国家也都有为不同群体编制价格指数的实践，如荷兰为高收入住户和低收入住户编制的 CPI，印度为四种不同类型的人口编制 CPI，捷克则将不同人口区分得更细。我国香港地区区分了甲、乙、丙三类人口，分别对应为较低、中等及较高开支范围的住户消费模式而编制。

除了政府部门的统计，实证研究中也有人为不同人口群体编制价格指数，如 Eithne Murphy and Eoghan Garvey（2004）[①] 为爱尔兰编制了 1989—2001 年间不同人口群体的 CPI，区分了城市低收入人口、农村低收入人口、全国的低收入人口。也有人利用不同人口

---

① Eithne Murphy and Eoghan Garvey, "*A Consumer Price Index for Low－Income Households in Ireland (1989—2001)*", Combat Poverty Agency, Working Paper 04/03.

群体的价格指数进行一些其他分析，如分析儿童贫困的问题等①。

中国目前编制和公布的城乡居民消费者价格指数也属于不同群体的 CPI，这也非常符合中国二元经济特征比较明显的国情。这一点与美国不同，美国的城乡差别很小，城市人口占总人口的比重很大，因此没有区分城市和农村人口来编制价格指数。中国除了二元经济特征比较明显外，在经济转型过程中还存在很多其他人口群体，如贫困人口、下岗人员等，因此有人提出应该为这些群体编制价格指数。

之所以提出为不同人口群体编制不同的 CPI，是基于 CPI 的编制认为存在一个代表性消费者的假定，CPI 反映的是该代表性消费者所消费的一篮子商品或服务的价格变化情况，但是并不是每个消费者的消费与该代表性消费者类似，因此可以考虑为不同的人口群体编制不同的价格指数。但是也有人指出，CPI 是为了测定总的通货膨胀水平，而并不是反映由此引起的收入分配问题（Boskin，1996），为一小部分群体专门编制价格指数的实践是否值得还应该商榷。

我们认为，如果政府统计部门有足够的资金和能力来编制不同群体的价格指数，未尝不可，也应该提倡。毕竟不同人口群体的消费模式不同，不同人口群体的价格指数是有差别的。

表 2 - 10 列出了不同国家为不同人口群体编制的 CPI。

表 2 - 10　　不同国家为不同人口群体编制的 CPI

国家	不同目标人口的 CPI
美国	CPI - U、CPI - W、62 岁以上的老年人的指数（CPI - E）、穷人的实验性指数
中国	总的 CPI、城市居民 CPI、农村居民 CPI

① Idson Todd and Cynthia Miller (1999), "*Calculating a Price Index for Families with Children: Implications for Measuring Trends in Child Poverty Rates*", Working Paper. Columbia University Server Project, June.

续表

国家	不同目标人口的 CPI
意大利	白人蓝领工人价格指数
荷兰	高收入住户 CPI、低收入住户 CPI
捷克	所有住户、所有雇员、有孩子的雇员、低收入雇员、雇员、不完全家庭、领取养老金的人员、领取养老金的低收入人员、布拉格的住户、人口超过 5000 人社区的住户
印度	农业劳动者、产业工人、老村劳动者、城市非体力雇员
保加利亚	低收入住户的小篮子价格指数
中国香港	综合消费物价指数、甲类消费物价指数、乙类消费物价指数、丙类消费物价指数
中国澳门	综合消费物价指数、甲类消费物价指数、乙类消费物价指数

资料来源：徐强：《宏观经济价格指数测度论》，东北财经大学博士论文。

2.4.4 美国 CPI 的编制及公布

美国 CPI 主要是由美国劳工统计局（BLS）负责编制①。美国对 CPI 的编制工作重视程度极高，多次进行 CPI 编制方法的修正和改进，不断探索 CPI 编制中新问题的解决方法，有许多值得我们学习和研究的地方。我们这里将主要讨论美国 CPI 的编制概况及数据公布方面的问题。

1. 美国 CPI 概况

美国目前共公布三个 CPI 系列，即 CPI－U、CPI－W 和 C－CPI－U。CPI－U 是指为所有城市居民编制的指数，C－CPI－U 即为链式 CPI－U。CPI－W（CPI for Urban Wage Earners and Clerical Workers）是为城市职工编制的价格指数。这些指数系列的区别在

① 美国很多机构都在从事统计工作，如美国劳工统计局、美国经济分析局、调查局等，但不同机构的重点不同。其中 BLS 主要负责编制消费者价格指数、生产者价格指数、进出口价格指数等工作。

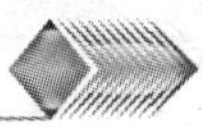

于：第一，公布历史长短不一。BLS 从 1978 年 1 月开始公布 CPI－U，CPI－W 是公布历史最长的一个系列，数据可以追溯到 1964 年 1 月，链式 CPI－U 是公布历史最短的一个系列。BLS 从 2002 年 8 月开始公布链式 CPI－U 指数，所使用的数据是从 2000 年 1 月开始的。第二，所指向的总体不同。CPI－U 及 C－CPI－U 所指向的总体是一致的，即城市居民，在 1990 年的调查中，城市人口占总人口的 87%；而 CPI－W 只覆盖了一部分城市人口，该系列不包括自我雇用者、专业人员、兼职人员、失业者以及不属于劳动力人口的住户，如退休人员等，在 1990 年的调查中占总人口的 32%。CPI－W 所指向的人群还需要满足如下两个条件：家庭中不低于一半的收入要来自于工资收入，同时家庭中至少有一个人在过去 12 个月中被雇佣了 37 周以上。第三，所使用的方法有区别。尽管这三个序列所使用的价格数据基本相同，但 C－CPI－U 与其他两个指数所使用的方法有所区别，主要的区别在于 CPI－U 和 CPI－W 使用的是拉氏类型的价格指数公式，C－CPI－U 在不同阶段使用的公式不同。其最初数和中间数使用调整后的几何平均公式，最终数使用 Törnqvist 指数公式计算。C－CPI－U 使用链式指数形式，而 CPI－U 和 CPI－W 使用定基指数公式。汇总过程中使用的权重也不同。第四，公布的时间频率上存在差异。美国 C－CPI－U 分为最初数、中间数和最终数，最初数按月公布，中间数的公布滞后 2～13 个月，最终数的公布滞后 14～25 个月。CPI－U 和 CPI－W 则按月公布。

美国 CPI 中还包括一种 CPI 的研究系列（称为 CPI－U－RS）。由于 BLS 经常会变更其编制方法，但在变更方法之后，BLS 并不会更改以前的数据[①]，这就导致 CPI 时间序列的变化中不仅包含价格的变化，而且包含了方法的变化，前后时期的数据不一致。

---

① 美国只有在数据有误或数据处理有误的情况下才对历史 CPI 数据进行修正，而方法变更情况下并不修正历史数据。

CPI－U－RS 系列就是用变更后的方法将以前的 CPI－U 历史数据进行修正，以方便数据的使用者能得到前后一致的数据，同时也便于预测者预测和研究价格的趋势。美国 CPI 方法的变更主要集中在 1978 年之后，因此 BLS 重新估计了 1978—1998 年间的 CPI－U，称为 CPI－U－RS。CPI－U－RS 是年度数据。根据 Kenneth J. Stewart 和 Stephen B. Reed 的研究，美国在 1977 年 12 月到 1998 年 12 月间，CPI－U－RS 上涨了 141.2%，而政府公布的 CPI－U 上涨了 163.9%。BLS 编制的 CPI－U－RS 平均来看比 CPI－U 要低一些（见图 2－1）。

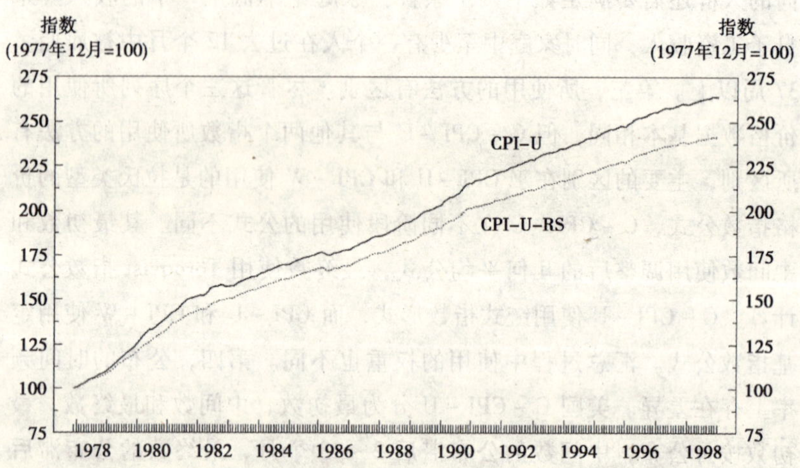

图 2－1　1977—1998 年间 CPI－U 与 CPI－U－RS 的比较

资料来源：Kenneth J. Stewart and Stephen B. Reed，“*Consumer Price Index research series using current methods*，1978－98”，Monthly Labor Review，June 1999.

美国 BLS 还针对特定人群编制试验性的 CPI，如针对 62 岁以上老人编制的试验性 CPI 和为穷人编制的 CPI。

在 HICP 推出之后，美国 BLS 还专门设计了一种试验性指数，以求能够与 HICP 直接进行比较，结果发现在 2003—2006 年，以

CPI表示的通货膨胀率均低于HICP表示的通货膨胀率①。

2. PCE 价格指数与 CPI

美国 PCE 指数由美国经济分析局（BEA）编制，它是国民核算中的一部分。PCE 指数与 CPI② 有些类似，但不完全相同。在美国，这两个指数都可以被用来作为测度消费者价格的变化。那么这两个指数有什么区别呢？

PCE 指数与 CPI 指数的区别主要有：

（1）PCE 价格指数是由 BEA 编制的，使用了 BLS 价格指数和其他数据；而 CPI 是由 BLS 编制的，主要使用的是消费者价格的调查数据。

（2）PCE 指数反映了住户（household）包括代表住户的机构的支出价格，如对于医疗支出项，PCE 指数不仅包括消费者的支出，还包括企业、政府以及为住户服务的非营利机构为消费者而支付的支出，因此可以理解为包含了住户实际的和隐含的支出；而 CPI 只反映消费者（consumer）支出的价格变化，因此在范围上，PCE 指数更广一些，PCE 中有大约 1/4 的支出不在 CPI 范围内。

（3）PCE 指数的编制考虑了季度之间的支出变化，而 CPI 则采用固定篮子法，篮子每两年更新一次。

（4）PCE 指数使用链式 Fisher 指数公式，CPI 使用的则是拉氏指数公式。

（5）PCE 指数的权重是根据企业调查得到，CPI 的权重则根据住户（Consumption Survey，CE）调查得到。表 2－11 给出了两种指数在 2004 年 12 月的权重信息及差异。

（6）PCE 指数是季度指数，而 CPI 指数是月度指数。

---

① Sincavage, Jessica R., 2007, "*International Comparisons of Harmonized Indexes of Consumer Prices*", Monthly Labor Review, February, pp. 23－26.

② 指的是 CPI－U。

（7）PCE 指数经常被修改，而 CPI 指数并不经常修改。

表 2－11　　2004 年 12 月 PCE 与 CPI 权重差异列表　　单位：%

CPI 支出分类	PCE 权重	CPI 权重	差异
所有项目合计	100	100	0
食品及饮料	13.7	15.3	－1.6
住房	23.2	42	－18.8
房屋	15	32.7	－17.7
其他支出	8.3	9.3	－1.0
衣着	4.6	3.8	0.8
交通	11.9	17.4	－5.5
医疗服务	20.3	6.1	14.2
娱乐	8.0	5.7	2.3
教育和通信	5.1	5.8	－0.7
其他货物和服务	13.2	3.8	9.4

资料来源：http：//www. bea. gov/papers/pdf/Moyer_ NABE. pdf.

由于这两个指数在核算内容、范围和编制方法方面存在着差异，两种指数的结果并不完全相同。图 2－2 我们引用了 Brian C. Moyer 一文中两种指数的走势来说明两种指数的差异。

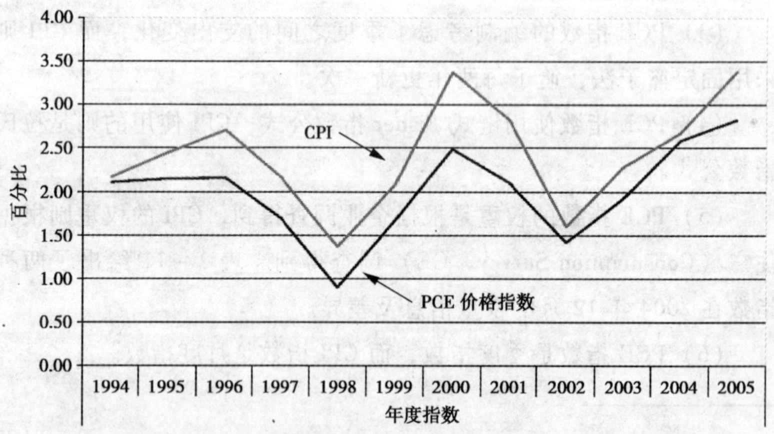

图 2－2　CPI 和 PCE 价格指数走势图

资料来源：http：//www. bea. gov/papers/pdf/Moyer_ NABE. pdf.

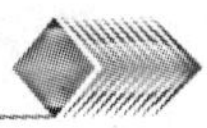

PCE 价格指数与 CPI 价格指数到底哪个更优呢？Todd Clark[①]在对 PCE 和 CPI 进行比较的文章中提到这两种指数在权重确定、公式选择、范围确定、是否经常需要修正等方面各有利弊，但在价格的搜集方面 CPI 更有优势。目前总的来说，CPI 更适合作为测定通货膨胀的指标[②]。

3. 美国 CPI 的公布

美国 CPI 在数据公布方面大致有如下特点：

（1）从公布时间看：美国的 CPI 为月度数据，在每月结束之后大约不超过 20 天的时间内会公布有关 CPI 的一个详细报告。每月数据的公布时间大致在年初已经确定，公众可以通过访问 BLS 的官方网站获知。比如，我们会看到 2008 年 9 月的 CPI 将在 10 月 16 日公布，2008 年 12 月的 CPI 将在 2009 年 1 月 16 日公布。诸如这样的公布时间表在每月的 CPI 报告中是明确列示出来的。

（2）从公布内容看，非常丰富。美国每月的 CPI 报告内容丰富，数据详细，如 2008 年 9 月的 CPI 月度报告有 119 页之厚，提供了非常丰富的数据。总体来看，美国每月 CPI 报告包括：①全国范围内的 CPI－U、CPI－W 和 C－CPI－U 和按照地区公布的各类数据，有些数据会按照地区和人口规模大小的交叉分类来公布。②公布各大类和小类的价格变化数据及相应的权重数据。③公布季节调整的数据。④公布某些较长时期的历史数据，有些数据如 CPI－U 公布了从 1913 年以来的数据。⑤公布某些汇总数据，如交通服务价格指数、其他服务指数、剔除食品的所有项目、剔除居住的所有项目、剔除医疗服务的所有项目、剔除食品后所有商品项目、剔除食品后所有非耐用品、剔除食品和服装的所有非耐

① Todd E. Clark, "*A Comparison of the CPI and the PCE Price Index*", http://www.kc.frb.org.

② David E. Lebow 和 Jeremy B. Rudd 提出了美国 CPI 中的权重性偏差，就是根据 PCE 调查的权数和 CE 调查权数的差异得出。

用品、所有非耐用品、剔除鞋类的服装项目、剔除居住后的所有服务项目、剔除医疗服务后的所有服务项目、能源类、剔除能源后的所有项目、剔除食品和能源后的所有项目、剔除食品和能源后的所有产品项目、剔除能源服务的所有服务项目、国内生产的农产品项目、公共交通和服务等。⑥CPI 月度报告给出了很多具体的技术阐释。

（3）中国 CPI 与美国 CPI 公布方面差距的简要总结：从前面我们从中国国家统计局下载的所公布的 CPI 来看，中国 CPI 的公布数据过于简单，内容过于单一，确实与美国存在很大的差异。对于中美两国 CPI 数据质量方面的差异，将在第八章进行详细分析。

2.5 国民经济综合价格指数

2.5.1 各类综合价格指数

1. 编制各类综合价格指数的意义

经济运行表明，价格首先是商品价值的货币表现；其次，它还受到市场供求关系等因素的影响，因此商品的市场价格实际上是随着供求关系等因素的变化而围绕其价值上下波动的。由此可见，价格在经济运行中扮演着重要的角色，是经济运行的指示器。在国民经济核算中，由于价格指数是一组特定的商品和服务的价格在两个时期之间发生的对称性变化的平均值，不同的价格指数可以反映不同的核算内容，因此通过编制各种价格指数来反映价格运行的规律，进而深层次地反映各经济领域内的运行态势，便显得十分有意义。我国当前编制的价格指数大多是单一的价格指数，例如，居民消费价格指数、房地产价格指数等。这些价格指数只能反映

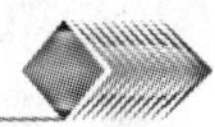

某一经济领域内的价格水平的变动趋势和程度。比如，居民消费价格指数只能反映居民家庭购买各种消费品和服务的价格变动程度，房地产销售价格指数只能反映房地产市场的房屋销售、房屋租赁和土地交易的价格变动程度。当我们想了解整个国民经济的价格综合变动趋势时，就需要编制各类综合价格指数来反映这一现象。此外，通过编制各类综合价格指数也可以用来比较不同地区或国家在同一时期内的价格水平，以便能够比较不同国家的生活水平、经济发展水平或生产率水平。这种比较对于经济分析和政策制定都很重要。

在国民经济核算中，主要有以下综合价格和价格指数形式，并在其核算内容上有所区别。

2. 基本价格、生产者价格和购买者价格

我国目前已经实行新税制，即把增值税从货物和服务的价值中分离出来，允许实行增值税的企业从销售货物或提供应税服务应缴纳的增值税中扣除购进货物或接受应税服务所应支付的增值税。根据产品税和产品补贴以及运输费用如何记录，可采用不止一套价格来估价产出和投入。另外，也可以采用几种方式来记录增值税及类似可抵扣的税。

（1）基本价格和生产者价格。基本价格是生产者生产单位货物和服务按不包含任何生产税所计算的生产成本和盈利。在不同的行业利润水平基本平衡的情况下，由于不包含任何税金在内，它就不受不同行业税率的影响，因而在不同行业和产品之间具有较强的可比性。基本价格是编制投入产出表，衡量不同行业可比条件下投入产出水平的价格。

生产者价格是生产单位货物和服务的基本价格，加上不可抵扣的产品税净额。它也等于购买者支付的价格减去开给购买者的发票上单列增值税或类似可抵扣税。它与基本价格一样，也不包括生产者在发票上单列的货物运输费用。

生产者价格和基本价格都不包括与产出销售发票上列出的增值税[①]或类似可抵扣税[②]，两者的差别在于：从生产者价格中扣除任何其他单位产品税，再加上任何单位产出补贴，便得到基本价格。生产价格和基本价格都是能够直接观测和记录的实际交易价格。在一些国家的统计调查中经常使用基本价格，一些官方的“生产者价格”指数，实际上是指基本价格，而不是这里界定的生产者价格。

（2）购买者价格。购买者价格是购买者在其指定的时间和地点提取一单位货物和服务所支付的价格，它不包括任何可抵扣增值税或类似可抵扣税，但包括购买者在其指定的时间和地点提取一单位货物单独支付的运输费用。

在将购买者价格和生产者价格或基本价格进行比较时，重要的是搞清它们是属于同一交易还是两种不同交易。为了某些目的，如投入产出分析，将货物经过批发和零售环节后由最终购买者支付的价格与它的最初生产者所获得的生产者价格进行比较可能是方便的。在这种情形下，这两种价格应属于在不同时间和地点发生的两种不同交易，两者至少相差批发和零售的毛利额。当两种价格属于同一交易时，也就是说购买者直接从生产者手中购买时，购买者价格可能比生产者价格超出：购买者缴纳的任何不可抵扣增值税额[③]；购买者单独支付的运输费用，该费用不包括在生产者价格

---

① 发票单列增值税是生产者销售额上应付的增值税，该税在生产者出具给购买者的销售发票中单独注明。

② 可抵扣增值税是购买用于中间消耗、固定资本形成总值或转售的货物和服务时应缴纳的增值税，允许生产者从其为政府征收的、在出具给顾客的发票上列出的增值税中扣除可抵扣增值税。

③ 不可抵扣增值税是购买者应缴纳增值税，该增值税是不能从他自己的增值税应收额（如果有的话）中扣除。这样，市场生产者通过减少与开给顾客的发票上列出的增值税有关的应交来弥补它在购买时应付的可抵扣增值税成本，但是，住户为最终消费或住宅方面的固定资本形成缴纳的增值税则不能抵扣。另外，政府单位或为住户服务的非营利机构所属的非市场生产者缴纳的增值税也不能抵扣。

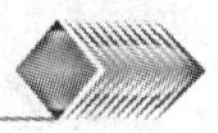

中。结果，购买者价格超出基本价格部分除上面列举的两项外，还应加上产品税减补贴（除增值税外）。

基本价格、生产者价格、购买者价格和市场价格四者的关系可表示为：

基本价格+产品税-产出补贴=生产者价格

生产者价格+运输费用=购买者价格

购买者价格+增值税=市场价格

在增值税或类似可抵扣税制下，“市场”价格的传统概念变得有点模糊了，因为对一宗交易可能存在两种不同的价格：根据税是否可以抵扣，一种为销售者价格，另一种为购买者价格。另外，难以把按定义不包括发票单列增值税的生产者价格解释成传统意义上的“市场”价格。这样界定的生产者价格是一种混合价格，它包括部分而不是全部产品税。相比之下，不包括任何产出税（但包括产出补贴）的基本价格的概念比较清晰，部分由于这个原因，人们优先采用基本价格估价生产者产出。

3. 总产出价格指数和中间投入价格指数

在国民经济核算中，总产出和中间投入是两个重要的经济指标，两者之间的关系又比较密切。总产出是在一定时期内所有常住单位生产的货物和服务的价值总和，反映国民经济各部门生产经营的总成果，即社会总产品。中间投入是在一定时期内所有常住单位在生产或提供货物和服务活动过程中，消耗和转换的所有非固定资产的货物和服务的价值。根据两者的定义，将总产出和中间投入相减便得到增加值。但是仅仅使用总产出和中间投入的价值量指标只能从总体上反映出总产出和中间投入的价值变动情况，而内在的价格水平和物量变化却很难体现出来。因此，需要编制总产出价格指数和中间投入价格指数来反映总产出和中间投入的综合价格水平的变动方向、趋势和程度。除此之外，我们还可以通过总产出价格指数和中间投入价格指数来缩减总产出和中间投入，得到不变价的总产出和中间投入，借以反映总产出和中间投入中的物量变动水平。将不变价的总产出和中间投入相减还能够计算出不变价的增加值。可见，编制出总产出价格指数和中间投入价格指数能够产生一系列有意义的计算。

(1) 总产出价格指数。总产出是宏观经济统计中的重要指标之一，也是国民经济核算的基础性指标。从整个国民经济的角度看，所有企业（常住单位）的总产出之和就是国内总产出，当然，它还可以划分为各产业、各部门的总产出。总产出价格指数是在报告期的产量水平和产量结构的基础上，考察总产出价格的综合变动程度。总产出价格指数可以采用帕氏公式的形式，即：

$$\text{总产出价格指数} = \frac{\sum p_t q_t}{\sum p_0 q_t} = \frac{\sum p_t q_t}{\sum p_0 q_0} \Big/ \frac{\sum p_0 q_t}{\sum p_0 q_0} = \frac{\text{总产出指数}}{\text{总产出物量指数}} \times 100\% \tag{2.5.1}$$

式中，q 为各种产品的总产量；p 为单位产品的价格；下标 t 为相应的时期。

(2) 中间投入价格指数。中间投入也称中间消耗，是指国民经济各生产单位在生产过程中对除了固定资产消耗以外的所有消耗。各部门的中间消耗包括两部分：一部分是物质消耗；另一部分是中间服务消耗。相应的，中间投入价格指数是在报告期的中间投入的产量水平和产量结构基础上，考察中间投入价格的综合变动程度。中间投入价格指数也采用帕氏公式的形式，即：

$$\text{中间投入价格指数} = \frac{\sum p_t q_t}{\sum p_0 q_t} = \frac{\sum p_t q_t}{\sum p_0 q_0} \Big/ \frac{\sum p_0 q_t}{\sum p_0 q_0} = \frac{\text{中间投入指数}}{\text{中间投入物量指数}} \times 100\% \tag{2.5.2}$$

我国目前官方公布的价格指数中没有总产出价格指数和中间投入价格指数，但一些价格指数可以看做是不全面的总产出价格指数和中间投入价格指数，如工业品出厂价格指数和农产品收购价格指

数等，可以看做是总产出价格指数，而原材料、燃料、动力价格指数则可以看做是中间投入价格指数。

4. 国内生产总值（GDP）价格指数

国内生产总值价格指数又称 GDP 平减指数，是指包含所有最终产品在内的价格指数。它可以用当年价格计算的 GDP 除以按不变价计算的 GDP 得到。GDP 价格指数是衡量一国在不同时期内所生产的最终产品和劳务的价格总水平变动程度的经济指标。由于 GDP 价格指数所包含的商品和劳务范围最为广泛，与 GDP 的核算口径范围相对应，不仅包括全部物质产品和涵盖计入 GDP 的全部服务产品，也包括净出口商品。从理论上讲，GDP 价格指数最能全面反映价格总水平的变化。但同时由于编制这一指数需要大量的数据资料，编制比较困难，其滞后性比较强。除了滞后性比较强这个特点外，GDP 价格指数对市场的敏感性也较弱，因为 GDP 价格指数与 GDP 的核算口径相一致，其核算的范围相当广泛，而当某一经济领域内发生较强烈的价格波动时，反应到 GDP 价格指数上则可能比较弱。

编制 GDP 价格指数的目的是：一是从总体上反映国民经济总体价格的平均变动趋势和变动程度；二是用 GDP 价格指数除以现价 GDP，得到按不变价计算的 GDP，比较各个年度的不变价 GDP，就可以得到国民经济发展速度，再减 1 就得到经济增长率。由于编制 GDP 价格指数的复杂性及其准确性，中国统计部门目前还没有公布 GDP 价格指数。

用 GDP 价格指数进行 GDP 物量核算是世界各国广泛采用的一种方法，称为“缩减法”，也是国民经济核算体系（SNA）所推荐使用的方法。缩减法是指运用价格指数来测算物量指数的方法。

理论上，在编制 GDP 价格指数时，首先要选取代表产品，用代表产品的资料来编制价格指数。假设所选取的代表产品共有 n 中，基期价格和数量分别为 p_{0i} 和 q_{0i}，计算期价格和数量分别为 p_{ti} 和 q_{ti}，帕氏价格指数为：

$$P_p = \frac{\sum_{i=1}^{n} p_{ti} q_{ti}}{\sum_{i=1}^{n} p_{0i} q_{ti}} \tag{2.5.3}$$

也可以先计算代表产品的个体价格指数 $l_i = p_{ti}/p_{0i}$，再将上面的公式加以变形为：

$$P_P = \frac{\sum_{i=1}^{n} p_{ti} q_{ti}}{\sum_{i=1}^{n} p_{ti} q_{ti} \dfrac{p_{0i}}{p_{ti}}} = \frac{\sum_{i=1}^{n} p_{ti} q_{ti}}{\sum_{i=1}^{n} p_{ti} q_{ti}/l_i} \tag{2.5.4}$$

GDP 价格指数是衡量通货膨胀最有效的全面的指标，但由于其编制复杂、精确度较差，人们更多是使用居民消费价格指数（CPI）来衡量通货膨胀。CPI 是根据固定的一篮子抽样调查商品综合计算出来的，综合反映居民家庭所购买的各种消费品和服务的价格变动程度，因此 CPI 仅仅涉及消费者所购买的商品和服务的价格变动，并且每月编制一次，只是定期改变指数权重；相反，GDP 价格指数不像 CPI 那样有固定的一篮子抽样调查商品，它涉及的范围更广，包括消费者、企业、政府部门购买以及进出口的商品和服务，因而比 CPI 更能准确地反映一般物价水平走向。考虑到总体 GDP 支出数值的变化方式，权重则需要经常调整。

众所周知，国内生产总值可以用三种方法计算，即从生产者角度、收入者角度和使用者角度计算，分别称为生产法、分配法和支出法。所以理论上 GDP 价格指数也可以分别从三个角度编制。但由于分配法角度基本上不与实物相互联系，这一角度所计算的价格指数会有极大的失真。从生产者角度和使用者角度编制价格指数则是可行的。

2.5.2 从生产角度编制 GDP 价格指数

从生产角度编制 GDP 价格指数可以有两种思路：其一是根据

"GDP 等于总产出减去中间投入" 直接编制 GDP 价格指数；其二是对各部门的价格指数加权平均综合得到。

从 CDP 的生产角度，可以采用以下公式编制 GDP 价格指数。

$$P_{GDP} = \frac{V_{GDP}}{L_{GDP}} = \frac{\sum p_t q_t - \sum k_t s_t}{\sum p_0 q_0 - \sum k_0 s_0} \div \frac{\sum p_0 q_t - \sum k_0 s_t}{\sum p_0 q_0 - \sum k_0 s_0}$$

$$= \frac{\sum p_t q_t - \sum k_t s_t}{\sum p_0 q_t - \sum k_0 s_t} \qquad (2.5.5)$$

式中，p 和 q 为各种产品的总产量和单位产品价格；k 为单位中间投入品的价格；s 为生产过程中对各有关产品的中间投入量。

采用这种方法编制 GDP 价格指数，各指数化指标具有合理的经济内涵，因而成为编制 GDP 价格指数的主要方法。

还有一种思路是根据 GDP 中各部门的价格指数加权平均计算得到 GDP 价格指数。如果我们有工业增加值、农业增加值、建筑业增加值、商业与运输业增加值以及服务业增加值的价格指数，分别定义为 G_p、N_p、J_p、S_p、F_p，则 GDP 价格指数的计算公式为：

$$\text{GDP 价格指数} = w_1 G_p + w_2 N_p + w_3 J_p + w_4 S_p + w_5 F_p \qquad (2.5.6)$$

公式中，各权重可根据各产值占 GDP 的比重来定义。

2.5.3 从最终产品使用角度编制 GDP 价格指数

从最终产品使用角度，国内生产总值 Y 等于国内总消费 C、国内总投资 I、商品出口 X 和商品进口 M 之和，即：

$$Y = C + I + (X - M) \qquad (2.5.7)$$

如果我们将有关上式中各项的价格指数分别记为 Y_p、C_p、I_p 和 N_p，从而得到下面公式：

$$\frac{Y}{Y_p} = w_1 \frac{C}{C_p} + w_2 \frac{I}{I_p} + w_3 \frac{N}{N_p} \qquad (2.5.8)$$

式中，w 是各自的权重。

从支出角度编制的指数与从生产的角度编制的指数显然不会相等。因为前者是购买者价格，后者是生产者价格，但都可以看做是GDP价格指数。一般意义上，GDP价格指数是特指从生产角度编制的价格指数。

2.5.4 用综合价格指数缩减计算不变价GDP或GDP物量指数

利用指数体系的原理，从价值量的变动中剔除价格变动的影响，由此来推算不变价GDP；即根据“价值量指数＝物量指数×价格指数”的关系，将价值量指数除以相应的价格指数得到物量指数。这种方法称为减缩法。减缩法分为单减缩法和双减缩法两种。

1. 单减缩法

所谓单减缩法是指用一个价格指数对价值量进行减缩。单减缩法分为三种，即GDP价格指数减缩法、总产出价格指数缩减法和中间投入价格指数缩减法。用单缩法缩减GDP暗含着一个假定，即GDP价格指数、总产出的价格指数和中间投入的价格指数变动水平应该一致。

（1）GDP价格指数缩减法。这一方法是用GDP价格指数得到按基期价格计算的现期GDP。此方法也是目前使用最广泛的缩减GDP的方法。其计算公式为：

$$\text{不变价 GDP} = \frac{\text{按现价计算的 GDP}}{\text{GDP 价格指数}}$$

$$= \sum r_0 q_t = \frac{\sum r_t q_t}{\sum r_t q_t \Big/ \sum r_0 q_t} \qquad (2.5.9)$$

式中，r为单位产出增加值价格。

（2）总产出价格指数缩减法。这一方法是用总产出价格指数代替GDP价格指数来缩减计算期的现价GDP，得到按基期价格计

算的现期 GDP。用公式表示为：

$$\text{不变价 GDP} = \frac{\text{按现价计算的 GDP}}{\text{总产出价格指数}}$$

$$= \sum r_0 q_t = \frac{\sum r_t q_t}{\sum p_t q_t \Big/ \sum p_0 q_t} \qquad (2.5.10)$$

如果我们将上式进行公式变形，得到：

$$\frac{\sum r_0 q_t}{\sum r_t q_t} = \frac{\sum p_t q_t}{\sum p_0 q_t} \qquad (2.5.11)$$

由上式可以看出，总产出价格指数缩减暗含着这样一个假定：GDP 价格指数与总产出价格指数两者相等。

(3) 中间投入价格指数缩减法。这种方法是用中间投入价格指数代替 GDP 价格指数来缩减计算期的现价 GDP，得到按基期价格计算的现期 GDP。用公式表示为：

$$\text{不变价 GDP} = \frac{\text{按现价计算的 GDP}}{\text{中间投入价格指数}}$$

$$= \sum r_0 q_t = \frac{\sum r_t q_t}{\sum k_t s_t \Big/ \sum k_0 s_t} \qquad (2.5.12)$$

式中，k 为单位消耗品的价格；s 为生产过程中对各有关产品的中间消耗量。同样，我们将上述公式进行变形，得到：

$$\frac{\sum r_0 q_t}{\sum r_t q_t} = \frac{\sum k_t s_t}{\sum k_0 s_t} \qquad (2.5.13)$$

由上式可以看出，中间投入价格指数暗含这样一个假定：GDP 价格指数与中间投入价格指数二者是相等的。

综上所述，采用单缩法有一个前提假定：GDP 价格指数、总产出价格指数与中间投入价格指数三者是相等的。单缩法尽管计算方法比较简单，但如果只是从总产出或中间投入的单一角度来推算 GDP 物量指数，可能存在推算结果不精确的问题，因为现实经济活动中总产出的价格指数和中间投入的价格指数变动水平往往不一致。

2. 双减缩法

所谓双减缩法，就是用两个价格指数对价值量进行减缩。由于国内生产总值等于总产出减去中间投入，而总产出与中间投入的价格变化经常不一致，为了准确地反映国内生产总值发展速度，就需要分别采用总产出价格指数和中间投入价格指数缩减计算期的现价总产出和现价中间投入，求得计算期不变价总产出和不变价中间投入，再将两者相减，就得到计算期不变价 GDP。

双减缩法的计算过程如下：

首先，根据帕氏价格指数公式分别编制总产出和中间投入的价格指数，其计算公式为：

$$\text{总产出价格指数} = L_q = \frac{\sum p_t q_t}{\sum p_0 q_t} \tag{2.5.14}$$

$$\text{中间投入价格指数} = L_s = \frac{\sum k_t s_t}{\sum k_0 s_t} \tag{2.5.15}$$

式中，p 为单位产品价格；q 为各种产品的常量；k 为单位消耗品的价格；s 为生产过程中对各有关产品的中间消耗量。

其次，利用总产出价格指数和中间投入价格指数分别对总产出和中间投入进行缩减，其计算公式为：

$$\text{现价 GDP} = \text{现价总产出} - \text{现价中间投入} = \sum p_t q_t - \sum k_t s_t \tag{2.5.16}$$

$$\begin{aligned}\text{不变价 GDP} &= \frac{\text{按现价计算的总产出}}{\text{总产出价格指数}} - \frac{\text{按现价计算的中间投入}}{\text{中间投入价格指数}} \\ &= \sum p_0 q_t - \sum k_t s_t = \frac{\sum p_t q_t}{L_q} - \frac{\sum k_t s_t}{L_s}\end{aligned} \tag{2.5.17}$$

双减缩法由于同时考虑了总产出和中间投入的价格变动对增加

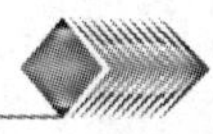

值的影响，因此方法上较为科学。但双缩法所需资料较多，实际编制时较复杂些。

2.5.5 GDP 价格指数的反推法

由于我国目前不公布 GDP 价格指数，社会公众和研究机构往往又需要这个指数，所以人们经常采用反推法来计算 GDP 价格指数。统计年鉴每年都公布 GDP 发展速度，这是个 GDP 物量指数，在已知这个 GDP 物量指数的情况下，可以反推出来 GDP 价格指数，其推算公式为：

$$\text{GDP 价格指数} = \frac{\sum p_t q_t}{\sum p_0 q_t} = \frac{\sum p_t q_t}{\sum p_0 q_0} \Big/ \frac{\sum p_0 q_t}{\sum p_0 q_0}$$

$$= \frac{\text{GDP 名义发展速度}}{\text{GDP 实际发展速度}} \times 100\% \qquad (2.5.18)$$

公式中，名义 GDP 发展速度可以根据统计年鉴发布的现价 GDP 数据环比相除得到，实际 GDP 发展速度可以根据统计年鉴发布的实际经济增长率加 1 得到。

CPI的编制技术

消费者价格指数的编制是一种由下而上的过程，基本可以分为两个阶段：第一个阶段是低层汇总阶段；第二个阶段是高层汇总阶段。在低层汇总阶段主要针对同质产品，高层汇总阶段需要通过权数层层汇总得到反映消费者产品篮子价格变化的总指数。在这一章中，我们详细讨论 CPI 编制中的技术问题。

3.1 基本指数的编制

3.1.1 什么是基本指数

消费者价格指数的编制需要先编制基本指数，在基本指数的基础上再逐层汇总。基本指数的质量在很大程度上会影响 CPI 数据的质量。

基本指数就如同一幢建筑物的砖石等基本材料。基本指数也叫基层指数[①]，是最低层次汇总得到的指数，是针对类似或同质的货

---

① 基层指数在英文中的叫法尚不统一，如 elementary index，Lower - level index，basic component，elementary price indexes，elementary aggregates。美国劳工统计局（BLS）称为“strata indexes”或“item strata indexes”。

物及服务编制的指数，如大米、面粉等，都属于基本指数层面的货物。

国际劳工组织（ILO）在其编制的《消费者价格指数手册》中曾经用图清晰地描述了基本指数所指向的阶段。以大米基本指数的编制为例，大米可以区分为糙米、蒸米等类别，大米的具体类别就称为代表规格品，每个代表性规格品下又包括不同的品牌，如 A 品牌、B 品牌。举例来说，每个月就蒸米这种代表性产品可以搜集 A 品牌、B 品牌、C 品牌的价格，对这些品牌的价格进行平均可得出蒸米的价格，同样的方式也可以得到糙米的平均价格。然后再对蒸米、糙米在某种类型的零售点层次进行汇总就可以得到基本指数。图 3－1 给出了指数的汇总过程。

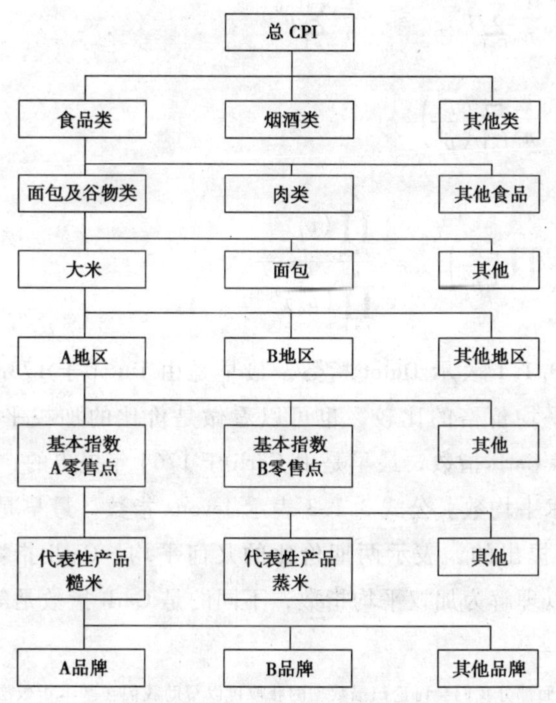

图 3－1　CPI 汇总图示

3.1.2 基本指数编制方法

同前面指数基本理论类似，基本指数编制的理论也包括检验法、经济理论法、随机法等。不同的地方在于基本指数编制过程中基本不考虑数量因素，只与两期的价格有关，因为在基本指数层面很难得到消费数量或支出权重的信息①。

1. 常用的三种基本指数编制方法

在指数文献中有很多种基本指数的编制方法，最常用的主要有以下三种方法：

$$P_D^{0:t} = \frac{\frac{1}{n}\sum_{i=1}^{n} p_i^t}{\frac{1}{n}\sum_{i=1}^{n} p_i^0} = \frac{\frac{1}{n}\sum_{i=1}^{n} p_i^0 (p_i^t / p_i^0)}{\frac{1}{n}\sum_{i=1}^{n} p_i^0} \tag{3.1.1}$$

$$P_C^{0:t} = \frac{1}{n}\sum_{i=1}^{n}\left(\frac{p_i^t}{p_i^0}\right) \tag{3.1.2}$$

$$P_J^{0:t} = \prod_{i=1}^{n}\left(\frac{p_i^t}{p_i^0}\right)^{1/n} = \frac{\prod_{i=1}^{n}(p_i^t)^{1/n}}{\prod_{i=1}^{n}(p_i^0)^{1/n}} \tag{3.1.3}$$

公式 3.1.1 表示 Dutot 指数，最早是由 Dutot 于 1738 年提出，表示两期平均价格的比较，也可以看做是价比的加权平均。公式 3.1.2 表示 Carli 指数，最早是由 Carli 于 1764 年提出的，表示两期价比的算术平均数。公式 3.1.3 表示 Jevons 指数，最早是由 Jevons 于 1863 年提出的，表示两期价比的几何平均。Carli 指数和 Dutot 指数都可以理解为加权平均指数，不同的是 Carli 指数是等权平均，

① 在后面部分我们会讨论扫描数据的获取可以帮助我们在基本指数层面考虑用加权的方式来编制。

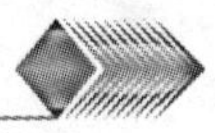

而 Dutot 指数是不等权平均，若价格高的产品，则权重相应大，反之亦然。

这三种价格指数是基本指数层面最常用的三种公式，但这三种价格指数的计算结果经常不一致，甚至可能出现很大的差异。一般的结论是 Carli 指数≥Jevons 指数，Dutot 指数可能大于、也可能小于 Jevons 指数，但通常小于 Carli 指数。

实践中也存在使用加权 Carli 指数和加权 Jevons 指数的情形。所谓加权 Carli 指数，从形式上看如公式 3.1.4 所示。

$$P_{WC} = \sum_{i} s_i \left(\frac{p_i^t}{p_i^0} \right) \tag{3.1.4}$$

加权 Jevons 指数的形式如公式 3.1.5 所示。

$$P_{WJ} = \prod_{i=1}^{n} \left(\frac{p_i^t}{p_i^0} \right)^{s_i^0} \tag{3.1.5}$$

s_i^0 可表示支出份额。

2. 基本指数公式的其他选择

除上述三种常用的基本指数外，在指数文献中还可以看到如下几种基本指数，如调和平均指数和几何平均指数。

调和平均指数是由 Jevons（1865）和 Coggeshall（1887）提出来的，如公式 3.1.6 所示。

$$P_H = \left[\sum_{i=1}^{n} \frac{1}{n} \left(\frac{p_i^t}{p_i^0} \right)^{-1} \right]^{-1} \tag{3.1.6}$$

几何平均指数是指对 carli 指数和调和平均指数取几何平均，即 $P_G = \sqrt{P_C \times P_H}$。这个指数最早由 Fisher（1922）提出，他认为这个指数与 Jevons 指数的结果很接近。直到近期，仍有人建议用这个几何平均指数作为基本指数的计算公式，如 Carruthers，Sellwood and Ward（1980）和 Dalen（1992）。

除此之外，还有其他类型的基本指数公式，如 Lloyd – Mouton 指数。该指数如公式 3.1.7 所示。

$$P_{LM} = \left[\sum \frac{1}{n}\left(\frac{p_i^t}{p_i^0}\right)^{1-\sigma} \right]^{\frac{1}{1-\sigma}} \tag{3.1.7}$$

式中，σ 为替代弹性。事实上，Carli 和 Jevons 指数可以被看做 Lloyd – Mouton 指数的特殊形式。当 $\sigma=0$ 时，就变成了 Carli 指数；当 $\sigma=1$ 时，就近似变成了 Jevons 指数。

除了三种常用的价格指数及上述这几种价格指数外，在指数理论中还存在着单位价值指数（unit value index）。单位价值指数不限制商品的同质性，但需要有数量方面的信息才能得出单位价值。

3.1.3 基本指数编制公式的选择

在实践中，基本指数的编制也需要兼顾简洁和可操作性，因为多数国家 CPI 是月度数据，而 Dutot、Carli 和 Jevons 因为其计算较为简单，因而成为常用的三种指数公式。

尽管对基本指数的讨论已经有很长的历史，如 Fisher（1922）、Allen（1975）、Diewert（1978，1981），但是近年来对基本指数公式的研究也越来越多，如 Forsyth（1978）、Carruthers et ul.（1980）、Morgan（1981）、Szulc（1983；1989；1994）、Mick Silver（1995，2006）等。为什么会出现新的研究热潮？因为人们发现不同指数公式的计算结果并不相同，甚至可能相差很大。这说明在这三种指数公式之间还存在着一个如何选择的问题。

我们用一些数字作为例子，用三种价格指数公式计算了 3 个月份的价格指数，发现计算结果差异很大（见表 3 – 1）。更有甚者，Schultz（1994）① 利用加拿大编制 CPI 的同一套数据，采用 6 种方法计算了软饮料的价格指数，发现计算的价格指数结果在 15.1 到

---

① Schultz, Bohdan, 1994, "*Choice of price index formula at the micro – aggregation level: The Canadian empirical evidence*", "*In international conference on price indices: Papers and Final report, First meeting of the international working group on price indices*", (November), Ottawa, Statistics Canada.

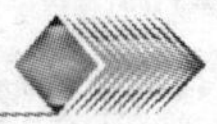

925.7 之间，最大最小值之间相差达 60 倍。Turvey（1995）① 引用了在奥地利、瑞典、法国重新计算的 CPI 的结果，发现不同基本指数公式计算结果相差大约 2 个百分点。美国 Boskin 委员会（1996）认为基本指数公式选择每年会产生大约 0.25 个百分点的高估偏差。

表 3－1　　　　3 种价格指数计算结果

	1 月	2 月	3 月
A 产品价格	10	20	18
B 产品价格	15	18	20
C 产品价格	8	10	16
Dutot 指数	100%	145.5%	112.5%
Carli 指数	100%	148%	141%
Jevons 指数	100%	144.4%	117%

不同国家在实践中所采用的指数也不同。根据 IMF② 的统计，在比较详细地提交了其统计方法的 37 个国家中，有 14 个使用 Jevons 指数；13 个使用 Dutot 指数；4 个使用 Carli 指数；剩余 6 个国家则主要使用 Jevons 指数，同时混合使用 Dutot 指数和 Carli 指数。那么在不同的基本指数公式之间到底该怎么选择？

一般来说，在选择指数公式时，一方面需要根据公式的数量特性，主要是各种检验来选择；另一方面要结合对实际经济活动和消

① Turvey, Ralph, 1995, "*Elementary aggregate (micro) indexes*", "*Paper presented at the seminar,*" "*Improving the Quality of Price Indices*", Florence, Italy (December). Hosted by Eurostat and Dipartimento Di Statistica, Florentina Studiorum Universitas.

② Mick Silver and Saeed Heravi, "*Elementary Price Index Number Formulas Differ: Price Dispersion and Product Heterogeneity*", presented at the 9th Ottawa Group Meeting on Prices.

费者行为的研究来确定使用何种指数公式。从所能通过的检验来看，Jevons 指数无疑是最优的，因为其他指数都存在不能通过某些检验的缺陷（见表 3-2）。如 Carli 指数不能通过时间互换检验，即 $P_C^{0:t} \times P_C^{t:0} \geqslant 1$，存在上偏（upward bias）[①]，由于这个缺陷使得 Carli 指数的应用较少。但这只是确定采用何种基本指数公式的方式之一。同时，我们还应该结合具体的产品特性来决定采用何种基本指数。

表 3-2　　三种指数通过检验的情况比较

数理特性	Dutot	Carli	Jevons
恒等检验	√	√	√
比例性检验	√	√	√
对规模变动的不变性检验（进退检验）	√	√	√
同度量性检验	×	√	√
时间互换检验	√	×	√
因子互换检验	√	√	√
单调性检验	√	√	√
平均值检验	√	√	√
循环检验	√	×	√
排列检验	√	×	√

指数的经济方法为选择 Jevons 指数提供了一种弱的支持。支持的理由是当消费者存在替代行为，同时需求的交叉弹性为单位弹性，即支出份额并不随价格变化而变化，消费者处于一种柯布—道格拉斯偏好时，Jevons 指数是较好的。指数的经济方法支撑 Dutot 指数的情形是消费者处于一种列昂剔夫偏好时，即价格变化并不引

① 这一点最早是由 Fisher 提出来的。

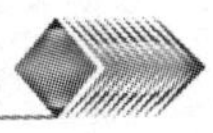

起消费数量的变化时，Dutot 指数是较好的。

Mick Silver 和 Saeed Heravi 在 2006 年为渥太华国际会议提交的论文中详细分析了基本指数公式选择方面的因素。他们利用扫描数据，从抽样估计的角度分析了在常用的两种指数，即 Dutot 指数和 Jevons 指数之间如何选择的问题。其结论是：①Dutot 指数不能通过同度量性检验，而 Jevons 指数满足同度量性检验。实证研究中又认为产品的异质性决定了两个指数差异 5% 以上。这些因素都决定了 Jevons 指数是较好的。②消费者的行为和抽样方式对两种指数的选择是不同的。在价格调查时，若按照基期消费支出的比例抽样调查，替代弹性为 1，则 Jevons 指数是 Törnqvist 指数的样本估计量；若按照基期消费数量的比例抽样，则 Dutot 指数是总体拉氏指数的样本统计量；若按照报告期消费数量的比例抽样，则 Dutot 指数是总体帕氏指数的样本统计量。若进一步假设，基期和报告期数量份额不变，则 Dutot 指数是 Fisher 理想价格指数的样本估计量，那么政府在选择时可根据哪个假设更符合现实以及抽样设计方式来确定采用哪个指数公式。③对于更新换代较快的产品，更适合采用 Jevons 指数。④当存在异常值时，Jevons 指数更可靠，但是不易解释，而 Dutot 指数则更易于解释。

在实践中，各个国家的情况不完全相同，如加拿大发现 Carli 形式的价格指数存在高估的偏差，因此 1978 年之后就改用 Dutot 形式的指数，但由于这种方法可能会高估价格较贵的商品的影响，1995 年 1 月之后又开始采用几何平均方法。英国在实践中也主要使用 Dutot 形式的指数，但是对于价格差异较大的产品，如家具就不采用这种方法，而使用 Jevons 指数。美国在基本指数层面也主要使用 Jevons 指数。瑞典在 1990 年 5 月开始放弃采用 Carli 形式的指数而转向几何平均。而国际劳工组织（ILO）在 1987 年第 14 届国际会议上也建议采用几何平均指数形式。表 3 - 3 是 OECD 30 个成员国基本指数公式的选择。

表 3-3　　OECD 30 个成员国基本指数公式的选择

国家	所采用的基本指数公式	国家	所采用的基本指数公式
加拿大	Jevons + Dutot	匈牙利	Dutot
墨西哥	加权 Carli 指数	冰岛	Jevons
美国	加权 Jevons + 加权 Carli	爱尔兰	Jevons
澳大利亚	Jevons + Dutot	意大利	Jevons
日本	Dutot	卢森堡	Jevons
韩国	Dutot	荷兰	Dutot
新西兰	Dutot	挪威	Jevons
奥地利	Carli + Dutot	波兰	Jevons
比利时	Dutot	葡萄牙	Jevons + 加权 Carli
捷克	Dutot	斯洛伐克	Dutot
丹麦	Jevons	西班牙	Jevons
芬兰	Jevons	瑞典	平均标准化价格的比率
法国	Jevons + Dutot	瑞士	Jevons
德国	Dutot	土耳其	Dutot
希腊	Jevons	英国	Jevons

资料来源：参考徐强博士论文：《宏观经济价格指数测度论》，东北财经大学。

3.1.4　考虑权重因素时如何编制基本指数

上述几种指数编制方法并没有考虑产品之间权重因素的差异，或者说是采用了等权编制方法。但是在基本指数编制层次，在同属一类的代表性规格品下，也存在着权重因素的差异，如在计算软饮料的价格指数过程中，存在着含糖型和无糖型的差异，消费者对不同类型的产品消费在不同时间可能存在着很大的差异。另外，不同品牌之间产品消费差异也很大。当这些相对价格发生变动时，消费

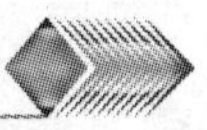

行为也会发生变动，因此若想更准确地反映价格的变动，权重因素应该考虑进去。之所以在基本指数编制层面没有考虑权重因素，主要原因是这个层面上数据的获得较难。通常编制 CPI 时需要的权重信息主要是通过消费者支出的调查数据得来，主要是提供较高层次的权重信息。现在，随着计算机的广泛使用，结算手段日益先进，扫描数据（scanner data）的获得越来越可行，可以将权重因素考虑进去。扫描数据通过交易结算时产品条形码上所提供的产品的价格、产品特征、时间、地点、数量等方面的信息就能编制经过加权的基本指数，这样也能剔除消费者在这个层次上因价格变动发生的替代行为。

在考虑权重因素时，权数的确定可以采用支出比例，也可以采用消费数量；权数可以采用基期资料，也可以采用报告期的资料，或者采用基期和报告期平均的资料。采用基期资料就是拉氏形式的价格指数，采用基期和报告期的平均数作为权重就是 Törnqvist 指数。从另一个角度来看，加权可以分为对称加权和非对称加权。Fisher 指数、Walsh 指数和 Törnqvist 指数都是对称加权，拉氏和帕氏指数是常见的非对称加权指数。具体的指数公式如下：

加权 Jevons 指数：

$$P_{WJ} = \prod_{i=1}^{n} \left(\frac{p_i^0}{p_i^0} \right)^{s_i^0} \quad (3.1.8)$$

$$P_L^{0:t} = \frac{\sum_{i=1}^{n} p_i^t q_i^0}{\sum_{i=1}^{n} p_i^0 q_i^0} = \sum_{i=1}^{n} w_i^0 \left(\frac{p_i^t}{p_i^0} \right)，\text{其中 } w_i^0 = \frac{p_i^0 q_i^0}{\sum_{i=1}^{n} p_i^0 q_i^0} \quad (3.1.9)$$

$$P_P^{0:t} = \frac{\sum_{i=1}^{n} p_i^t q_i^t}{\sum_{i=1}^{n} p_i^0 q_i^t} = \left(\sum_{i=1}^{n} w_i^t \left(\frac{p_i^t}{p_i^0} \right) \right)^{-1}，\text{其中 } w_i^t = \frac{p_i^t q_i^t}{\sum_{i=1}^{n} p_i^t q_i^t} \quad (3.1.10)$$

$$P_F^{0:t} = \sqrt{P_L^{0:t} P_P^{0:t}} \quad (3.1.11)$$

Törnqvist 指数如公式 3. 1. 12 所示。

$$P_T^{0:t} = \prod_{i=1}^{n}\left(\frac{p_i^t}{p_i^0}\right)^{\sigma_i}，\text{其中 } \sigma_i = \frac{s_i^t + s_i^0}{2} \tag{3.1.12}$$

Walsh 指数也是一种常见的指数形式，它是取两个篮子的几何平均来计算的，如公式 3. 1. 13 所示。

$$P_W^{0:t} = \frac{\sum p_i^t \sqrt{q_i^t q_i^0}}{\sum p_{i0} \sqrt{q_i^t q_i^0}} \tag{3.1.13}$$

这些方法已经为大家所熟悉，关键的问题是数据是否支撑采用加权方法。随着扫描数据的方便获取，采用加权形式来编制价格指数越来越可行。关于扫描数据在 CPI 编制中的应用，我们将在第六章讨论。

3. 2　价格指数的汇总

在基本指数编制的基础上，可以对价格指数进行高层汇总。对价格指数的汇总我们需要明白这么几个问题：一是以什么作为价格指数的目标指数？二是价格指数汇总的步骤及方法，其中包括汇总过程中权重的更新问题，新产品的引入，定基指数、桥指数及链式指数等问题。

3. 2. 1　价格指数的目标指数

价格指数的目标指数与其理论框架直接相关，因此在不同理论框架的国家，编制价格指数的目标指数并不完全相同。有的以生活费用指数作为其理论框架，这样目标指数更宜于采用高级指数，如 Fisher、Törnqvist 等指数形式。在更多国家中，则以固定篮子指数（有时称为纯价格指数或通胀指数）为其理论框架，这时理想的价

格指数可以是 Walsh 指数或 Marshall - Edgeworth 指数。但是所有的理想指数均需要有基期和报告期两期的数量信息。这对指数的实际应用提出了很大的限制。

生活费用指数的概念在第二章指数理论部分已有介绍，这个概念是依据经济学理论中的效用、偏好等概念建立起来的。生活费用指数充分考虑了产品可能发生的替代对消费者效用的影响，以及新产品及产品质量发生改进等对消费者效用的影响，从这些角度来说，生活费用指数框架更接近现实。实践中，美国、瑞典、荷兰等国家以生活费用指数为其理论框架，但也有一些国家拒绝将其作为 CPI 的理论框架，如英国、澳大利亚以及欧洲国家编制的 HICP，而以固定篮子指数为其理论框架。有些国家则对是否将 COLI 作为 CPI 的理论框架持比较矛盾的态度，但基本上倾向于生活费用指数框架，如加拿大。

由于生活费用指数框架的不易操作性，使得它作为 CPI 理论框架受到了一些限制。有些国家则将 CPI 主要用来反映通货膨胀为其目标，有些国家则将 CPI 作为补偿指数，而不以测度生活费用指数为其目标。

但是不管以生活费用指数还是固定篮子指数为理论框架，实践中多数国家都采用拉氏价格指数或者修正的拉氏指数方法来编制。不同理论框架影响的是对 CPI 偏差的认识。

3.2.2 价格指数的汇总

在基本指数编制阶段，主要涉及商品或服务的原始价格。但是在基本指数编制结束后，则需要利用权数进行汇总。如果我们简单将指数编制过程区分为两个大阶段，第一阶段就是基本指数阶段，第二阶段统称为高层汇总阶段。在实践中，高层汇总阶段通常又包含很多个阶段。在高层汇总的任何阶段，都不再涉及原始价格，而是在基本指数或上一级指数的基础上利用权重信息进行加权平均。权重信息一般都是根据消费者支出调查得到，有些国家会隔几年进行一次调查，有能力的国家可能间隔时间会相对短一些。

那么如何进行指数的汇总呢？可供选择的公式包括拉氏指数、帕氏指数、Fisher 指数、Tornqvist 指数、Walsh 指数等，这一点我们已经在第二章中有所介绍。但是在政府统计实践中，CPI 的编制往往强调可操作性且时效性强的原则，因此实践中更广泛采用的是拉氏类型的价格指数。一方面，由于拉氏价格指数采用基期加权方式，与报告期加权的方式相比，基期的信息更易于得到；另一方面就是拉氏指数更易于解释和理解，因为它直观反映了消费者固定篮子的价格变化情况。

拉氏价格指数又经常变形为修正的拉氏价格指数公式，如公式 3.2.1 所示。

$$P_L^{0:t} = \sum_{i=1}^{n} w_i^0\left(\frac{p_i^t}{p_i^0}\right) \tag{3.2.1}$$

其中，$w_i^0 = \dfrac{p_i^0 q_i^0}{\sum_{i=1}^{n} p_i^0 q_i^0}$ 为第 i 种商品在基期的支出份额；0 为价格基期；t 为报告期。

实践中，上述公式又可以表示成如公式 3.2.2 所示。

$$P^{0:t} = \sum w_j^b P_j^{0:t}\text{，其中，}\sum w_j^b = 1 \tag{3.2.2}$$

式中，$P^{0:t}$ 为 CPI 汇总过程中任意阶段的高级指数，也可表示为最终的 CPI；$P_j^{0:t}$ 为基本指数或上一级指数，用 j 来识别不同的基本指数；w_j^b 为根据时期 b 得到的权重信息，b 可能等于公式 3.2.1 中的 0 期，也可能不是 0 期。尽管对基本指数通常的理解是计算其相邻两期的价格变动，但这里的 0 和 t 既可以理解为相邻的两个时期，也可以理解为不相邻的时期。

若基本指数或上一级指数的计算采用的是可传递的价格指数公

式，则公式 3. 2. 2 可改写为公式 3. 2. 3：

$$P^{0:t} = \sum w_j^b P_j^{0:t-1} P_j^{t-1:t}，其中，\sum w_j^b = 1 \qquad (3.2.3)$$

公式 3. 2. 2 与公式 3. 2. 3 的区别是公式 3. 2. 3 采用了链式指数形式。链式指数形式可以允许不同时期计算基本指数的样本有所区别，如计算 $P_j^{0:t-1}$ 与 $P_j^{t-1:t}$ 的产品可以不完全相同。这种方法便于处理存在产品缺失或者产品替代的情形。

这里我们需要引出三个 CPI 计算中涉及的基期的概念：一是权重的基期概念。这通常是指权重所对应的时期，一般权重资料往往指向的是一个年度或者几个年度平均，即上述公式中 b 对应的时期。二是价格的基期概念。这是指价格指数计算中分母所指向的日期，即上述公式中 0 对应的时期。三是指数的基期，是指将什么时候的指数设定为100%。这三个基期并不必须保持一致。比如我们以 2005 年为基期，计算 2008 年 5 月与 2007 年 12 月相比的价格指数，那么 2005 年为指数的基期，2007 年 12 月为价格的基期，但可能用到的权重是 2002 年调查的数据，因此权重基期是 2002 年这一年度。图 3 -2 给出了比较典型的三种基期的关系。

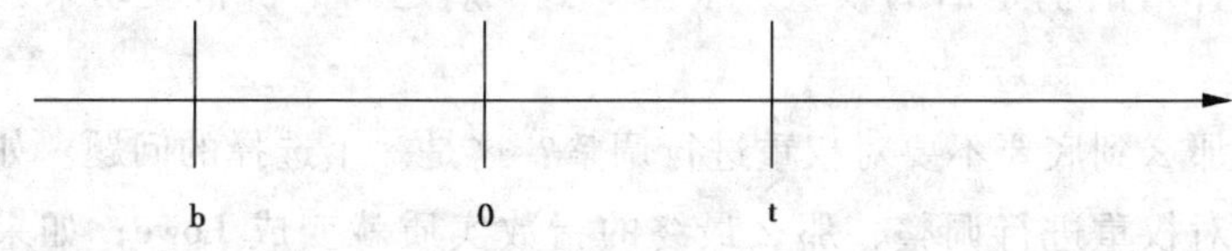

图 3 -2　典型的三种基期关系图示

3. 2. 3　权重的价格调整

如果编制 CPI 所采用的权重信息早于价格基期，并且与基期有较长的间隔，那么这样的权重是比较陈旧的，要么重新进行调查，引入新的权重；要么根据价格进行一定的调整。这里我们先讨论权重的价格调整问题（price - updating of weights）。

我们可以对公式 3. 2. 2 进行分解，表示为公式 3. 2. 4 所示。

$$\begin{aligned} P^{0:t} &= \sum w_j^b P_j^{0:t} = \sum w_j^b P_j^{0:t-1} \frac{\sum w_j^b P_j^{0:t-1} P_j^{t-1:t}}{\sum w_j^b P_j^{0:t-1}} \\ &= P^{0:t} \sum \frac{w_j^b P_j^{0:t-1}}{\sum w_j^b P_j^{0:t-1}} P_j^{t-1:t} \\ &= P^{0:t-1} \sum w_j^{b(t-1)} P_j^{t-1:t} \end{aligned} \tag{3.2.4}$$

其中，$w_j^{b(t-1)} = \dfrac{w_j^b P_j^{0:t-1}}{\sum w_j^b P_j^{0:t-1}}$ (3. 2. 5)

公式 3. 2. 4 将 0 到 t 期的价格变化表示为两部分的乘积：一部分是 0 到 $t-1$ 期的价格指数，另一部分是对 $t-1$ 期到 t 期的价格变化的加权汇总，这里的权数进行了调整，如公式 3. 2. 5 所示。经过这样的调整，权重基期与价格基期就比较一致，同时还可以允许有产品替代。当然权重的调整与权重的更新是不同的，权重更新是指根据新的调查资料得到新的权重，一般需要较长的时间，有些国家甚至长达 5 年左右才进行一次权重的更新。而这里所谓的权重的调整针对的仍是旧的权重，根据 0 到 t 期之间的价格变动来调整的。

那么到底要不要对权重进行调整？这是一个选择的问题。如果决定对权重进行调整，那么最终的指数实质就变成 Lowe；如果不对权重进行调整，那么最终的指数就是 Young 指数。

Young 指数的表达式我们在前面已经介绍过，如公式 3. 2. 6 所示。

$$P_{Young}^{0:t} = \sum_{i=1}^{n} w_i^b \left(\frac{p_i^t}{p_i^0} \right), \quad w_i^b = \frac{p_i^b q_i^b}{\sum_{i=1}^{n} p_i^b q_i^b} \tag{3.2.6}$$

如果对权重进行调整，怎么就变成 Lowe 指数呢？我们先从 Lowe 指数公式入手来看。一般的 Lowe 指数公式如下：

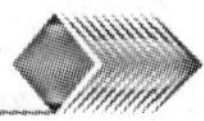

$$P_{lowe}^{0:t} = \frac{\sum p_i^t q_i^b}{\sum p_i^0 q_i^b} \tag{3.2.7}$$

进一步地，Lowe 指数又可以表示为如下：

$$P_{lowe}^{0:t} = \frac{\sum p_i^t q_i^b}{\sum p_i^0 q_i^b} = \sum \frac{p_i^0 q_i^b}{\sum p_i^0 q_i^b} \frac{p_i^t}{p_i^0} = \sum w_i^{b(0)} \frac{p_i^t}{p_i^0} \tag{3.2.8}$$

$$w_i^{b(0)} = \frac{w_i^b (p_i^0 / p_i^b)}{\sum w_i^b (p_i^0 / p_i^b)} \tag{3.2.9}$$

其中，$w_i^b = \frac{p_i^b q_i^b}{\sum p_i^b q_i^b}$

为了形式上的方便，上述公式又可以表示为如下：

$$P_{lowe}^{0:t} = \sum w_j^{b(0)} P_j^{0:t}, \quad w_j^{b(0)} = \frac{w_j^b P_j^{b:0}}{\sum w_j^b P_j^{b:0}} \tag{3.2.10}$$

从上面的公式也可以看出指数计算中所用的权重是经过调整的。

要不要进行权重调整，可以通过比较 Lowe 指数和 Young 指数来看，两者的差可表示为如公式 3.2.11 所示。

$$\begin{aligned} P_{Lowe}^{0:t} - P_{Young}^{0:t} &= \sum w_j^{b(0)} P_j^{0:t} - \sum w_j^b P_j^{0:t} \\ &= \sum (w_j^{b(0)} - w_j^b) P_j^{0:t} \end{aligned} \tag{3.2.11}$$

如果 $w_j^{b(0)}$ 比 w_j^b 更接近于 0 到 t 期之间实际的权重，则应该对权重进行调整；反之，可以不对权重进行调整。或者换句话说，如果低层汇总阶段的替代弹性接近于 1，则 Young 指数更好，无需进行权重的调整；反之，如果替代弹性接近于 0，则 Lowe 指数更好，需要进行权重的调整。

3.2.4 新权重的引入

计算价格指数所需要的权重需要经常更新，以能够反映实际经济生活的变化。当新权重引入时，那么新指数的基期可能就是旧指数的最后一个时期，新旧指数可以在这个时期链接起来，形成一个链指数或桥指数。新权重的引入往往还伴随新产品的引入、新的基本指数的出现、新的高层指数的出现等等，这往往可以解决 CPI 中的一些偏差问题。

新权重引入后的链指数，可以按照公式 3.2.12 进行编制。

$$P^{0:t} = P^{0:k} \sum w_j^k P_j^{K:t-1} P_j^{t-1:t} \tag{3.2.12}$$

式中，k 为在 k 期引入新的权重；0 为价格基期。

这样得到的链指数有如下几个特点：①可以允许权重更新，引入新产品和新的基本指数。②为了将新指数和旧指数链接起来，需要有一个链接期，即 k 期。③一个链指数可以有两个或多个链接期。④链指数不具有可加性，也就是说较低层的链指数不能相加得到上一层的指数。

3.2.5 年度权重与月度价格指数

由于各种因素的限制，在实践中广泛使用年度权重信息甚至是几年的平均信息来编制月度价格指数，而并不是按照公式中提出的采用月度权重信息来做。之所以这样做，主要考虑实际生活中如果只选取基期月的支出信息容易受各种偶然因素及一些季节性因素的影响，这样月份的代表性差一些，误差大一些。在实践中经常通过观察消费者多个月份的消费支出情况来得出其平均的消费情况，所以权重信息往往反映的是一个年度甚至是几个年度的支出信息。

这里我们将比较详细地分析如何在编制月度价格指数时将所调查的年度内的权重信息进行分配和调整。

用 m 表示月份，假设 $v_i^{b,m}$ 表示根据调查得到的居民在基年 b 的第 m 个月对第 i 种商品的消费支出额，相对应的价格及消费量分别表示为 $p_i^{b,m}$ 和 $q_i^{b,m}$，则存在如下关系：

$$v_i^{b,m} = p_i^{b,m} q_i^{b,m}, i = 1,2,\cdots,n \quad m = 1,2,\cdots,12 \tag{3.2.13}$$

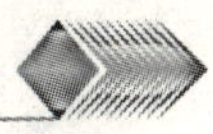

进一步我们可以得到在基年 b 对第 i 种商品总的消费量，即：

$$q_i^b = \sum_{m=1}^{12} q_i^{b,m} = \sum_{m=1}^{12} \frac{v_i^{b,m}}{p_i^{b,m}}, i = 1,2,\cdots,n \tag{3.2.14}$$

则又可以得到如下关于价格的表达式，即：

$$p_i^b = \sum_{m=1}^{12} v_i^{b,m} / q_i^b = \frac{\sum_{m=1}^{12} v_i^{b,m}}{\sum_{m=1}^{12} v_i^{b,m} \Big/ p_i^{b,m}} = \left[\sum_{m=1}^{12} s_i^{b,m} (p_i^{b,m})^{-1} \right]^{-1} \tag{3.2.15}$$

其中，$s_i^{b,m} = \frac{v_i^{b,m}}{\sum_{k=1}^{12} v_i^{b,k}}$，$i = 1,2,\cdots,n$

利用公式 3.2.12，我们可以得到权重基期年的价格向量 $p^b = [p_1^b,\cdots,p_n^b]$，它是一个调和平均数，体现了根据全年的支出结构进行加权平均的思路。这样可以将 Lowe 指数表达为如下形式，即：

$$P_{Lowe}(p^0,p^t,q^b) = \frac{\sum_{i=1}^{n} p_i^t q_i^b}{\sum_{i=1}^{n} p_i^0 q_i^b} = \frac{\sum_{i=1}^{n} p_i^t q_i^b \Big/ \sum_{i=1}^{n} p_i^b q_i^b}{\sum_{i=1}^{n} p_i^0 q_i^b \Big/ \sum_{i=1}^{n} p_i^b q_i^b}$$

$$= \frac{\sum_{i=1}^{n} s_i^b (p_i^t / p_i^b)}{\sum_{i=1}^{n} s_i^b (p_i^0 / p_i^b)} = \frac{P_L(p^b,p^t,q^b)}{P_L(p^b,p^0,q^b)} \tag{3.2.16}$$

3.2.6 指数编制的方式

定基与环比是两种基本的价格指数编制方式。定基指数就是将每期与一个固定价格时期相比得到的价格变化。环比指数就是每期与相邻上一期相比得到的价格变化，环比指数也称为桥指数（link index）。实际上还有一种编制方式——链式价格指数，就是将所有时期的环比价格指数相乘得到。此外，还有一种年度变动价格指数。我们分别给出其表达式以了解不同指数编制方式之间的差异。

1. 定基价格指数

定基价格指数我们用公式 3. 2. 17 表示：

$$P_{Fixed}^{0:t} = \frac{\sum_{i=1}^{n} p_i^t q_i^0}{\sum_{i=1}^{n} p_i^0 q_i^0} = \sum w_i^0 \left(\frac{p_i^t}{p_i^0}\right) \tag{3.2.17}$$

其中，$w_i^0 = \frac{p_i^0 q_i^0}{\sum p_i^0 q_i^0}$，表示第 i 种产品在基期（0 期）的支出份额。从式 3. 2. 17 中可以看出，定基价格指数与拉氏价格指数的形式类似。在上式中，权重基期与价格基期是一致的。如果有一系列的定基指数，则可以用式 3. 2. 18 来表示：

$$P(p^0,p^1,q^0,q^1),P(p^0,p^2,q^0,q^2),P(p^0,p^3,q^0,q^3)\text{等等} \tag{3.2.18}$$

2. 环比价格指数

环比指数也叫链价格指数或桥价格指数，用公式 3. 2. 19 表示：

$$P_{chain}^{t-1:t} = \frac{\sum_{i=1}^{n} p_i^t q_i^{t-1}}{\sum_{i=1}^{n} p_i^{t-1} q_i^{t-1}} = \sum w_i^{t-1} \left(\frac{p_i^t}{p_i^{t-1}}\right) \tag{3.2.19}$$

其中，w_i^{t-1} 表示第 i 种产品在第 t－1 期的支出份额。如果有一系列的环比指数，若用双向价格指数公式来表示，则环比指数系列可表示为：

$$P(p^0,p^1,q^0,q^1),\ P(p^1,p^2,q^1,q^2),\ P(p^2,p^3,q^2,q^3),\ P(p^3,p^4,q^3,q^4) \tag{3.2.20}$$

3. 链式价格指数

链式价格指数可定义为一系列环比指数的乘积，即：

$$P_{chained} = \prod P_{chain}^{t-1:t} \tag{3.2.21}$$

如果用双向价格指数来表示，则链式价格指数可表示为：

$P(p^0,p^1,q^0,q^1)$，$P(p^0,p^1,q^0,q^1)P(p^1,p^2,q^1,q^2)$，

$P(p^0,p^1,q^0,q^1)P(p^1,p^2,q^1,q^2)P(p^2,p^3,q^2,q^3)\cdots$

从上面可以看出，链式指数反映的是若干时期内指数变动的累计变化情况。现在链式价格指数被越来越多的统计机构所接受，因为链式价格指数能够引进新的权数，能够有效地解决新产品的出现和已有产品的消失问题，并且能够缩小拉氏指数和帕氏指数之间的差距。

4. 年度变动价格指数

如果要反映年与年之间的价格变动情况，可以用两个相邻年份的定基指数相除得到。年度变动价格指数又称为间接计算的年度变动价格指数，公式如公式 3. 2. 22 所示。

$$P_{annual} = \frac{P_{fixed}^{t}}{P_{fixed}^{t-1}} \tag{3.2.22}$$

进一步，3. 2. 22 式又可以表示为：

$$P_{annual} = \frac{\sum p_i^t q_i^0}{\sum p_i^0 q_i^0} \Big/ \frac{\sum p_i^{t-1} q_i^0}{\sum p_i^0 q_i^0} = \frac{\sum p_i^t q_i^0}{\sum p_i^{t-1} q_i^0} = \sum w_i^{t-1} \frac{p_i^t}{p_i^{t-1}} \tag{3.2.23}$$

其中，

$$w_i^{t-1} = \frac{p_i^{t-1} q_i^0}{\sum p_i^{t-1} q_i^0} \tag{3.2.24}$$

3. 2. 24 式表明 3. 2. 23 式中所用的权重是一个混合的权重，即第 i 种产品在 t－1 期的价格与基期（0 期）的消费数量的乘积占同口径全部产品的比重。

3.2.7 中国价格指数的编制方式

中国官方公布的 CPI 价格指数中有如下几种编制方式：以上年

为100的指数、以某一年为100的定基价格指数，以及月度CPI公布和上年同月相比的价格指数及和上年同期相比的价格指数。中国官方价格指数计算中所用到的公式如下所示：

$$I_{环比}=\frac{报告期（月）定基指数}{上期（月）定基指数} \tag{3.2.25}$$

$$I_{同比}=\frac{报告期（月）定基指数}{上期同期（月）定基指数} \tag{3.2.26}$$

$$I_{年度}=\frac{本年累计定基指数的平均数}{上年累计定基指数的平均数} \tag{3.2.27}$$

赵红曾在《GDP核算中的价格指数及存在问题研究》一文中将中国编制的指数称为“中国环比价格指数”和“中国定基价格指数”，旨在与指数文献中的相关概念相区分①。

1. 中国（年度）环比价格指数

中国（年度）环比价格指数为《中国统计年鉴》中公布的“以上年为100”的价格指数，又称为年距同比指数，是通过对一年中12个月的月度同比指数的简单算术平均计算得到的。赵红给出具体的公式表述如下：

$$PI^{年中环}=\frac{\sum_{i=1}^{12}PI_m^{月同比}}{12} \tag{3.2.28}$$

$$PI_m^{月同比}=\sum_{i=1}^{n}w_i\frac{p_{i,m,y}}{p_{i,m,y-1}} \tag{3.2.29}$$

$$w_i=\frac{P_{i,y_o}Q_{i,y_o}}{\sum_{i=1}^{n}P_{i,y_o}Q_{i,y_o}} \tag{3.2.30}$$

式中，$PI_m^{月同比}$为每个月的同比价格指数，反映的是y年m月价格与y－1年m月价格相比的价格变动情况；$p_{i,m,y}$为第i种产品

① 赵红：《GDP核算中的价格指数及存在问题研究》，《统计研究》，2005年第5期。

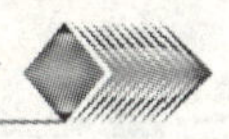

在 y 年 m 月的月平均价格；w_i 为第 i 种产品同比价格相对数 $\frac{p_{i,m,y}}{p_{i,m,y-1}}$ 的权重，即基年（第 y_0 年）全年第 i 种产品的消费额占全部 n 项产品的消费额的比重；P_{i,y_o} 为第 i 种产品基年（第 y_0 年）的年平均价格；Q_{i,y_o} 为第 i 种产品基年（第 y_0 年）的年平均消费量。

赵红指出，中国（年度）环比价格指数从本质上讲是年距同比定基 Sauerbeck 指数。同比是因为它是由月度同比指数计算得到的；定基是因为在一定的时期内，价格相对数的权数固定在某一年份，不发生变化。Sauerbeck 价格指数可以看做是 Laspeyres 价格指数的变形。两者的区别在于前者的权数基期与价格基期相同，而后者不同。

与指数文献中所提到年度变动价格指数（式 3.2.22）、环比价格指数相比（式 3.2.19）相比，中国（年度）环比价格指数在权数、价格相对数等方面的计算方法上存在差异。中国年度环比价格指数的权数基期为基年，价格相对数为同比指数；年度变动价格指数的权数基期为混合基期，价格基期为 t－1 年；环比价格指数的权数基期和价格基期均为 t－1 年。赵红指出，中国环比价格指数的计算公式是中国特有的。

2. 中国定基价格指数

《中国统计年鉴》中公布的中国定基价格指数 $PI_{y_0}^{中定}$ 是通过式 3.2.31 计算得到的：

$$PI_{y_0}^{中定} = \prod_{y=y_0}^{y_{0+T}} PI_y^{年中环} \tag{3.2.31}$$

式中，$PI_y^{年中环}$ 为第 y 年的中国环比价格指数。

中国定基价格指数与指数文献中的定基指数相比，存在的差别是中国定基指数是从参照年开始到报告期为止的各年中国环比价格指数的乘积。赵红指出，中国定基价格指数虽然与指数文献中的链式指数形式上非常类似，但由于中国环比价格指数是同比指数，所以通过其连乘得到的中国定基价格指数无法构成真正意义上的时间序列数据。

3.3 数据的搜集与处理

从数据搜集的角度来看，CPI 的编制要考虑这么几个因素：第一，是否在合适的时间搜集数据？第二，是否在合适的地点搜集？第三，是否搜集到了合适的价格及数量信息？第一个问题，主要与调查的及时性和频率问题相关。第二个问题涉及抽样地点是否合适，否则可能出现“新零售点”偏差。第三个问题则会涉及较多的问题，处理不当可能会导致 CPI 出现“新产品偏差”、“权重性偏差”和“质量变化偏差”等问题①。而这些问题都与前后时期产品的“同质可比性”原则能否遵守相联系。作为价格指数编制的基本原则之一，“同质可比”是一个很重要的原则，但在实践中会受到很多挑战。第一，如果保持同质可比，可能会限制一些新产品进入产品篮子或者推迟进入产品篮子，可能导致“新产品”偏差。第二，对于更新换代较快的产品，可能会发生产品质量变化，导致该原则不能实现。第三，有的时候会出现产品价格的缺失，如季节性因素、供给断货的因素、产品升级换代的因素等可能造成产品及产品价格的缺失，也影响“同质可比”原则。

对于数据的处理，我们主要分析如果数据缺失，我们该怎么编制？另外一个问题就是季节性变化很强的产品，其数据会随季节性表现出很强的季节性变化，那么我们是否需要处理？该怎么处理？同时对总的 CPI 指数如何进行季节性处理？

---

① 关于 CPI 的偏差问题将在第四章讨论。

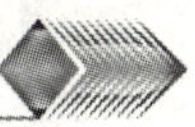

3.3.1 CPI 数据搜集的过程

总的来看，CPI 的编制需要两个方面的数据：一是代表性规格品的价格数据；二是反映消费者支出结构的权重信息。这两方面的数据一般都需要通过抽样调查得到。

在价格数据的搜集过程中，要在多个阶段采用抽样方式。

首先，居民日常消费的产品或服务多种多样，在这多种多样的产品或服务中，需要抽取部分代表性规格品。所抽取的规格品对消费者的“消费篮子”代表程度的高低，会影响实际计算的 CPI 对真实 CPI 的代表性。那么哪些应该作为代表性规格品，哪些不应该作为代表性规格品，应该通过广泛的调查研究来判断。在 CPI 编制实践中，绝大部分代表性规格品价格的调查主要是通过价格调查员实地采集价格得到，当然有一小部分是通过对消费者的调查得到，如美国房租的数据则是通过对消费者的访问调查得到。

其次，在哪里搜集价格也涉及对地区或零售点的抽样调查。为了得到全国性的 CPI，也需要进行地区的抽样。在抽中的地区内调查则需要对调查点或零售商进行抽样调查。

再次，为了得到 CPI 权重而对住户的支出调查也涉及抽样，需要抽取部分住户来推断所有消费者消费结构的信息①。

国际劳工组织 ILO 曾在《CPI 手册：理论与实践》中提出，在价格调查中可能会产生抽样误差和非抽样误差。抽样误差包括估计性误差和选择性误差，非抽样性误差包括观察性误差、反馈性误差、处理过程中的误差、抽样框不足导致的误差、无反馈导致的误差等。抽样误差与抽样有关，非抽样误差则不完全与抽样相关，即使在全面调查中也可能产生。

---

① 有些国家使用国民核算数据来推算消费者支出结构，而不使用消费者支出调查数据。

如何抽样能保证数据质量较高？这需要我们做好以下工作：第一，设计好抽样框；第二，选择好的抽样方式。在需要概率抽样的时候就需要采用概率抽样，而在某些情况下可以采用主观抽样。第三，尽量减少一些可以避免的错误，如登记性误差等。

抽样框应该尽量符合实际，避免过大或过小。在抽样方式的选取中，应结合实际来确定采用哪种抽样方式。在没有抽样框或者抽样框很难得到的条件下，可以使用非概率抽样。随机抽样中，比较常用是按照规模等比例随机抽样方法（probability proportional to size，PPS）。

在抽样调查中还存在一个样本容量的问题，当然应主要避免样本容量过小导致误差较大的情形。适度样本容量还应该考虑产品价格变动程度及其对消费者的重要性程度的问题。表 3－4 概括了英国在编制 CPI 时，代表性规格品数量的选择与 CPI 权重及价格变动程度之间的相关信息。从表 3－4 中我们可以看出，在 CPI 中，食品所占比重较大，同时其价格变动程度也较高，因此食品的代表性规格品比重达到了 22%。教育支出在 CPI 中所占比重较小（1.9%），同时其价格变动程度也比较低，因此关于教育的代表性规格品比重只占 1%。

表 3－4　　　　英国 2008 年 CPI 的相关信息

CPI 类别	权重	价格变动程度	代表性规格品的比重（%）
食品及非酒精性饮料	10.9%	高	22
烟草及酒	4.2%	低	4
衣着及鞋	6.3%	中等	11
住房及家庭服务	11.5%	中等	5
家具及家庭货物支出	6.7%	中等	11
医疗	2.2%	低	3
交通	15.2%	高	6

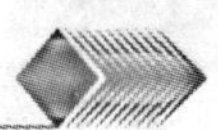

续表

CPI 类别	权重	价格变动程度	代表性规格品的比重（%）
通讯	2.3%	低	1
娱乐和文化	15.2%	高	17
教育	1.9%	低	1
旅馆	13.7%	低	8
其他货物及服务	9.9%	高	11

资料来源：Damon Wingfield and Philip Gooding，“*CPI and RPI*：*the* 2008 *basket of goods and service*”，Economic & Labour Market Review，Vol 2，No 4，April 2008.

3.3.2 数据的搜集频率

数据的搜集频率也包括两个方面：一是价格的搜集频率；二是消费者支出数据的频率。一般的情形是：每种商品和服务的价格数据需要定期搜集，而消费者支出结构数据往往要根据近期几年的大型调查得到。如果要经常更新消费者支出调查，则需要有大量的人力、物力、财力的支持。

关于价格搜集频率的问题，一个原则是对于价格变化较快的产品，价格的搜集频次应该较高。价格变动较小的产品，价格的搜集频次可以降低。对于价格变化较快的产品若不能经常跟踪其变化，则可能会导致所编制的价格指数出现偏差。价格数据搜集的频率可有一定的弹性和灵活性，针对不同产品可采用不同的频率。

在中国目前的实践中，对于与居民生活密切相关、价格变动比较频繁的商品，至少每 5 天调查一次价格；一般性商品每月调查采集 2 ~ 3 次价格。对于价格比较稳定的商品，则时间间隔可以长一些。一些政府定价的产品，如水费、电费等变动较小的产品，可以间隔较长时间来搜集价格。国外价格指数编制实践也类似。在美国，BLS 每月要从 88 个地区，21000 个零售点搜集大约 7 万个价格。这些最基本的价格搜集点被称为 PSUs；在其中 5 个最大的城市地区（包含 8 个 PSUs），所有商品的价格均是每月搜集，而在其他地区，除了食品、燃料和其他一些商品，都是两个月搜集一次价格。

为了使 CPI 能够反映市场的变化，权重资料也需要经常更新，这样才能捕捉和更新消费者消费结构的变化。人们对这个问题的重视在近年来越来越突出。如 1987 年国际劳工统计学家大会（International Conference of Labor Statisticians，ICLS）提议 CPI 权重应经常更新，至少每 10 年更新一次，以保证指数的代表性。然而在 2003 年 ICLS 的提议就变成至少每 5 年更新一次权重。

美国过去是 10 年更新一次权重，在 1996 年 Boskin 委员会报告后认识到更新权重的重要性，于 1998 年决定从 2002 年开始每两年更新一次权重；也就是说从 2002 年 1 月起权重采用 1999—2000 年间的支出结构，相应地，从 2008 年 1 月起采用 2005—2006 年间的支出调查。在调查的两年内，大约 7000 个家庭要在每个季度接受调查，提供有关其消费方面的信息，为更新权重信息提供最基层的信息。进一步地，对于一些经常购买的产品，如食品及个人护理产品等，这 7000 个家庭要记录他们每两周内的支出情况。最终新的权重信息和产品篮子就要根据这两年内 28000 个每周记录及 6 万个季度调查来决定。美国统计部门认识到过去 10 年左右才更新一次权重的做法可能存在偏差，因此缩短了权重更新周期。表 3－5 列出了美国权重的更新情况。

表 3－5　　美国权重更新一览表

权重基期	引入 CPI 的时期	最终的时期
1917—1919	1919	1939
1934—1936	1949 年 1 月	1952 年 12 月
1950	1953 年 1 月	1963 年 12 月
1960—1961	1964 年 1 月	1977 年 12 月

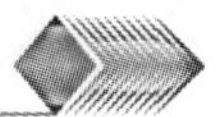

续表

权重基期	引入 CPI 的时期	最终的时期
1972—1973	1978 年 1 月	1986 年 12 月
1982—1984	1987 年 1 月	1997 年 12 月
1993—1995	1998 年 1 月	2001 年 12 月
1999—2000	2002 年 1 月	2003 年 12 月
2001—2002	2004 年 1 月	2005 年 12 月
2003—2004	2006 年 1 月	2007 年 12 月
2005—2006	2008 年 1 月	

资料来源：Robert Cage, John Greenlees, and Patrick Jackman, "*Introducing the Chained Consumer Price Index, Paper Presented at The Seventh Meeting of The International Working Group On Price Indices Paris*", France, May 2003 及作者的整理。

近年来很多国家都加快了权重更新的速度，如英国从 2006 年起每年更新 RPI[①] 权重（见表 3－6），法国也是每年更新其权重，加拿大每 4 年更新一次权重。从表 3－6 可以看出，英国每年的权重变化并不大，基本稳定，但是英国更新的频率还是很高。权重更新也是降低 CPI 偏差的一个重要渠道，在第四章我们将详细讨论。

表 3－6　　英国 RPI 权重更新情况　　单位：‰

CPI 分类	1987	1992	1997	2002	2006	2007	2008
food	167	152	136	114	105	105	111
Catering	46	47	49	52	50	47	47
Alcohol	76	80	80	68	67	66	59
Tobacco	38	36	34	31	29	29	27
Housing	157	172	186	199	222	238	254
Fuel and light	61	47	41	31	33	39	33

① 英国 RPI 和 CPI 都属于测度消费价格变化的指数。两者在很多方面很类似。

续表

CPI 分类	1987	1992	1997	2002	2006	2007	2008
Household goods	73	77	72	73	71	66	66
Household services	44	48	52	60	66	65	64
Clothing and footwear	74	59	56	51	49	44	42
Personal goods and services	38	40	40	43	41	39	41
Motoring expenditure	127	143	128	141	140	133	133
Fares and other travel costs	22	20	20	20	19	20	20
Leisure goods	47	47	47	48	41	41	38
Leisure services	30	32	59	69	67	68	65
合计	1000	1000	1000	1000	1000	1000	1000

资料来源：Damon Wingfield and Philip Gooding，"*CPI and RPI*：*the* 2008 *basket of goods and services*"，Economic & Labour Market Review，Vol 2，No 4，April 2008.

3.3.3 产品篮子的更新

要使 CPI 更准确，不仅仅数据调查频率应该能够跟上实际情况的变化，产品篮子也应该能跟上消费者的变化。如果消费者的消费变化较快，产品篮子的更新也应该较快。如果产品篮子更新滞后，则所得到的价格变化可能会失真。

Dulberger（1993）估计了美国市场上的计算机芯片 DRAM（dynamic random access memory）的价格变化，提出如果在新产品出现的时候及时纳入产品篮子，价格指数下降 27%；若滞后纳入产品篮子 1 年、2 年、3 年直到 5 年的话，价格指数则下降 26.2%、24.7%、19.9%、7.1%、1.8%，这样就会存在低估的偏差。事实上，在 CPI 的编制实践中也存在过一些前车之鉴。如手机在美国市场上最早出现是在 1983 年，之后以大约每年 25%～35% 的速度在增长，到 1996 年底大约有 4200 万手机在使用，但是引入

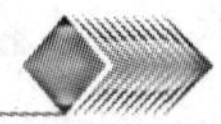

CPI 却是在 1999 年。近几年各国都认识到这个问题，也都纷纷采取了一些措施。如英国产品篮子的更新很快，基本保持一年更新一次，如 2008 年英国 CPI 产品篮子就根据市场变化进行了更新，新增了 9 种产品，同时去掉了 8 种产品，表 3－7 是英国 2008 年 CPI 篮子的一些变化。

表 3－7　　英国 2008 年进入和退出 CPI 篮子的项目

进入 CPI 篮子的项目		退出 CPI 篮子的项目	
CPI 类别	进入的项目	CPI 类别	退出的项目
矿泉水、软饮料和果汁	果昔（pure fruit sommthie）	蔬菜类	冷冻素食（成品）
蔬菜类	辣椒	啤酒	小瓶啤酒
水果类	小桔子（small－type oranges）	地毯和其他地板覆盖物	可水洗地毯
饭店和咖啡店的就餐	玛芬松饼（muffin）	家用电器	微波炉
啤酒	4.3%～7.5% 浓度的一种	视听设备及相关产品的修理	电视维修支出
其他服务	次日递送花的服务	备件和附件	防盗锁
录制媒体	一种 CD 唱片	录制媒体	CD
录制媒体	移动数字存储设备	录制媒体	35 毫米胶卷
用于户内外休闲的耐用品	制服支出		

资料来源：Damon Wingfield and Philip Gooding, "*CPI and RPI*: *the* 2008 *basket of goods and services*, *Economic & Labour Market Review*", Vol 2, No 4, April 2008.

在英国，什么样的产品会进入CPI篮子，什么样的产品会退出呢？进入CPI篮子的产品包括如下几种：一种是新出现的产品并且消费需求越来越旺盛的产品，如上述玛芬松饼代表了人们对健康的一种需求，对该产品的需求呈旺盛走势。另外一种情形是消费量并不一定很大，但可能是价格波动较大的产品，如辣椒进入CPI篮子，是因为蔬菜价格波动较大，应该多搜集一些蔬菜的价格①。还有一种情形是产品升级、更新换代而新出现的产品，如一种新的CD唱片。被剔除的产品包括几种类型：一种是过时被淘汰掉而由新产品替代的，如35毫米胶卷；另一种是在支出中所占的份额非常小，如电视机的修理支出。因为电视的质量越来越稳定，若电视坏了，则很多人愿意选择购买新的电视，电视的修理支出越来越少。

事实上，除了产品篮子的更新问题之外，新的零售点也应该考虑进来，这样才能避免出现新零售点偏差（new outlet bias）。这个问题是一个很现实的问题，尤其在新的零售方式不断出现、经济发展很快的背景下，这个问题也不应该被忽略。近期国内出现了多种销售方式，如网络销售变得非常普遍，人们可能经常选择在网上买书、电器、衣服等，不可小觑的是某些商品或服务在网上销售的比重已经变得很大。但是这个问题还没有得到足够的重视。

3.3.4 数据缺失情况下的处理

1. 数据缺失的情形及处理方式

在编制价格指数时有时会碰到数据缺失的情形，其原因包括产品停止生产，永久性地从市场上消失了；或者供给断货；或者季节性地从市面上消失。受到季节性因素影响而造成数据缺失的商品称为季节性商品。季节性商品除了表现为价格缺失外，还可能表现为产品在市面上存在但是却在季节或年份上同时发生价格和数量的有

① 辣椒过去包括在CPI篮子中，但1990年被剔除。

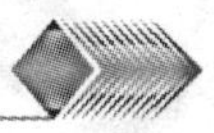

规律波动。按照季节性特征是否强烈可以将季节性商品区分为强季节性商品和弱季节性商品[①]。强季节性商品是指在一年中的某些季节商品不出现在市面上；弱季节性商品是指商品存在，但是受季节性因素的影响，其价格和销售量有明显的季节性波动。对强季节性商品的处理较难。因此，数据缺失或者是永久性的，或者是暂时性或季节性的。

数据的缺失会导致在 CPI 编制中存在两个方面的问题：一个是造成不同时期产品篮子的不同。按照价格指数编制的基本原则，前后时期的产品应该具有可比性，而产品篮子的不同就难以保证该原则实现，可能需要寻找替代品或者对价格进行推导，或者干脆不作任何处理。另一方面就是对权数的影响。在基本指数编制层面，很多指数公式并不涉及加权，但是若采用加权公式来编制的话，数据缺失造成的权重影响不应该被忽略。这一点早在 1961 年就由 Victor Zarnowitz 指出[②]。那么该如何对数据缺失的情形进行处理呢？

如果数据永久性缺失，那么可以通过寻找替代品来补充产品篮子。选择替代品时要注意与原来产品尽可能保持一致，尽可能保持产品篮子的可比性，否则可能出现第四章所讲的质量变化偏差。但有时候很难判断是否属于永久性消失，有些国家将消失超过两个月的就认为是永久消失，如保加利亚在价格缺失情况下采用价格推导法只限于两个月，在第三个月如果仍然缺失，就要找替代品。如果数据是暂时性缺失，或者是强季节性产品情况下在某些季节的缺失，那么可以通过如下方式来处理：一是不采取任何措施；二是直接采用上期的价格；三是通过推导法得出缺失产品的价格。

---

① 这种分类与 Balk 的狭义与广义的季节性商品相对应。

② ILO，*Consumer Price Index：Theory and practice*，Chapter 22.

我们先从最简单的处理方式入手来看。若不采取任何措施，那么计算得出的价格指数与基本指数的公式选择直接相关①。比如当我们在基期搜集了某种产品的三种价格，分别是 A = 15，B = 8，C = 10。在报告期 C 从市面上消失了，只搜集到 A 和 B 的价格，A = 15，B = 8。如果按照 Dutot 方法编制，则价格上升了 4.5%。如果按照 Jevons 和 Carli 基本指数编制公式，则缺失了一个价格，若只采用两个数据来计算，则价格指数为 100%。显然，在三种不同的基本指数公式下，计算结果有差异。

由于这种处理方式的不理想，又得到了另一种方法，即沿用上期可得到的价格作为缺失产品的价格来处理，这种方法在文献中被称为"carry forward the last available price"，可理解为上期价格结转法。这种方法相对比较简单，也便于采用各种基本指数公式，但这样处理存在偏差。因为这种方式意味着将价格变化趋势平滑化，因此当价格在总体上是上升趋势时，会存在低估的偏差；当价格在总体上是下降趋势时，会存在高估的偏差。因此这种方法用得也不多。

另一种方法是对缺失价格进行推导。价格推导方法在价格指数编制中用得并不少，在后面 hedonic 质量调整价格指数部分，也包含了价格推导的思路。

2. 数据缺失下的推导方法

在数据缺失的情况下，可以根据其他的信息对缺失数据进行推导。推导又可以区分为对价格的直接推导和对指数的推导。对价格的推导往往包含在对指数进行推导的过程内。

Paul A. Armknecht 和 Feenlla Mintland – Smith② 在 1999 年为 IMF 提交的一篇工作论文中，用一些数据阐述了对指数进行推

---

① 价格缺失主要影响基本指数。

② Paul A. Armknecht and Feenlla Mintland – Smith, "*Price imputation and other techniques for dealing with missing observations, seasonality and quality change in Price Indices*", IMF Working Paper, WP/99/78.

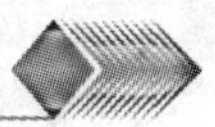

导的过程。其基本思路是先用组指数推导出缺失产品的价格，这样可以看做没有缺失产品的情形，然后再用相应的基本指数公式进行价格指数的计算。这种方法相当于进行两次推导，也就是在上面工作的基础上再进行一次指数的推导。表 3－8 至表 3－10 列出了 Paul A. Armknecht 和 Feenlla Mintland－Smith 所使用的数据。

表 3－8　　第一阶段：忽略缺失产品下组指数的计算

产品名称	权重	1997 年 12 月	1998 年 1 月	1998 年 2 月	1998 年 3 月	1998 年 4 月	1998 年 5 月
A	400	100	110	115	130	135	145
B	600	100	115	120	125	130	137
C	500						
$W_A P_A + W_B P_B$		100000	113000	118000	127000	132000	140200
组指数		100	113	118	127	132	140
价格变化			1.13	1.18	1.27	1.32	1.4

表 3－9　　第二阶段：利用组指数推导缺失产品的价格指数

产品名称	权重	1997 年 12 月	1998 年 1 月	1998 年 2 月	1998 年 3 月	1998 年 4 月	1998 年 5 月
A	400	100	110	115	130	135	145
B	600	100	115	120	125	130	137
C	500	100	113	118	127	132	140
$W_A P_A + W_B P_B$		100000	113000	118000	127000	132000	140200
组指数		100	113	118	127	132	140
价格变化			1.13	1.18	1.27	1.32	1.4

表 3－10　　第三阶段：对总价格指数的再推导

（基于组指数的推导）

产品名称	权重	1997 年 12 月	1998 年 1 月	1998 年 2 月	1998 年 3 月	1998 年 4 月	1998 年 5 月
A	400	100	110	115	130	135	145
B	600	100	115	120	125	130	137
C	500	100	113	118	127	132	140
$W_AP_A+W_BP_B+W_CP_C$		150000	169500	177000	190500	198000	210300
组指数		100	113	118	127	132	140
价格变化			1.13	1.18	1.27	1.32	1.4

这种推导过程有一个假定：即缺失产品的价格变化与组内其他产品的价格变化趋势是一致的。

另外一种推导是利用另外一个类似的产品的指数直接作为价格缺失产品的指数。Paul A. Armknecht 和 Feenlla Mintland－Smith 在其例子中又假设用产品 A 的价格指数直接推导缺失产品 C 的价格指数，则上述第三阶段就变成如表 3－11 所示的第三个阶段。

表 3－11　　第三阶段：对总价格指数的再推导

（基于 A 产品的价格推导）

产品名称	权重	1997 年 12 月	1998 年 1 月	1998 年 2 月	1998 年 3 月	1998 年 4 月	1998 年 5 月
A	400	100	110	115	130	135	145
B	600	100	115	120	125	130	137
C	500	100	110	115	130	135	145
$W_AP_A+W_BP_B+W_CP_C$		100000	168000	175500	192000	199500	212700
组指数		100	112	117	128	133	142
价格变化			1.12	1.04	1.09	1.04	1.07

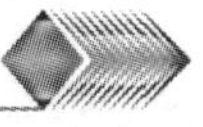

3.3.5 季节性商品与 CPI 权重的调整

季节性因素对搜集 CPI 价格的影响主要体现在三个方面：一是在某些季节某些商品的价格缺失。二是价格的变化呈现季节性的波动，表现为在不同年份的相同或基本相同的月份价格呈现类似的变化，如某种商品在 4 月份上市，4 月份价格最高，到 5 月份价格有所回落，8 月份左右退出市场，基本上每年都呈现出类似的变化趋势。三是可能会出现一些极端的情况，如价格或数量突然出现特别大或小的极端情况。

由于商品的季节性特征变化，可能使消费者的产品篮子的构成发生较大的变化，如夏季对水果的消费支出较大，冬季对水果的消费支出较小。一般在编制 CPI 时用的是年度支出权重，那么要不要处理由此造成的月度之间的权重不同的问题？实践中有两种方法：一种是“可变支出权重法”（variable weight method 或 moving weight method），即每月的权重根据季节性变化进行调整，权重能反映季节性变化，CPI 所遵循的固定篮子或固定权重在高层汇总阶段体现；另一种是“固定支出权重法”（Constant Weight Method，CWM），权重不跟着季节变化而变化，每个月的权重体系保持不变，季节性商品的价格若缺失则可以使用推导法得到。

这两种方法各有什么特点？固定支出权重法与总体上使用的固定权重法（fixed weight）或固定篮子法（fixed basket）保持一致，这样可以形成一个上下一致的汇总体系。这样得到的指数的直观意义就是消费者购买固定篮子产品和服务所支付的成本的变化。而这种方法的缺陷是如果季节性产品价格缺失，则需要采用推导法或上期价格结转法得到，而可变支出权重法下不需要这样处理。另外，由于每月固定的权重不能反映每月的消费，若价格和消费数量之间存在负相关时，就可能导致出现高估的偏差。

在可变支出权重法下，如果季节性产品的价格缺失，则无需进

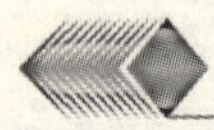

行价格推导或上期价格的结转。但这种方法也存在不足之处：第一，所使用的权重是根据权重基期的调查数据得到，可能不同于报告期的实际情况。第二，这样计算的指数不易解释，因为价格指数的变化既可能受到价格变化的影响，同时也可能受数量或权重的影响。

既然各有利弊，那么该如何选择？这主要取决于我们是关注月度价格变化还是较长期的价格变化。如果关注短期的月度价格变化，则可以使用可变支出权重法；如果关注较长期的价格变化，则可以使用不变支出权重法。国际劳工组织的 CPI 手册中甚至提到，如果有条件，可以采用两种方法来编制服务两种目的的指数。

实践中各个国家的选择是不同的。日本、新西兰、比利时、丹麦、法国、希腊、匈牙利、意大利、荷兰等国家在其政府统计中都采用过可变权重法来处理季节性商品，如丹麦对服装、法国和英国对食品、意大利对图书的处理都采用的是可变权重法。加拿大、墨西哥、澳大利亚、美国等都采用固定支出权重法来处理。

3.3.6 价格指数的季节性调整

前面我们主要针对基本指数层面上价格指数的编制问题来谈季节性因素的影响。关于价格指数的季节性调整问题，实际是指利用季节调整因子对价格指数进行调整。从统计实践来看，X-12-ARIMA 是目前使用较多的方法，除此之外还有其他一些方法，如德国中央统计局的 BV4 方法，以及西班牙银行开发、欧盟统计办公室升级完善的 TRAMO/SEATS 法等。

历史地看，季节调整方法经历了一个由最初比较简单的方法发展到后来比较复杂的方法的过程。1954 年 Shiskin 在美国普查局首先开发了在计算机上运行的程序对时间序列进行季节调整，称为 X-1。此后，季节调整的方法每改进一次都以 X 加上序号表示。1960 年 X-3 方法发表，它的特点是特异项的代替方法和季节要素的计算方法有了进一步改进。1961 年又发表了 X-10 方法，它考

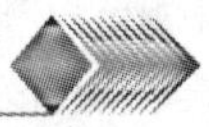

虑到根据不规则变动和季节变动的相对大小来选择计算季节要素的移动平均项数。这段时期，美国劳工局也推出了自己的季节调整方法，即 BLS 法（最后也转向了 X-11)。1965 年，美国普查局推出了比较完整的季节调整程序 X-11，至此，季节调整方法走向成熟并被广泛使用，随后也逐渐出现了各种其他的季节调整方法。X-11是 X-11-ARIMA 和 X-11-ARIMA 的核心，其目标旨在将月度或季度原时序分解为趋势循环分量、季节分量和残差或不规则分量，其中月度数据还需要分解出移动节日、交易日数等日历效应分量。X-11 模块可以估计趋势和季节因素，可以用自动过滤选择模式选择季节过滤和趋势过滤（对序列结尾有专门的过滤），还能够调整异常值①。

X-12-ARIMA 是在 X-11 以及加拿大统计局的 X-11-ARIMA 和 X-11-ARIMA88 版方法基础上，由美国普查局研究员 David Findley 开发研制的成果。X-12-ARIMA 方法也就是在采用 X-12 方法前，先使用 ARIMA 模型对序列的两端进行了延伸。该方法基本上囊括了 X-11-ARIMA 最新版本（X-11-ARIMA88 版）的所有特性，即包括了 X-11 的所有特性。X-12-ARIMA 使用信号噪声比法在固定的成套移动平均过滤器（通常称之为 X-11 类型过滤器）之间选择。X-12-ARIMA 的重大改进弥补了 X-11-ARIMA88 版未能实现的不足之处，同时也改进了 X-11-ARIMA88 版本在建模和诊断能力方面的缺陷。其中，最重要的改进之处是增加了几种类型的模型和季节调整诊断方法，X-12-ARIMA 的一个主要特征就是它的 regARIMA 建模能力。同时，通过它的异常值检测能力，能帮助全模型参数估计和对附加的异常值和水平移动的模型预测。

---

① 范维、张磊、石刚:《季节调整方法综述及比较》，《统计研究》，2006 年第 2 期。

作为 X－11 季节调整程序的提高版，X－12－ARIMA 的理论原理虽仍为滑动平均法，但其模型和用途的结合更加完善，还包括多种新的诊断方法，能帮助使用者发现和纠正在季节和日历因素影响下的不规则因素，并通过选择不同的程序对不同的时间序列进行调整，从而更好地改进序列端值和折断点（一般由节假日、股票交易日等特殊时点影响所致）的拟合度，提高预测效果。该程序包括了各种解决调整难题的新工具，具有较大的适应性，能对大多数经济时间序列进行适当的季节调整。目前，美国、加拿大、日本银行等都采用这种方法进行价格指数的季节调整。

美国从 1959 年开始进行季节调整工作，1980 年开始使用 X－12－ARIMA 方法。在其实践中是这样做的：美国每年都要编制季节调整指数和季节因子，每年要对前 5 年的数据进行替换，如 2008 年 1 月要对 2003 年 1 月到 2007 年 12 月的数据进行修改。在过去年份，美国季节调整工作的周期有所不同，如 1967—1977 年之间的数据在 1977 年末被调整，2002 年 1 月对 1987 年 1 月到 2001 年 12 月间的数据进行调整①。

当然有人会说，我希望看到的是经济指标本身的变化，剔除季节性因素后提供的数据不是事物的本来面目。这其实涉及一个什么情况下应该使用季节性调整后的数据的情况。如果消费者确实想知道与他实际生活相关的价格变化，那么就可以使用不经过调整的价格指数。如果人们想知道价格变化的趋势，则可以剔除季节性趋势。所以并不是调整后的价格指数更受人关注，而主要取决于你关注什么问题。

3.3.7 年距指数的计算

在指数文献中对季节性问题还有另外的处理方法，即通过编制

① www. bls. gov/cpi/cpisapage. htm.

年度指数以克服季节性因素的影响。但是其局限性在于所编制的是年距指数，而不是连续月度之间的价格变化。其常用的编制方法包括：

1. 年距月度指数（year - over - year monthly indices）

当市场上某种季节性商品在某个月份出现、却在下个月份退出市场时，如果编制环比月度指数将会导致其精度下降。因此可以通过编制年距月度指数来反映其价格变化。所谓年距月度指数，就是本月与上年同月进行比较得出的价格指数。年距月度指数编制方法如下：

对于月份 m = 1，2，…，12，将 S（m）定义为在市场上能够获得年份 t = 0，1，2，…，T 的一套商品。对于 t = 0，1，2，…，T 和 m = 1，2，…，12，把 $p_i^{t,m}$ 和 $q_i^{t,m}$ 定义为商品 i 在第 t 年 m 月份的价格和数量，将 $p^{t,m}$ 和 $q^{t,m}$ 定义为第 t 年 m 月份的价格和数量向量，则可以计算年距拉氏类型的价格指数和帕氏类型的价格指数以及 Fisher 理想价格指数，分别如下述公式 3.3.32、公式 3.3.33、公式 3.3.34 所示。

$$P_L = \frac{\sum_{i \in s(m)} p_i^{t+1,m} q_i^{t,m}}{\sum_{i \in s(m)} p_i^{t,m} q_i^{t,m}} = \sum_{i \in s(m)} w_i^{t,m} (p_i^{t+1,m} / p_i^{t,m}) \quad m = 1,2,\cdots,12 \tag{3.3.32}$$

$$P_p = \frac{\sum_{i \in s(m)} p_i^{t+1,m} q_i^{t+1,m}}{\sum_{i \in s(m)} p_i^{t,m} q_i^{t+1,m}} = \left[\sum_{i \in s(m)} w_i^{t+1,m} (p_i^{t+1,m} / p_i^{t,m})^{-1} \right]^{-1} \quad m = 1,2,\cdots,12 \tag{3.3.33}$$

$$P_F = \sqrt{P_L P_p} \tag{3.3.34}$$

若上式均使用基期的支出份额作为权数，则又可分别表示为：

$$P_{AL} = \sum_{i \in s(m)} w_i^{0,m} (p_i^{t+1,m} / p_i^{t,m}) \tag{3.3.35}$$

$$P_{AP} = \left[\sum_{i \in s(m)} w_i^{0,m} (p_i^{t+1,m} / p_i^{t,m})^{-1} \right]^{-1} \tag{3.3.36}$$

在文献中，这两种指数被称为年距月度近似的拉氏指数（Approximate year over year monthly laspeyres index）和年距月度近似的帕氏指数（Approximate year over year monthly paasche index）。此外，还可以编制年距月度拉氏链指数、年距月度帕氏链指数、年距月度 Fisher 链指数等。

2. 年距年度指数（year - over - year annual indices）

年距年度指数考虑了 12 个月的总情况，具体的拉氏型和帕氏型公式如下：

$$P_L = \sum_{m=1}^{12} \sum_{i \in s(m)} \sigma_m^t s_i^{t,m} (p_i^{t+1,m} / p_i^{t,m}) \tag{3.3.37}$$

$$P_P = \left[\sum_{m=1}^{12} \sum_{i \in s(m)} \sigma_m^{t+1} s_i^{t+1,m} (p_i^{t+1,m} / p_i^{t,m})^{-1} \right]^{-1} \tag{3.3.38}$$

除此之外，还包括最大重叠的月到月价格指数等形式，国际劳工组织的《CPI 手册》还给出了一些其他形式的指数。

CPI的偏差问题

4.1 文献回顾

4.1.1 CPI 准确吗?

同所有的抽样估计一样，实际编制的 CPI 也可以看做是对总体价格指数的抽样估计量。那么这样得到的价格指数准确吗？价格指数的编制过程科学吗？能否反映实际价格的变化？

影响价格指数准确的因素很多，既有抽样、价格搜集和处理等因素，也有 CPI 编制的方法因素等。国际劳工组织的《CPI 手册》区分了影响 CPI 准确性的两类因素，一种是误差（error）；另一种是偏差（bias）。

导致误差出现的因素包括：抽样误差和非抽样误差。所谓抽样误差，就是指由于 CPI 的估计是建立在一个抽样调查而非全面调查的基础上，这样必然会存在一些误差，如选择性误差和估计性误差，除非采用全面调查方式才可能消除抽样误差。非抽样误差则不必然是抽样调查的结果，即使在全面调查中也可能存在。

非抽样误差包括观察性误差和非观察性误差。观察性误差包括抽样框过大、反馈性误差、数据处理中的误差等因素。如在价格调查时如果依据在国家相关部门所注册的零售点框架来调查，可能会造成抽样框过大的问题，因为有些零售点可能已经撤销或破产，而注册表中并未进行相应的修正。反馈性误差主要指被调查者所反馈的信息有误，如经常存在的一种情况是住户消费支出调查中，对烟酒消费的反馈信息经常有误。数据处理中的误差则可能存在于数据的录入、传输、汇总等环节。

非观察性误差包括覆盖面不足，使所抽样得到的样本不能完全反映总体。另一种非观察性误差就是无反馈导致的误差，这在零售点搜集价格和对住户进行消费调查的过程中更容易出现。表 4 -1 汇总了 CPI 中可能的误差。

表 4 -1　　　　CPI 中可能的误差

误差类型	可能的误差情形
抽样误差	1. 选择性误差 2. 估计性误差
非抽样性误差	1. 观察性误差：抽样框过大；反馈性误差；数据处理性误差 2. 非观察性误差：抽样框过小；无反馈误差

此外还有一种就是 CPI 中的偏差问题。所谓偏差问题是 CPI 与目标指数相比存在的差异。CPI 偏差大类可分为四类：高层替代偏差、低层汇总偏差、零售点替代性偏差、新产品和质量变化偏差，有的也提出了权重性偏差。

CPI 的偏差被提出并引起广泛的讨论起源于 1996 年美国 Boskin 委员会报告。由于在 20 世纪 90 年代初美国社会各界对 CPI

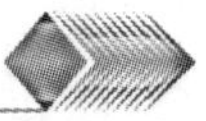

纷纷提出各种质疑和批评，国会参议院财政委员会设立了消费价格指数调查顾问委员会（Boskin 委员会）对 CPI 进行调查和评议。委员会经过调查审议后于 1996 年底提出 Boskin 委员会报告，又名为《寻求更准确的生活费用指标》（以下简称 Boskin 委员会报告）。报告首先对 CPI 作了全面深入的评析，然后提出改革 CPI 的方案和具体建议。报告指出：美国的 CPI 平均高估了生活费用指数约 1.1 个百分点（区间大约在 0.8 ~1.6 个百分点之间），引起 CPI 偏差的因素共包括四类，即低层替代偏差、高层替代偏差、零售点替代偏差、质量变化及新产品因素引起的偏差①。表 4 –2 给出了 Boskin 委员会报告的估计值②。

表 4 –2　　Boskin 委员会对美国 CPI 的估计　　单位：%

CPI 偏差来源	数值估算
低层替代偏差	0.25
高层替代偏差	0.15
零售点替代偏差	0.1
质量变化及新产品因素	0.6
合　计	1.1

事实上，在 Boskin 委员会报告之前，已经有一些关于 CPI 偏差的研究（见表 4 –3）。如美国 1961 年的 Stigler 委员会已经开始关注价格指数的偏差问题，认为各种价格指数中都可能存在高估的偏差，但是 Stiger 委员会没有给出具体估计。20 世纪 90 年代在 Boskin 委员会报告出台之前，相继也有关于 CPI 偏差的估计。

① CPI 偏差有多种不同的分类。

② 文献中存在不同的 CPI 偏差的分类。我们将在第二节进行说明。

表 4-3　　各种 CPI 偏差结果汇总表

作　者	点估计	区间估计
Advisory Commission (1995)	1.0	0.7—2.0
Advisory Commission (1996)	1.1	0.8—1.6
Boskin (1995)	1.5	1.0—2.0
Congressional Budget Office (1995)	—	0.2—0.8
Michael R. Darby (1995)	1.5	0.5—2.5
W. Erwin Diewert (1995)	—	1.3—1.7
Robert G. Gordon (1995)	1.7	—
Alan Greenspan (1995)	—	0.5—1.5
Zvi Griliches (1995)	1.0	0.4—1.6
Dale W. Jorgenson (1995)	1.0	0.5—1.5
Jim Klumpner (1996)	—	0.3—0.5
Lebow, Roberts and Stockton (1994)	—	0.4—1.5
Ariel Pakes (1995)	0.8	—
Shapiro and Wilcox (1996)	1.0	0.6—1.5
Wynne and Sigalla (1994)	<1.0	—

资料来源：Brent R. Moulton, "*Bias in the Consumer Price Index: What is the Evidence, Journal of Economic Perspectives*", Vol. 10, No. 4, 1996.

4.1.2　各国 CPI 偏差的研究热潮

继美国 Boskin 委员会的报告出炉之后，各国也对各自的 CPI 偏差程度进行了研究，掀起了一股研究 CPI 偏差的热潮，如 Crawford (1998)、Dalen (1999)、Shapiro and Wilcox (1997)、Crawford (1998)、Cunningham (1996)、Dalen (1999)、Diewert (1996)、Lebow and Rudd (2003)、Shapiro and Wilcox (1997)、Shiratsuka (1999)、White (1999)。统计部门进行估计和作出回复的包括 Moulton (1996)、Ducharme (1997)、Edwards (1997)、Fenwick (1997)、Lequiller (1997)、Moulton and Moses (1997)、Abraham et al. (1998)；美国劳工统计局 Bureau of Labor Statistics (1998)，

Johnson et al.（2006）。其他的研究还包括 OECD（1997）、Popkin（1997）、Baker（1998）、Boskin et al.（1998）、Deaton（1998）、Diewert（1998）、Krueger and Siskind（1998）、Nordhaus（1998）、Obst（2000）、Pollak（1998）、Triplett（1997，2006）、Gordon（2006）、Berndt（2006）等。可以看出，在 1996—2006 年之间，不断有学者和统计部门在研究 CPI 的偏差。

很多国家都测算了本国 CPI 中的偏差，给出了点估计或区间估计的实证结果。表 4－4 列出了部分国家对 CPI 偏差的研究及实证测算结果。

表 4－4　　部分国家 CPI 偏差的实证结果

国家及作者	商品替代性偏差	零售点替代偏差	新产品偏差	质量变化偏差	权重因素偏差	总计
加拿大（Rossiter 2005）	0.15	0.08	0.2	0.15		0.58
加拿大（Crwaford 1998）	0.1	0.7	0.2	0.1		0.47
法国（Lequiller 1997）	0.05—0.1	0.05—0.15	n/a	n/a		n/a
德国（Hoffman 1998）	0.1	0.1	0.1	0.5		0.75
新西兰（Diewert & Lawrence，1999）	0.05—0.15	0.25	0.35—0.6*			0.65—1.0
英国（Cunningham 1996）	0.05—0.1	0.1—0.25	0.0—0.15	0.2—0.3		0.3—0.8
美国（Boskin report 1996）	0.4	0.1	0.6*			1.1
美国（U.S. GAO update 2000）	0.08—0.2	0.1	0.48—0.6*			0.73—0.9
美国（Lebow and Rudd，2003）	0.15	0.05	0.37*		0.37	0.9
日本（Shiratsuka，1999）	0.1	0.1	0.7*			0.9

说明：* 表示所估计的数值包括质量变化引起的偏差和新产品引起的偏差总和。

资料来源：James Rossiter，“*Measurement Bias in the Canadian Consumer Price Index*”，Working paper 2005－39，Bank of Canada.

除了对 CPI 总偏差的研究之外，有很多文献只针对某种偏差进行实证分析，如 Berndt et al.（1996）针对处方药、Cutler et al.（1996）针对住院和看病服务、hausman（1997）针对新谷物种类（new cereal varieties）的偏差进行了研究。也有一些利用扫描数据分析替待性偏差、新产品因素的偏差等。

4.1.3 为什么人们如此关注 CPI 偏差

为什么 Boskin 委员会的研究受到广泛的关注？有以下几个方面的因素：第一，CPI 是否存在偏差影响美国政府对通货膨胀的判定。第二，美国的财政政策和货币政策都直接与 CPI 相关，如 CPI 直接关系到美国的联邦预算。按照每年 1.1 个百分点的高估的估计值，到 2008 年对联邦预算赤字累计的效应将达到 2020 亿美元，将增加 1 万亿美元的债务。就货币政策来说，美联储认为其长期政策目标是保持价格稳定，如果 CPI 存在偏差或者偏差程度不确定，直接影响其货币政策的制定。第三，CPI 直接与民众的利益挂钩，美国贫困线的划定直接受 CPI 水平的影响①。美国贫困线是在 1965 年的伙食最低成本 3 倍基础上，考虑 CPI 的累计增长来制定和调整的。如果 CPI 存在偏差，必然影响美国贫困线的划定。此外，CPI 也会影响各种养老金、保险金、税收，甚至学校午餐的收费也与 CPI 挂钩。第四，如 Charles R. Hulten 谈到，CPI 偏差的估计拉开了关于美国真实经济增长的“潘多拉之盒”。

在 Boskin 委员会报告出台了 CPI 偏差的测度之后，世界各国也纷纷开始关注自己国家的 CPI，如加拿大对其 CPI 偏差的研究就较多。但是不同的研究得出的结论是不同的，如此众多、结论

---

① Matthew D. Shapiro and David W. Wilcox, “*Mismeasurement in the consumer price index: an evaluation*”, NBER working paper 5590.

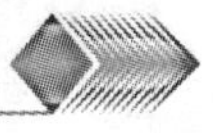

迥异的估计结果也推动了更多的人关注到底 CPI 偏差有多大。另一方面，随着经济的发展，出现了很多新情况，如新产品不断出现、产品质量的改进日渐频繁、人们的消费也经常在改变，这些因素促使人们对 CPI 偏差程度及如何降低 CPI 偏差给予了更多的关注。

也有国家对 Boskin 委员会报告持理性态度，如英国认为，Boskin 报告并没有什么新颖之处，它只是将某些问题更突出而已①。英国统计局认为，事实上包括英国在内的很多国家在过去年份已经作了很多研究，而且这项工作一直在继续。英国认为，Boskin 报告中提到的很多问题在英国并不重要。但不可否认的是很多国家都纷纷效仿美国，对本国的 CPI 偏差进行了研究，美国 Boskin 委员会报告在世界范围内掀起了研究的热潮。

4.2 CPI 偏差基准及偏差分解

4.2.1 价格指数偏差的基准

讨论价格指数的偏差，首要的问题是要明确偏差是相对于什么而言的，即偏差的基准。在指数文献中，关于 CPI 的理论框架有两种：一种是固定篮子指数框架，即 CPI 要反映固定篮子的商品和服务的价格变化，典型的如英国就是以固定篮子指数为理论框架；另一种是价格指数，以反映生活费用的变化（COLI）为目的，如美国、瑞典、荷兰等国家。加拿大过去在这个问题上持比较矛盾的态度，但也比较倾向于生活费用指数框架。相对来说，

① David Fenwick, "*the Boskin Report from a United Kingdom Perspective*", Statistics Canada, Cat. No. 62F0014MPB No. 10.

北美国家更多以 COLI 为理论框架，很多欧洲国家以固定篮子指数为理论框架。理论框架的差异影响 CPI 偏差的类型划分及偏差程度的测定。

目前，多数研究中都认为或者隐含地认为价格指数偏差是 CPI 与 COLI 之间的偏差，有些研究中则专门强调该偏差是公布的 CPI 与有条件的 COLI 之间的偏差①。有条件的 COLI 是与无条件的 COLI 相对应的一个概念，二者的区分主要是指在影响消费者效用的因素中，环境因素是否发生变化。如果环境因素可以变化，则称为是无条件的 COLI；反之，称为有条件的 COLI。但多数文献并没有明确区分是哪种 COLI。

那么，什么是真实的 COLI 呢？真实的 COLI 应该首先是从居民部门开始统计，然后再推广至全社会。Konüs（1939）给出了单个住户 COLI 的定义，认为是为了维持一既定的效用水平，在两个时期的最低支出的比率。从全社会来看，COLI 的概念也类似。因此可以将 COLI 表示为：

$Pc=C(u,P_1)/C(u,P_0)$ 或 $Pc=C(u,z_1,P_1)/C(u,z_0,P_0)$（后者考虑了质量因素）

式中，U 为效用水平；P_0、P_1 分别为基期和报告期的商品或服务的价格；Z 为产品特征指标。后者也叫 hedonic COLI，这个工作是由 Fixler and Zieschang（1992）及 Feenstra（1995）② 定义的。

但是由于 COLI 具有一定的抽象性，很难实际准确测算，因而往往用一些高级指数，如 Fisher 指数或 Tornqvist 来近似逼近。实践中，多数国家都采用拉氏指数公式来编制。由于拉氏指数公式的一些性质，决定了与 COLI 有一定的差异。

---

① James Rossiter, "*Measurement Bias in the Canadian Consumer Price Index*", Bank of Canada working paper 2005 - 39.

② Feenstra, R. C. (1995), "*Exact Hedonic Price Indexes*", Review of Economics and Statistics, LXXVII.

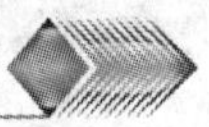

下面的偏差来源分析则主要是从经济学理论角度来对照实际编制的 CPI 与理论上的真实的价格指数有哪些出入。

4.2.2 CPI 偏差来源的分解

1. CPI 偏差分解概览

在明确了 CPI 偏差可能的理论框架之后，我们看看到底哪些方面会导致 CPI 与理论框架出现差异。

首先，以 COLI 作为 CPI 指数偏差测度的基准来分析 CPI 的偏差来源。我们知道 COLI 反映的是在既定的消费者效用水平下两个时期消费支出的比，而实际编制的 CPI 反映的是固定篮子的消费支出在两个时期的比较。二者并不完全相同。纵观文献，CPI 偏差来源的分类不完全相同，主要区别体现为细分程度不同，概括起来有如下几种：

(1) 按照 Boskin 委员会报告，将 CPI 偏差分为低层替代偏差①、高层替代偏差②、零售点替代偏差、新产品和质量变化因素引起的偏差。

(2) 将偏差大致分为三类：一类与指数汇总和效用概念选择有关的偏差，包括低层替代偏差和高层替代偏差；第二类是与保持 CPI 样本代表性相关的偏差，其中包括零售点替代性偏差、与新产品出现相关的偏差；第三类是与质量变化相关的偏差。

(3) 将 CPI 偏差分为两类：一类是与个体价格的测度有关，如产品质量变化偏差、新零售点偏差等。第二类是与指数的编制有关，如商品替代性偏差、权重性偏差。

(4) 将 CPI 偏差分解为高层替代偏差、低层汇总偏差、质量

---

① 低层替代偏差经常表述为 Lower - level substitution bias, formula bias, elementary aggregate bias, elementary index bias, within - strata substitution bias。

② 高层替代偏差经常表述为 upper - level substitution bias, commodity substitution bias, across - strata substitution bias, product substitution bias。

变化和新产品性偏差、新零售点偏差。其中，低层汇总偏差包括公式性偏差和低层替代偏差。有的研究将公式性偏差归入低层替代偏差中。文献中所谓的公式性偏差是指基本指数公式相对于纯价格指数来说存在高估的偏差。

（5）将 CPI 偏差区分为商品替代性偏差、零售点替代偏差、新产品和质量变化性偏差。其中，商品替代性偏差包括低层替代偏差和高层替代偏差。

权重因素引起的偏差是由 David E. Lebow 和 Jeremy B. Rudd 提出来的[①]，但权重性偏差从某个角度也可以归结为与高层汇总相关。此外，有些文献中还进行了更细致的分解，如将新产品出现引起的偏差区分为两类，即由于产品是新的而引起的偏差和品牌是新的引起的偏差。有的研究将替代偏差区分为高层替代偏差、中层（intermediary level）替代偏差和低层替代偏差，如 François Lequiller[②] 对法国 CPI 偏差的估计中，认为中层替代偏差的范围 0.05 ~0.1 个百分点之间，为轻微的高估。

如果不以 COLI 为基准来编制 CPI 时，CPI 主要以反映固定一篮子商品和服务的价格变化为目标，这种情况下就没有商品替代性偏差和零售点的替代偏差，但是新产品引起的偏差及质量调整引起的偏差仍存在[③]。

2. 各种偏差的含义

（1）商品替代性偏差。当商品的相对价格发生变化时，理性的消费者会发生相应的替代行为，如对同一类商品的不同品牌之间

---

① David E Lebow and Jeremy B Rudd, "*Measurement Error in the Consumer Price Index: Where Do We Stand? Board of Governors of Federal Reserve System*", working paper 2001.

② François Lequiller, "*Does the French Consumer Price Index Overstate Inflation?*" Statistics Canada - Cat No. 61F0014mpb, No. 10.

③ Mick Silver, "*Bias in the Compilation of Consumer Price Indices When Different Models of an Item Coexist*", Ottawa Group Conference Paper.

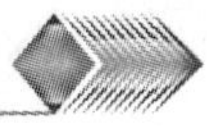

的替代（如不同品牌的猪肉之间的替代）、同一类商品不同规格或不同包装型号之间的替代、不同类别商品之间的替代（如猪肉和牛肉之间的替代）、不同零售点之间的替代。所谓商品替代性偏差主要与上述前三类替代行为有关，第四类替代行为引起的偏差属于零售点替代偏差，我们在下一个问题中讨论。

商品替代性偏差进一步又可以细分为低层替代偏差和高层替代偏差。

第一，低层替代偏差（lower - level substitution bias）。低层替代偏差也是由于商品相对价格的变化导致了消费者的替代行为，而价格指数编制中不能反映这部分替代。从 CPI 编制技术角度来看，低层替代偏差主要源于低层汇总时所采用的公式。在第三章中我们已经分析了在 CPI 基本指数编制层面，常用的指数公式包括 Dutot 指数、Carli 指数和 Jevons 指数三种。三种不同指数之间的选择既应该考虑每种指数所能通过的检验，同时也应该考虑实际价格变动及消费者的替代行为。Dutot 指数对应的消费者偏好是列昂惕夫型型函数，假定产品的交叉替代弹性为 0；Jevons 指数对应的消费者偏好是柯布—道格拉斯型函数，假定产品的交叉替代弹性为 1。综合考虑，Jevons 指数应该是较优的一种指数，它可以考虑产品的替代，另一方面与算术平均法相比，Jevons 指数减弱了价格较高的产品的影响。但是并不是每个国家都采用 Jevons 指数，因此在低层汇总阶段存在一定的偏差。

由于在基本指数编制阶段不能得到数量或支出信息，因此不能编制高级指数，因此有些研究则通过比较实际的 CPI 与用 Jevons 指数编制得到的 CPI 之间的差异估计得出低层替代偏差。

第二，高层替代偏差（upper - level substitution bias）。高层替代偏差的产生主要是由于采用拉氏价格指数编制方法时权数固定而导致不能反映消费者的替代行为，按照这种方法计算的 CPI 通常会高估生活费用指数，因为按照我们前面的分析，拉氏指数构成了生活费用指数的上限①。

高层替代偏差可能源于产品篮子不能更新的因素，也可能源于权重不能更新。在所有国家，CPI 的产品篮子和权重都在一定时期内保持相对固定，即使更新比较频繁的国家也会一年或两年内保持固定，有的可能更长一些，如加拿大每 4 年更新一次产品篮子，中国更新产品篮子的周期更长一些。权数来源于消费者支出调查，也不可能经常更新。

商品的替代性偏差也并不是一个新的概念。在 1899 年 Bowley 就对替代性问题进行了讨论②。在 Boskin 委员会报告出台之前，已经有关于高层替代偏差的研究，如 Generuex（1983）对加拿大的分析，Balk（1990）对荷兰的分析，Braithwait（1980）、Manser and Mcdonald（1988）、Aizcorbe and Jackman（1993）对美国的分析。

高层替代性偏差的测度可通过实际用拉氏指数法编制的 CPI 与高级指数如 Fisher 或 Tornqvist 指数进行比较得出。

（2）零售点替代所引起的偏差（outlet substitution bias）。当不同零售点的价格和服务等发生变化时，消费者会在不同的零售点之间进行选择，这会发生一定的替代行为。如果统计机构采样时不能捕捉到消费者对零售地点替代的行为，仍采用固定的采样点，就可能引起这种偏差。

对于新的零售点对 CPI 的准确性所产生的可能的影响，David E. Lebow& Jemery B. Rudd 区分了五种情况来考察是否会对消费者剩余产生影响，进而是否会构成 CPI 偏差。第一种情况是当一种新的零售方式出现后，有些消费者能够获得相关信息，有些未能获得，这样可能现有的一些零售方式仍然能够在市场上生存，有些可

---

① 如果采用帕氏指数公式也会存在偏差。用帕氏指数公式编制的 CPI 会低估 COLI 的变化。

② Jerry Hausman，"*Sources of Bias and Solutions to Bias in the Consumer Price Index*, *Journal of Economic Perspectives*"，Vol. 11，No. 1，2003，P23－44.

能退出市场。在这种情况下，新的零售方式能够产生消费者剩余，CPI 未能捕捉这种剩余，就可能导致 CPI 产生高估的偏误。

第二种情形与第一种类似，区别就是在这种情况下消费者的信息完备，发现了这种零售方式，这样，现有的零售方式就会降价以保持价格水平相差不大，所产生的消费者剩余也能够被捕捉，CPI 指数能够反映这种价格变化，这样 CPI 的偏差也就不大。

第三种情况是新的零售点进入市场并提供了较低的价格，但有些方面的质量较低，消费者偏好保持不变，信息完备，在这种情况下新旧两种零售方式下的价格会有差异，这种差异反映了市场对产品差异的评价。这种情形下没有消费者剩余产生，如果仍然按照原来的方式编制价格指数，偏差不大。

第四种情况是新的零售方式以与现有零售方式相同的价格进入市场，但所提供的服务或产品特征不完全相同，消费者的偏好存在异质性，这种情况下所产生的消费者剩余未能被 CPI 捕捉，可能产生偏差。

第五种情况是与现有零售方式相比，新的零售方式以较低的价格和低质量的服务进入市场，现有零售方式以降低价格和服务质量的方式作为对这种竞争的回应，CPI 会反映价格的下降，但是不能反映质量的下降，这也会导致 CPI 产生高估的偏差。

（3）新产品因素引起的偏差（new goods bias）。关于新产品偏差，早在 1887 年 Marshall 就讨论过这个问题。在指数文献中，关于新产品因素的偏差又可以细分为两类：一类是新商品偏差（new - products bias）；一类是新品牌偏差（new - brands bias）。新商品可能与旧商品同时并存于市场上，也可能将旧商品挤出市场。新产品在什么情况下会对 CPI 的准确性造成影响？Dennis Fixler① 等人分

---

① Dennis Fixler, Charles Fortuna, John Greenlees, Walter Lane, "*The Use of Hedonic Regressions to Handle Quality Change: The Experience in the U. S. CPI*", paper presented at 5th Ottawa international meeting.

析了可能的情形：第一，新商品可能增加消费者的选择，使得每一单位货币更有价值。如果多一种品种或多一种选择能增加消费者福利的话，忽视新商品就会造成 CPI 偏差。Hausman（1997）曾经用早餐谷物食品为例进行了实证分析。第二，当新商品出现但没有纳入产品篮子时，如果这些新商品的价格变化与篮子内的产品价格变化相同，就不会造成 CPI 偏差。但是很多新商品在其生命周期的不同阶段价格表现是不同的，若在引入产品篮子之前价格已经开始下降，则 CPI 会高估 COLI 的变化，就会引起新商品偏差。容易出现新商品偏差的往往是那些耐用品，如一些家用电器和电子产品类。如果这些新商品在消费者支出中占 0.5%，假设产品篮子更新需要 5 年，产品的价格在这几年间下降了 50%，则新商品偏差为 0.25%，则平均每年的偏差为 0.05%。这些商品价格的下降需要搜集一定的数据或者根据市场变化来估计。

还有一类可以称为“新品牌偏差”（new - brands bias）。它可能是现有产品中新出现的一个品牌。这也是引起 CPI 高估的一个原因。如果消费者能够在不同品牌间有更多选择，这会增加消费者的效用，而支出保持不变，实际上也可以理解为为了保持既定的效用水平，所需要的生活费用成本下降了。而 CPI 不能反映这些变化，因此可能导致向上的偏误。

（4）质量变化引起的偏差（quality change bias）。在产品更新换代非常快的情况下，产品质量经常会发生变化。如果消费品的质量已经改变，消费者效用也会变化，尽管价格没有变化。消费者可能在使用质量已经发生变化的产品，如果编制 CPI 时没有考虑质量变化因素，这会导致 CPI 出现偏差。

质量变化引起的偏差也早在 1883 年 Sidgwick 就对其进行了讨论。J. E. Triplett 从编制价格指数的抽样过程角度出发，将质量变化区分为样本内的质量变化和样本外的质量变化。所谓样本内的质量变化，是指当一个产品从市场上消失后，需要选择另一个替代品

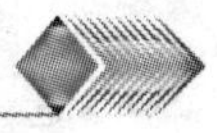

进入样本或产品篮子，即“被迫替代”（Force Replacement）。若替代品与旧产品之间存在质量差异，就会产生质量变化偏差。这种质量变化被称为“within – the – sample quality change”，多数质量变化偏差主要指这种情形。另一种是样本外的质量变化（outside the sample quality change）。样本外的质量变化主要是指没有被抽样进入产品篮子的产品发生了质量变化，可能对样本内产品的价格造成影响，从而可能导致 CPI 出现偏差。这包括以下几种情形：第一种情形是如果产品篮子固定，没有更新，出现在市场上的新产品可能排除在产品篮子之外。如果市场竞争很激烈，样本内产品的价格受市场竞争的影响而变动，那么样本内的产品价格变化就可以看做是经质量调整后的，没有偏差出现。第二种情形是新产品的质量变化使得篮子内的旧产品的价格下降，但存在一定的时滞，价格变化没有马上显示出来。如果能够很快补充和更新产品篮子，那么这样得到的价格指数可以看做是没有质量变化因素的。第三种情形是新产品在面市之后价格下降很快，超过了篮子内产品的价格下降幅度。如果产品篮子保持固定，那么计算得到的价格指数也是有偏差的。J. E. Triplett 的分析在一定程度上将新产品因素与质量变化因素混合起来了。在有些情况下，是质量发生变化还是新产品确实很难准确区分。所以在有些实证研究中并不明确区分这两种情形，而合并在一起来估计其偏差大小。

多数情况下产品质量是改进的，而不是降低的（但也有质量恶化的情形）。因此很多分析都认为质量变化因素是导致 CPI 高估的一个重要来源，只有很少的研究支持质量变化使 CPI 低估的结论，如 Charles R. Hulten① 认为，质量变化的偏差是负的，几乎可以抵消 CPI 中正的偏差部分，同时很多实证研究也表明这个因素导

① Charles R. Hulten, “*Quality Change in the CPI*”, Federal Reserve Bank of St. Louis *Review*, May 2001, pp. 87 – 111.

致的偏差在CPI总偏差中所占的比重最大，如在Boskin委员会报告中，新产品和质量变化性偏差为0.6个百分点，占总偏差(1.1%)的一半以上。其他很多研究也有类似结论，如David E. Lebow and Jeremy D. Rudd (2003) 等等。在实证研究中，有很多是针对某种特定产品的质量变化偏差研究的，如Berndt et al. (1996) 针对处方药、Cutler et al. (1996) 针对住院和看病服务、hausman (1997) 针对新谷物种类（new cereal varieties）的偏差进行了研究。

(5) 权重因素引起的偏差（weighting bias)。这个概念首先是由David E. Lebow& Jemery B. Rudd (2003) 提出的，主要是指权数本身存在偏差的情况下所引起的CPI的偏差。多数国家的权数都是根据消费者支出调查数据得到，如果调查不及时或者调查结果存在偏差，就会引起CPI的偏差。有别于其他的几种偏差，权重性偏差并没有先验的高估或低估的理论。

权重性偏差与高层替代偏差是两个相关的，但不是完全相同的概念。我们已经讨论过如果权重因素不能经常更新，使用过时的权重信息可能引起高层替代偏差。而这里所说的权重因素引起的偏差，是指据以得出权重的消费支出调查本身不准确所导致的偏差。

如何能够知道是否存在权重性偏差，或者权重性偏差的程度如何？这取决于消费支出调查的质量高低。如果根据科学合理的调查方案来进行调查，这种偏差应该较小。多数国家在进行消费支出调查时只有一套调查方案，而美国则存在两套调查体系，这有助于测算CPI中是否存在权重性偏差。

美国在编制CPI时采用的权重是根据BLS进行的消费者支出调查（Consumer Expenditure Survey, CE）得到。美国国民收入和生产账户中还有另外一套调查系统，即个人消费支出（Personal Consumption Expenditures, PCE）。David E. Lebow& Jemery B. Rudd通过比较这两种权数来分析权重因素引起的偏差程度。

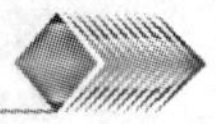

在分析权重性偏差时，只有存在一种真实或准确的权重体系时，才能评价另一种权重体系是否存在偏差。尽管美国有两套权重体系，怎么就能断定由 PCE 得出的权重体系是比较正确的呢？David E. Lebow& Jemery B. Rudd（2003）分析到：美国消费者支出调查（CE）是由被调查者回忆其和家人的消费支出，向调查员汇报得到，但有可能被调查者不愿意回答某些敏感性问题或涉及个人隐私的问题，如对烟酒的消费等，同时对于自有住房的租金问题，容易受到被调查者的主观影响，而这部分在 CPI 中所占比重很大。另外 CE 调查的规模要小一些，这些因素都可能导致得到的权重信息有可能不太准确。而 PCE 调查的很大部分是源自企业的经济普查，这样得到的信息相对更可靠一些。但是这两个权重体系并不完全对等，需要进行调整才能比较，在对相关的口径等进行调整后，用 PCE 权重来重新估计 CPI，这样得到的就是权重性偏差。David E. Lebow& Jemery B. Rudd（2003）最后得出美国 CPI 的权重性偏差为 0.05 个百分点，区间范围为（-0.05，0.15）。

但在很多国家只有一套权重信息，因此实证研究中关于其他国家的权重性偏差还是较少的。

4.3 CPI 偏差测度及降低偏差的思路

4.3.1 CPI 偏差的测度思路及方法

在对 CPI 偏差进行实证研究的文献中，多数是以 COLI 为目标指数来分析。COLI 不容易直接测定，那么拉氏价格指数由于采用基期的固定篮子会高估生活费用的变化，帕氏价格指数由于采用报告期的固定篮子会低估生活费用的变化，则取二者几何平均的 Fisher 理想指数可以看做是比较接近 COLI 的一个指数。同时，从指数的公理法角度来看，Fisher 指数能够通过很多检验；另外 Fisher 指数对于一个位似偏好函数是精确的（Diewert，1976）；Fisher 指数还与现有的偏好理论具有一致性，因此，Diewert（1998）提出将 Fisher 指数作为理想目标指数或者是真实价格指数的近似，通过与 Fisher 指数进行比较来测度 CPI 中的总偏差。我们称之为“基于 Fisher 指数的偏差测度法”。

文献中还有一种方法也可以用来测度 CPI 偏差，即根据 Engel 法则来测定，我们将这种方法称为“基于 Engel 法则的偏差测度法”。这种方法往往测度的是商品替代性偏差和零售点替代偏差，不能测度质量变化性偏差和新产品偏差。

此外，也有研究只针对某类产品或服务测度某项偏差，如 Hausman 对新品牌的谷类食品测度了“新产品偏差”，也有针对电视、交通、各种电子产品等逐项进行测定。我们称为“逐项测定法”。David E. Lebow and Jeremy B. Rudd 就采用逐项测定法对美国多项产品和服务测定了其质量变化偏差。

1. 基于 Fisher 指数的偏差测度法

（1）商品替代性偏差。Diewert（1998）把低层替代性偏差定义为拉氏价格指数与 Fisher 理想指数之间的差异，用公式表示为：

$$B_E = P_L - P_F \cong \frac{1}{2}(1+i)\mathrm{var}(\varepsilon) \tag{4.3.1}$$

式中，i 为根据拉氏价格指数公式计算得到的通货膨胀率；$1+i=P_L$，P_L 为拉氏价格指数；P_F 为 Fisher 理想指数，Var（ε）表示不同商品间价格变化的方差。比如，按照拉氏价格指数法得到的通货膨胀率是 2%，价格变化的方差是 0.005，那么按此方法计算得到的偏差就是 0.00255，或者说是 0.255 个百分点，也就是说 CPI 高估 COLI0.255 个百分点。

对于高层替代性偏差，我们也可以重复上述方法来近似计算。在计算得到低层替代偏差和高层替代偏差后，将二者加起来就可以

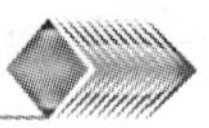

得到总的商品替代性偏差。

（2）零售点替代引起的偏差。关于由零售点替代引起的偏差，假定有打折店进入市场并且占据了价格较高的传统零售商的一些市场份额。如果这两类零售商所提供的服务没有什么差异的话（这也符合传统假设，这样对消费者的效用影响不大），那么真实的价格指数就可以将所有的零售商的价格进行平均来计算（Reinsdorf，1993；Hill，1993；Diewert，1995），那么可以将拉氏指数与真实价格指数之间的关系定义为如下：

$$P_T = (1-s)(1+i) + s(1+i)(1-d) \tag{4.3.2}$$

式中，$1+i=P_L$ 为拉氏价格指数；s 为低成本的零售商在报告期的市场份额；d 为低成本的零售商与传统零售商相比较价格的便宜程度，若 d 为 20%，则表示比传统零售商的价格便宜 20%；$(1+i)$ 为只考虑传统零售商的报告期的拉氏价格指数，所以由真实价格指数与拉氏价格指数之间的离差可以得到由于零售环节替代（outlet substitution）引起的偏差，即：

$$B_O = (1+i)sd \tag{4.3.3}$$

（3）新产品出现引起的偏差。由于新产品的出现引起的 CPI 的偏差可表示为：

$$B_N = \frac{1}{2}(1+i)s''d'$$

式中，s''为未引入产品篮子的新产品所占的市场份额；d'为新产品的价格与最初的估计价格相比价格下降的程度。

（4）由质量调整引起的偏差。对由质量调整引起的偏差的测度可以表示为：

$$B_Q = (1+i)s'e/(1+e)$$

式中，s'为被新产品所取代的份额；e 为新产品所带来的效率上的提高程度。

下面将这些偏差类型及其对应的计算公式用表 4－5 表示出来，

以求一目了然。

表 4-5　　各种偏差类型及其对应的测度公式

CPI 偏差类型	计算公式	参数含义解释
商品替代性偏差	$B_E = P_L - P_F \cong \frac{1}{2}(1+i)\mathrm{var}(\varepsilon)$	$1+i=P_L$ 为拉氏价格指数；var（ε）为不同商品间价格变化的方差
零售点替代性偏差	$B_O = (1+i)sd$	s 为低成本的零售商在报告期的市场份额；d 为低成本的零售商与传统零售商相比较价格的便宜程度
由新产品引起的偏差	$B_N = \frac{1}{2}(1+i)s''d'$	s''为还未引入产品篮子的新产品所占的市场份额；d'为新产品的价格与最初的估计价格相比价格下降的程度
产品质量变化引起的偏差	$B_Q = (1+i)s'e/(1+e)$	s''为未引入产品篮子的新产品所占的市场份额；d'为新产品的价格与最初的估计价格相比价格下降的程度

2. 基于 Engel 法则的偏差测度法

Hamilton（2001）① 和 Costa（2001）② 针对商品替代性偏差和零售点替代性偏差，提出了借用 Engle 曲线来测度的思路，但是这种方法不能测度由质量变化和新产品出现所引起的偏差。这种方法需要有多年的包括居民食品支出的多项支出数据与实际收入数据作支撑，并采用半参数估计方法来估计。Timothy K. M. Beatty& Erling Roed Larson（2005）运用 Engle 曲线方法测度了加

① Hamilton，"*Using Engel's Law to Estimate CPI Bias*"，American Economic Review 91，2001，619-630.

② Costa，D. L.（2001），"*Estimating Real Income in the United States from* 1888 *to* 1994：*Correcting CPI Bias Using Engel Curves*"，Journal of Political Economy 109，2001，1288-310.

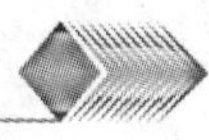

拿大的CPI偏差[①]，结果认为加拿大的 CPI 总体上高估了生活费用指数的程度大约在 1.33% ~1.86%。这种方法的基本思想是：Engel 定理揭示的是随着人们实际收入的提高，食品支出所占的比重将下降，这说明食品支出比重的变化可以作为判断实际收入变化的一个指标。如果根据食品支出份额的变化得出的实际收入变化与用 CPI 缩减后的实际收入的变化不一致，则我们可以根据 Engel 定理和实际食品支出份额的数据来推断 CPI 中的偏差。Hamilton（2001）指出，如果需求方程设定正确，人们的偏好稳定，变量中没有系统性误差，那么 Engel 曲线不应该在年度间发生移动。而 Hamilton 的研究表明，所估计的 Engel 曲线发生了向左的移动，而这种移动可以理解为与 CPI 偏差有关，实际收入的增长高于用 CPI 缩减后的收入的增长是因为 CPI 高估了通货膨胀。

利用这种方法估计 CPI 偏差的文献也不少。Hamilton（2001）对美国 CPI 偏差的估计结果为：若用现期的收入作为解释变量，1974—1981 年间年均偏差为 2.75%，1981—1991 年间为 1.51%；若用 3 年的平均值作为解释变量，1974—1981 年间年均偏差为 2.9%，1981—1991 年间为 1.72%。Costa（2001）[②] 的研究则表明，在 1888—1919 年间，CPI 平均每年的偏差为 -0.1%，在 1919—1935 年间上升为 0.7%。在 20 世纪 60 年代平均每年为 0.4%，在 1972—1982 年间为 2.7%，在 1982—1994 年间下降为 0.6%。

Timothy K. M. Beatty 等也利用加拿大的调查资料测算了加拿大 CPI 的偏差。结论是总体上在 1978—2000 年间，加拿大的 CPI 高估了生活费用指数。分组数据显示对于 65 岁以下的单身家庭高估了约 46.7%；对 65 岁及以上的单身家庭幅度为 33.8%；没有孩子

① Timothy K. M. Beatty and Erling Roed Larson，"*Using Engle Curves to Estimate Bias in the Canadian CPI Bias*"，Canadian Journal of Economics，Vol 38，No. 2，2005.

② Dora L. Costa，"*Estimating Real Income in the United States from* 1888 *to* 1994：*Correcting CPI bias Using Engel Curves*"，*Journal of Political Economy*，*Vol.* 109，*No.* 61，2001.

的家庭为 49.1%；有孩子的家庭为 50%。

基于 Engel 定理来推算 CPI 偏差是否可靠，有赖于很多条件：第一，模型设定是否可靠。这种方法的基本条件是设定一个需求方程，需求方程设定会在很大程度上影响结论的可靠性。第二，将 Engel 曲线移动的不能解释的部分归结为 CPI 的偏差，本身有很多限制，如消费者偏好保持不变、数据没有系统性偏差等。而实际情况是否如此还应该检验。第三，需要有相应面板数据的支撑，这对数据提出了一个很大的挑战。很多发展中国家的调查体系很不完善，很难有跟踪的家庭调查数据，因此不利于该方法的推广。

3. 逐项测定法

除了上述两种方法可以测度 CPI 中的总偏差外，还存在一些专门的方法用以测度专项领域中的偏差。事实上，也有人指出 CPI 的偏差应该是一个逐项测定的工作。如 David E. Lebow and Jeremy B. Rudd（2003）指出，质量变化偏差就应该逐项测定。他们分别对食品、居住、衣着、交通、健康保健、娱乐、教育和通讯、及其他共 8 大类 30 中类进行了质量偏差的测定，测定的结果为 2001 年 CPI 中质量变化及新产品偏差共计 0.37 个百分点。

Hausman（1997）借助于保留价格的概念估计了新产品偏差。他估计了美国市场上在引入一个新品牌的谷类食品（cereal）后的需求方程，发现考虑新品牌的影响，官方价格指数高估的程度达到 20%～25%。Hausman（2003）又提出了一种比较简单的近似估计保留价格的方法。这种方法主要需要估计需求的价格弹性，在估计得出弹性之后，近似地可以得出保留价格①。这种方法相对于 1997

① Hausman（2003）简化了保留价格的估计，可以先将需求的价格弹性估计出来，再估计保留价格。需求的价格弹性为：$\varepsilon_i^t = -d\ln(x_i^t)/d\ln(p_i^t) = -(dx_i^t/dp_i^t)(p_i^t/x_i^t)$。保留价格的估计为：$\hat{p}_i^t = p_i^t(1+1/\varepsilon_i^t)$。式中，$\hat{p}$ 为保留价格；x 为需求量；p 为实际价格。

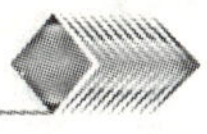

年的方法而言，可操作性大大增强，也有一些实证分析采用了 Hausman（2003）的方法。

事实上，逐项测定确实比笼统测定要精细，能够详细分解出哪些产品或服务的哪些偏差更大，但缺点是需要较大的调查研究，工作量较大。

4. 关于不同偏差的汇总

在很多研究中，首先根据偏差来源分别估计每项偏差，然后对每项偏差直接加总成为总的偏差。那么这样做可行吗？如果每项偏差是相互独立的，那么直接加总是可以的。但关键是很多偏差是交织在一起、互相影响，最典型的如新产品偏差和质量变化偏差，很难明确区分开来，所以这样直接加总本身还值得再研究。因此这个问题还需要再研究。

4.3.2 如何降低 CPI 的偏差？

导致 CPI 偏差的原因可以总结为方法的静态性与实际经济活动的动态性之间的矛盾。现实经济活动是变化的，如替代行为的发生是由于相对价格发生变化，消费者为了实现效用最大化作出的一种理性选择；零售点的替代也是基于效用最大化的出发点作出的选择；权重性偏差也反映了消费者自主的一种选择行为；质量变化导致的偏差也反映了现实经济活动的动态性。而 CPI 的编制方法是相对静态的，产品篮子、权重等因素都在一定的时期内保持稳定，这必然产生静态性和实际经济活动的动态性之间的矛盾，使得 CPI 不能完全准确地捕捉价格的变动，产生各种偏差。

这样的矛盾是必然存在的，只是矛盾所导致的偏差程度大小有区别，我们所能做的就是尽量减少偏差。那么如何减小偏差呢？

1. 如何降低低层替代性偏差？

低层替代性偏差与基本指数公式的选择直接相关。在基本指数编制层面，由于 Carli 指数存在高估的偏差，因此很多机构并不建议采用该指数，而主张采用 Jevons 指数来降低偏差。

实践中，很多统计机构也逐渐认识到这一点，并转向使用 Jevons 指数。如欧洲统计局就拒绝在 HICP 中采用 Carli 指数，但可以允许采用 Jevons 和 Dutot 指数。美国从 1999 年开始对多数产品采用 Jevons 指数形式，采用 Jevons 指数的产品在 CPI 权重中占 60% 的比重，而只对弹性几乎为 0 的产品采用拉氏型指数公式，如住房、公用事业及多数健康服务。据 BLS 估计，这样做可以平均每年降低 CPI 的增长率约 0.2 个百分点。加拿大从 1995 年后开始对多数产品采用 Jevons 指数。所以有研究者认为①，加拿大并不存在低层替代性偏差。

但采用 Jevons 指数形式就能够降低低层替代偏差吗？这取决于现实生活中的替代弹性到底是什么样的情况，是否等于或接近于 1 或 0。

2. 如何降低高层替代偏差？

直观来看，由于选择使用拉氏指数公式来编制 CPI，使得在高层汇总阶段不能反映消费者的替代行为而产生高层替代偏差。尽管高级指数可以看做是降低高层替代偏差的一种途径，但是由于数据的限制和时效性的要求，实践中采用高级指数来编制还是不现实的。

换个角度来看，高层替代偏差也可以理解为与产品篮子不能反映实际情况或者权重比较滞后相关，因此还可以通过经常更新产品篮子和经常更新权重来降低其偏差。如 Bérubé（1996）对加拿大的研究表明，经常更新权重平均每年可以降低替代性偏差不足 0.2 个百分点。

实践中，各国的统计部门为了降低高层替代偏差也纷纷采取各

① Allan Crawford, "*Measurement Bias in the Canadian CPI: an Update*", Bank of Canada Review, spring 1998.

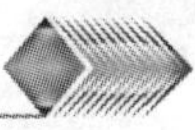

种措施。如美国近年来改变了过去每10年才更新一次篮子和权重的做法，每两年更新一次权重。加拿大每4年更新一次产品篮子和权重，但是现在打算每年更新一次。1997年度家庭收支调查（Annual Family Expenditures Survey，FAMEX）引入加拿大，这便于每年调整权重信息，也能够很好地降低高层替代偏差。

法国每年更新一次。从20世纪70年代开始，法国每年对CPI高层汇总中大类的权重信息进行调整，调整的依据是两年前的国民核算资料。比如说1997年CPI依据的是1995年的权重等。因此，法国统计局认为高层替代偏差在法国是可以忽略，甚至是不存在的①。

英国RPI的产品篮子和权重也是每年进行一次更新和调整。英国也认为由于其更新的频率比美国等国家高，因此其替代性偏差小很多。

3. 如何降低新产品偏差？

简单来说，经常更新产品篮子是降低新产品偏差的一个重要渠道。美国在这方面曾经有过教训，如手机最早出现在美国是1983年，之后以大约每年以25% ~35%的速度在增长，到1996年底大约4200万手机在使用，但是引入CPI却是在1999年。近年来很多统计机构也逐渐认同这一点，如日本统计局认识到产品篮子更新很慢是导致日本CPI偏差的原因之一，因此从2000年开始产品篮子中新增了个人计算机、移动电话服务等；但即使在2000年变更之后，仍有一些产品没有被纳入产品篮子，如打印机和其他计算机外围设备、传真机、互联网服务等。这一点也已经被统计部门注意。

另一方面，经常轮换样本和零售点，使用扫描数据等也有助于降低新产品偏差。这一点我们后面会进一步讨论。

---

① François Lequiller，“*Does the French Consumer Price Index Overstate Inflation?*” Bias in the CPI：Experiences from five OECD Countries.

4. 如何降低零售点替代偏差？

零售点替代偏差主要受价格搜集者或者政府统计部门在确定零售点的时候未能全部考虑由于价格变化导致的消费者在不同零售点之间的替代。增加抽样框中的基本零售点是一种可行的方法。另外，就是经常轮换零售点也有助于降低零售点替代偏差；同时应经常进行市场调查，以发现新的零售方式。

在实践中，有些国家认为在抽取零售点时，主观抽样在有些情况下比随机抽样更能有效地降低零售点替代偏差。因为主观抽样能灵活地将新零售点纳入调查范围，更有利于降低偏差。如加拿大统计局就是利用主观抽样方式来确定零售点。

5. 如何降低权重性偏差？

David E. Lebow 和 Jeremy B. Rudd 在 2003 年提出了权重性偏差，即由于权重数据不准确导致 CPI 的偏差。若要降低权重性偏差，主要应通过设计科学合理的抽样调查方案，增大样本容量等方式。

6. 如何降低质量因素引起的偏差？

从实证分析可以看出，产品质量变化导致的偏差在 CPI 总偏差中所占比例最大。如何降低由于产品质量变化导致的偏差是一个非常重要的问题，但同时也是一个非常棘手的问题。实践中常用的方法大致可分为两类：一类是传统的质量调整方法，包括模型匹配法及其扩展，如直接比较法、重叠法、剔除法等等；另一类就是使用 hedonic 回归来得出 hedonic 价格指数的方法，称为 hedonic 方法。在 hedonic 方法之下又可以区分为不同的方法，如 hedonic 时间哑变量法、hedonic 价格推导法、特征价格指数法、hedonic 质量调整法、精确 hedonic 指数等。我们将在第五章进行讨论。

价格指数的质量调整问题

5.1 为什么要进行质量调整?

5.1.1 CPI 编制原则与质量变化

我们反复强调 CPI 编制的基本原则之一是前后时期的产品应该同质可比，只有这样所计算的价格指数才能反映纯粹价格变化。但是同质可比这个原则在实践中却经常受到挑战，前后时期的产品并不具备“同质可比”性。从需求的角度来说，环境在不断变化，消费者的偏好、口味也在不断地变化，产生了对新产品或者改进产品的需求。从供给的角度来说，生产厂家为了迎合消费者的需求，实现利润的最大化，也在不断地改进产品。同时各种新技术和高新技术的不断发展，也提供了技术方面的保障。供给和需求两方面的共同作用使得产品在不断地推陈出新。这方面的例子很多，例如计算机、汽车、电子产品、服装、家用电器等等，产品质量变化很快，可能在上月存在的产品，下月就不生产或被市场淘汰了，而被改进后的产品所替代。

如果将视野放在一个更长时间范围内，产品的升级换代和质量变化变得更加显著。如 Bodé 和 van Dalen（2001）① 对 1990－1999 年间荷兰的新车价格进行了实证研究。平均来看在这 9 年间的价格变化是上涨 20%，但是相应的质量所发生的变化也非常显著。如汽车马力由 79 马力变为 92 马力，油耗则由 9.3 升/100 公里变为 8.4 升/100 公里，带有安全气囊的汽车比例由 6% 变为 91%。Ariel Pakes（2003）② 统计了美国市场上计算机的主要特征，质量变化也非常显著，如 1995 年平均的内存、硬盘容量为 4MB 和 0.2GB，到 1999 年平均内存和硬盘容量变为 16MB 和 2GB。事实上在一个较长的时间范围内，很多产品的质量都呈现非常显著的变化。对于有些产品来说，质量变化发生的范围和质量变化的速度已经超越了人们事先的想象。

那么如果在 CPI 编制中不考虑质量变化因素，会产生什么样的影响？如果不考虑质量变化，则所计算的价格指数不仅仅是价格的变化，还包括质量的变化。严格来说质量变化是属于物量变化的，这样就不能得到纯粹价格变化。另一方面如果从生活费用指数的角度来看，因为我们通常衡量的是消费者所消费的一篮子货物和服务的成本变化，而不是衡量为达到既定效用水平需要的支出成本，而质量变化会影响消费者效用，若不考虑质量变化因素就会导致 CPI 出现偏差。许多实证研究的结论是质量变化偏差是 CPI 偏差的最大来源，如 Boskin 委员会报告中质量变化偏差为 0.6 个百分点，占总偏差 1.1 个百分点的一半以上。Cunningham（1996）对英国的研究也得出：总偏差范围为 0.3—0.8 个百分点，而质量变化偏差则为 0.2—0.3 个百分点，也是所有偏差来源中最

---

① Bodé and van Dalen. Quality－corrected price indexes of new passenger cars in the Netherlands, 1990－1999. Paper presented at the Sixth Meeting of the International Working Group on Price Indices, Canberra, Australia, 2－6 April 2001.

② Ariel Pakes. Areconsideration of hedonic price indices with an application to pc's. American Economic Review, Vol. 93（5）, pp1578－1596.

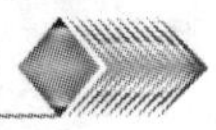

大的一项。

5.1.2　质量差别、质量变化

那么什么情况可以认为产品质量是有差别的，可以看作是产品的质量变化？按照1993年国民经济核算体系，从经济观点来看，不同质量是指这样的货物和服务①，即其特征差别之大，足以使其彼此相互区别，但是它们彼此又很相似，足以用同一通称如土豆、计算机或运输等来表述。由有关货物或服务的不同物理特性形成的质量差别比较容易辨认，但并不是所有的质量差别都属于这一类。其他因素也可能造成质量差别，具体表现包括：第一，在不同地点或不同时间交付的货物和服务应该按不同的质量来对待，因为在不同地点和时间交付货物和服务，可能会对消费者的效用产生不同的影响。同时在不同地点交付货物或服务的费用也是不同的，把一件货物运输到一个需求量较大的地方，这本身就是一个生产过程，在这一过程中，这件货物就变成了质量比较高的货物。第二，在一天中的不同时候或一年中的不同时期提供的货物和服务，也必须视为具有不同的质量，即使它们在其他方面是相同的。如高峰期提供的电力或运输，与非高峰期提供的电力和运输是不同质量的，因为不同时期的边际生产成本是不同的，对消费者的效用也是不同的。第三，除了时间和地点因素，其他一些因素也会导致质量差别。如1993SNA中谈到的，一件销售时有保单的或者免费提供售后服务的耐用品，比没有保单或售后服务的同样商品质量高。提供免费泊车或不提供免费泊车情况下购买的货物和服务也可以看作是不同的质量。

当我们编制价格指数时，如果前后时期所收集的产品质量出现

① 国民经济核算中通常采用的名称“货物和服务”，就是我们所说的产品。

了上述差别，就可以看作质量变化。那么在价格收集过程中，我们可以尽量按照前后时期匹配的原则去收集价格，这种方法就是模型匹配法（matched model method）。这种方法可以在一定程度上避免质量变化的出现，但是这种方法也可能导致样本不足、代表性差、选择性偏误等。

实践中也存在严格的模型匹配法不能适用的情形，即有一些新产品进入，相应的旧产品退出市场，为了保持产品篮子的代表性，有时需要进行产品替换，那么替换产品和被替换产品之间的质量差异就是质量变化。广义上如果产品同质，但包装大小发生了变化，如罐装饮料由 100 毫升变成 200 毫升，也可以看作是质量变化。

5.1.3 价格指数中的质量调整思路

对价格指数中的质量变化进行一定的调整，并不是一件容易的事情，甚至被称为树上最高的一颗果子，也就是说在所有价格指数偏差问题中是最棘手的问题。质量调整问题在 20 世纪 90 年代之后得到了很高的重视，一方面是产品更新换代加快，尤其是一些高科技产品和电子产品的广泛出现和使用，使得产品质量发生了较大的变化。另一方面美国 Boskin 委员会报告的研究结果表明，在所有 CPI 偏差中，质量变化引起的偏差是最大的。

那么对于质量发生变化的产品，如何进行质量调整以编制其价格指数？直观地想，如果能够对质量变化的部分给出一个绝对估价或一个相对比率，则根据这部分估价对产品进行调整就可以得到剔除质量因素的价格变化。但在有些情况下这样处理比较困难。1993 年 SNA 提出了几种思路：一种是对质量变化不予理会，或假定在质量方面不存在任何差别。第二种是省略有关项目，不为它们编制价比。第三种是按质量方面已经发生的变化调整观察到的新质量的价格。第四种是把两种质量当作两种不同的货物来处理，并估计它

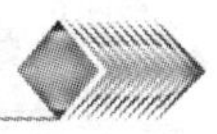

们未出售时期的价格。

国民经济核算体系（SNA）指出：第一种选择应该避免，因为不理会质量变化可能导致所计算的价格指数中存在大小未知甚至方向未知的严重偏差。第二种选择也应该避免，因为它往往也会产生偏差。SNA 指出，在计算覆盖面很广的价格指数时，省略一些货物或服务，就相当于假设它们的价格变化率与这些指数所涉及项目的平均变化率相同。然而受质量变化影响的项目往往是不典型的，没有代表性，所以假设它们的价格变化率与特征不变的货物或服务相同，是存在问题的。SNA 指出，尽管执行起来并不容易，但第三种和第四种选择是人们应优先采取的。指数文献中的一些质量调整方法可以归结在这两种选择中。

在指数文献中提供了很多方法。总体来看，质量调整有如下思路：一种是利用传统的模型匹配法及在此基础上扩展的一些方法，包括直接替换法、重叠法、组均值推导法、链接无价格变化法、专家判断法、数量调整法、选择权成本法等。这些方法的基本框架仍然是模型匹配法，即尽量使用前后时期匹配或近似匹配的产品进行比较。第二种是利用 hedonic 方法（在 SNA 中称为“享乐假设”）。Hedonic 方法并不要求前后期的产品可比。

这些方法又可以区分为隐性的质量调整方法和显性质量调整方法。隐性的质量调整方法包括直接替换法、重叠法、组均值推导法、链接无价格变化法等，显性的质量调整方法包括专家判断法、数量调整法、选择成本法和 hedonic 方法。

在第二节我们将对模型匹配法及其扩展进行分析，第三节中将着重分析 hedonic 方法，第四节将利用计算机的数据进行 hedonic 指数的实证分析。

5.2 模型匹配法及其扩展应用

在这部分我们将对模型匹配法及其扩展应用进行分析。在有的文献中将模型匹配法及其扩展归为传统质量调整方法，主要是区别于 hedonic 质量调整方法的。与 hedonic 方法相比，模型匹配法操作起来更简单，相对成本也更低，但往往存在一定的前提条件，有些前提条件与现实又存在一定的距离。

5.2.1 基本的模型匹配法

1. 模型匹配法的基本解释

为了克服质量变化因素对 CPI 偏差的影响，最简单的方法就是选取前后时期可比的产品来计算价格指数。价格采集员可以加以一定的主观判断，只收集那些前后期完全同质可比的产品及服务作为样本，对于那些质量易于发生变化的产品及服务，不加以收集。这样就保证了产品的可比性。这种方法就称为模型匹配法（matched model method①）。很多统计机构在编制 CPI 或 RPI 时都采用模型匹配法，这种方法本身也可以看作是考虑质量调整因素的价格指数编制方法。在收集到价格资料的基础上，我们就可以按照基本价格指数的公式来编制。如果能够获得一些权重方面的信息，则可以考虑利用权重公式来编制指数。

Mick Silver 和 Saeed Heravi② 曾列表解释了模型匹配法的过程（见表 5－1）。表 5－1 列出了 5 种产品在 5 个时期的价格数据。按

① 有些文献用 product 或 product variety 替代 model。

② Mick Silver and Saeed Heravi. scanner data and the measurement of inflation. The Economic Journal, 111, June, 2001.

照模型匹配法，在时期 1 和时期 0 的对比中，Z 的价格被忽略掉了。在时期 2 和时期 1 的对比中，有 4 个价格；在时期 3 和时期 2 的对比中，新产品 V 的价格没有被采用，在时期 4 和时期 3 的对比中，有 V、X、Y、Z 的 4 个价格。要实现严格的模型匹配，每个时期的样本容量和构成不完全一致。

表 5－1　模型匹配的过程

产品	时期 0	时期 1	时期 2	时期 3	时期 4
V				V_3	V_4
W	W_0	W_1	W_2	W_3	
X	X_0	X_1	X_2	X_3	X_4
Y	Y_0	Y_1	Y_2	Y_3	Y_4
Z		Z_1	Z_2	Z_3	Z_4

2. 模型匹配法的特点

尽管这种方法使用比较广泛，但事实上其要求还是比较严格的。这种方法有这样一些特点：

（1）它不仅要求可观察的特征要匹配，还要求不可观察的特征也要匹配，比如销售点、售后服务等都要匹配，因为价格中已经包含了这些要素，否则就会产生偏差。如对汽油价格进行统计时，加油站是自助服务还是人工服务已经暗含地影响了价格水平。

（2）可能会产生代表性偏差。现实生活中经常可能发生这样的情况：本月存在的产品，在下月断档或者完全退出市场，或者被技术水平更高的商品所替代。如果要采用模型匹配法，那么解决办法就是降低样本容量，而这样做就可能产生样本代表性的偏差问题。比如 Koskimäki 和 Vartia（2001）① 在对芬兰 CPI 中的电脑数据

① Koskimäki T and Vartia Y. Beyond Matched Pairs and Griliches – Type Hedonic Methods for Controlling for Quality Change in CPI Sub – Indices: Mathematical Considerations and Empirical Examples on the use of Linear and Non – Linear Models with Time – Dependent Quality Parameters. Paper presented at the 6th Meeting of the (Ottawa) International Working Group on Price Indices, Canberra, Australia 2 – 6 April.

采用模型匹配法计算价格指数时，发现在春季的83个价格中，到夏季能够匹配的只有55个，到了秋季只有16个。而如果只用这16个PC的价格资料，就可能存在偏差。因为在秋季采集到的79个价格中，这16个能够匹配的PC的平均处理速度为518MHz，而剩余的63个的平均处理速度为628MHz，硬盘容量分别为10.2GB和15.0GB。用模型匹配法计算的6个月内计算机价格指数基本没有什么变化，而用Hedonic方法计算的价格下降了10%。所以，对于那些更新换代较快的产品和服务来说，这种方法的应用就受到了很大的限制。

事实上模型匹配法的一些缺陷根源于静态与动态之间的矛盾。模型匹配法是一种静态的方法，而现实经济是一种动态的变化过程。由于静态与动态之间的矛盾导致了模型匹配法的一些缺陷。

模型匹配法在实践中存在很多难以准确界定的情况，比如当产品的名称、产品的编号发生变化，但产品本身没有什么变化时，还算不算产品匹配或模型匹配？这在很大程度上取决于价格采集者对产品特征的把握。荷兰在编制价格指数的实践中考虑到可操作性，就把产品规格区分为两类：一类是严格的，一类是宽松的，有些产品适合于用严格的界定，有些产品则不适合。在荷兰，由中央确定产品规格的属严格界定，中央确定了产品的规格后由价格调查员来收集价格。而有些产品如果用严格的界定，价格采集者就会很难采集到相同的产品，那么就用宽松的规格界定，如衣服、鞋类、家具等。举例来看，荷兰对男子夏季服饰的界定就属于宽松的界定，符合下列特征的就符合采样的要求：两个口袋、夹克式样、100%棉或最大含量35%的聚酯，光滑的衬里、正常型号。

3. 模型匹配法下价格指数编制的基本方法

假定两个时期的样本是匹配的，且每个时期样本容量均为n，则可以利用编制基本指数的方法来构造价格指数。若没有基本的权重信息，则可以利用Dutot、Carli和Jevons这些基本指数方法来编制；若有权重信息，则可以考虑采用加权形式来编制价格指数。我们在下面的分析中主要采用的是 Jevons 形式。

5.2.2 存在产品替代情况下如何运用模型匹配法

现实的情况经常需要我们妥协。在产品更新换代比较快的情况下，严格的模型匹配法难以实现，实践中通常会在不能实现严格匹配的情况下，通过选择一些相近的替代产品来继续运用模型匹配法。

下面的分析建立在存在产品替代的假设下。若每个时期收集的样本数量是相同的，样本容量是 n，$P(N)_{t-1}=(P_{1,t-1},P_{2,t-1},\cdots,P_{n-1,t-1},P_{n,t-1})$，$P(N)_t=(P_{1,t},P_{2,t},\cdots,P_{n-1,t},P_{n,t})$，$P(N)_{t+1}=(P_{1,t+1},P_{2,t+1},\cdots,P_{n-1,t+1},P_{n,t+1})$，分别表示在 t－1 期、t 期、t＋1 期收集到的价格数据向量。假设在 t 期，第 n 个样本在市面上消失，我们选择了一个相近的产品作为替代产品，替代产品的价格用 $P_{r,t}$表示。在这样的情况下如何使用模型匹配法？

1. 直接比较法

所谓直接比较法就是将 t＋1 期出现的新产品 r 与 t 期消失的产品 n 的价格直接进行比较，这种方法暗含的假定就是产品没有质量变化，或者认为这两种产品在性能方面比较接近（有些统计机构可能会采用判断抽样的方法，以实现这一点假定）。但是如果样本内的这些产品存在质量改进，那么这种方法会使价格指数出现高估的偏差。反之，如果存在质量恶化，则会使价格指数出现低估的偏差。

在这种情况下质量调整因子我们可以看作为 1。若用 g 表示质量调整因子，则 g＝1。若用几何平均公式来编制价格指数，则可以表示为[①]：

$$I=\frac{P_{1t}\cdot P_{2t}\cdots P_{rt}}{P_{1,t-1}\cdot P_{2,t-1}\cdots P_{n,t-1}} \tag{5.2.1}$$

① 方便起见，在这一节我们用 I 表示价格指数或价比。

在实践中这种方法用得也比较多。Moulton 和 Moses[①] 在 1997 年就指出：在 1995 年美国 CPI 对发生替代的产品中的 65% 是用直接比较法进行处理的。在美国产品替代多集中在电子产品中，这些电子产品多数又被归结在娱乐物品中，因此在“娱乐性商品和服务”类下，59% 的产品替代是用这种方法处理的。Moulton 和 Moses（1997）总结了这种方法的特点，认为这种方法可以用于质量差异较小的情况下。附图 5－1 直观地表示了直接比较法的过程，即将旧产品和替代产品的价格直接进行比较来得出价格变化。

2. “链接无价格变化”方法

在文献中这种方法表示为 The link－to－show－no－price－change method。这种方法与直接比较法不同，它认为替代产品和被替代产品的价格的所有差异都被归为质量变化，并没有价格变化的因素。那么，当实际价格（或者质量调整后的价格）上升时，这种方法就低估了价格变化；反之，当实际价格下降时，这种方法就高估了价格变化。这种方法的偏差并不取决于质量是否提高或退化，而是取决于价格是上升还是下降。

这种方法也在许多国家有应用，如欧洲的一些国家，美国的 PPI，加拿大的 CPI。Dalen（2002）和 Ribe（2002）[②] 讨论了 20 世纪 90 年代后期奥地利和瑞典的应用，但是欧盟统计局拒绝在 HICP（the Harmonized index of Consumer Prices）编制中使用这种方法。

3. 重叠法（Overlap）

这种方法在旧的价格指数文献中比较盛行，但很多时候词的运

---

① Moulton, Brent R. and Karin E. Moses. Addressing the Quality Change Issue in the Consumer Price Index. Brookings Papers on Economic Activity, 1997 (1), pp. 305－49.

② Ribe, Martin. Quality Adjustment (QA) for New Cars in Austria and Sweden. presented at Brookings Institution workshop “Hedonic Price Indexes: Too Fast? Too Slow? Or Just Right?”, Washington, D.C., February 1, available at http://www.brook.edu/es/research/projects/productivity/workshops/20020201.htm.

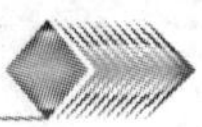

用有所差异，如 Overlap、Splice 等。所谓重叠法，是要求在某一个时期旧产品和新产品的价格能够共存，这个时期可以看作是“链接期”。在这种情况下，就把同时存在的新旧产品的价格差异看作是质量差异。假设在 t 期发生了产品替代，并且我们都收集到了 t 期新旧产品的价格，这样我们可以分别计算 $t/t-1$ 期的价格变化和 $t+1/t$ 期的价格变化，这样能保证每两个时期的产品是匹配的。

以几何平均方法为例来看，若要计算 $t/t-1$ 期的价格指数，

$$I_{t/t-1} = \prod\left(\frac{P_{1t}}{P_{1,t-1}} \times \cdots \frac{P_{n-1,t}}{P_{n-1,t-1}} \times \frac{P_{n,t}}{P_{n,t}}\right) \tag{5.2.2}$$

而计算 $t+1/t$ 期的价格指数，则用下述公式：

$$I_{t+1/t} = \prod\left(\frac{P_{1t+1}}{P_{1,t}} \times \cdots \frac{P_{n-1,t+1}}{P_{n-1,t}} \times \frac{P_{r,t+1}}{P_{r,t}}\right) \tag{5.2.3}$$

用这种方法若要计算第 $t+1$ 时期和第 $t-1$ 时期相比的价格指数，则将上述两式相乘就可以得到：

$$I_{t+1,t-1} = I_{t+1/t} \times I_{t/t-1} \tag{5.2.4}$$

当然，我们也可以采用其他类型的公式来计算如算术平均，当然也可以采用拉氏或帕氏公式来计算（只要有数据）。

那么这种方法是如何体现质量调整的呢？这里的质量调整因子即为重叠期 r 和 n 产品的价格比，即两种产品都重叠出现的这个时期，两种产品的价格比。用符号表示为：$g = P_{rt}/P_{nt}$，这种方法认为如果在两种产品都存在的条件下，产品的价格差异反映了消费者对产品价值的认可情况，价格差异就可以反映产品质量差异。

重叠法在实践中用得并不多，这种方法的一个明显问题在于：采集价格的时候并不能意识到下个时期旧产品就要消失了，因此往往可能在重叠期只收集旧产品的价格，而不会主动收集已经出现但未入样的新产品的价格。

附图 5-2 直观地表示了重叠法的过程，我们可以从图中看出：为了计算价格指数，所采用的数据是新旧两种产品同时出现时的价

格。

4. 剔除法（也称 IP – IQ 法）

这种方法是指当某个时期发生产品替代后，若要计算价格指数，则只考虑其他产品的价格变化，不考虑发生替代的产品。这也就是为什么这种方法被称为“剔除法”，意思是剔除了发生替代的产品。

在英文中，这种方法也被称为“imputed price change—implicit quality adjustment method”，简称为“IP – IQ”法。我们可以这样来理解，即在存在产品替代的情况下，我们用其他未发生替代的产品的价格变化来推导发生替代的价格变化，这也等价于做一种隐含的质量调整。

这种情况下的质量调整因子是：

$g = \frac{P_{r,t}}{P_{n,t-1}I_{t/t-1}}$，其中，$I_{t/t-1}$ 表示其他类似产品的价格变化，或者也可以根据剩余 $n-1$ 个产品的价格变化来推导，即 $I_{t/t-1} = \prod_{i=1}^{n-1}(P_{i,t/P_{i,t-1}})^{1/(n-1)}$。

5. 组内均值推导法

组内均值推导法实质是剔除法（IP – IQ）方法的一种。在剔除法中，价格的推导是用除了价格变化的产品之外剩余产品的变化趋势来推导的。比如说我们样本容量仍是 n，其中有一种产品发生质量变化，那么剔除其而用剩余 n – 1 个产品来推导价格指数。而组内均值推导法则是用类似商品的价格变化作为实际价格变化，不一定是用这 n – 1 个商品。美国在 1989 年用这种方法计算了新车指数，在 1992 年计算了其他产品指数。

附图 5 – 3 直观地表示了这种方法的计算过程，其中 $P^*_{n,t}$ 表示推导得出的价格，价格变化根据 $P_{r,t}$ 和 $P^*_{n,t}$ 得来。

以上几种方法所进行的质量调整都可以看作是隐含进行的，并

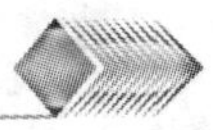

且都是在不能直接用模型匹配法的情况下，通过产品替代来实现模型匹配法的应用。现实生活中，产品质量的变化可能通过比较明显的方式体现出来，例如产品包装大小发生变化等等。在这些情况下进行的质量调整可以称为直接质量调整法。

5.2.3　直接的质量调整方法

1. 数量调整法

当前期存在的一种产品在下一时期被同质但是数量或者包装大小不同的产品所替代时，我们构造价格指数时就需要考虑包装大小。这是一种与产品包装大小或产品数量大小联系起来考虑质量调整的一种价格指数计算方法。指数文献中的包装规格调整法实际就属于这种方法。

用 Q_r 表示新产品 r 的数量或者包装大小，旧产品 n 的数量或者包装大小用 Q_n 表示，质量调整因子为 $g = Q_r / Q_n$，那么真正的价格变化为：$R = P_{r,t+1} / (P_{n,t} \times g)$。举例来说，若产品 n 在 t 期的价格为 15，产品 r 在 $t+1$ 期的价格为 20，产品 n 的包装大小为 200 克，产品 r 的包装大小为 250 克，那么质量调整因子为 $g = 1.25$，真正的价格变化为：$R = 20/(15 \times 1.25) = 1.07$。或者换种表述方式，$R = (P_{r,t+1}/Q_r)/(P_{n,t}/Q_n)$，我们可以得到同样的结果。

事实上，这种方法类似于用单位价值的比较来作为对价格指数的度量。

2. 选择权调整法

有些时候前后时期的产品本身并没有发生变化，但定价规则发生了变化，比如汽车在 t 期时空调是一个可选择的装置，当然需要另外付钱。在 $t+1$ 时期，空调就变为汽车的标准装置。再比如说电脑在 t 期时提供 3 年的保证服务是需要另外付钱的一种选择，在 $t+1$ 时期就变成电脑的标准装置。这种情况下纯粹的价格变化就可以表示为：$R = P_{t+1} / (P_t + V_t)$，其中 V_t 表示 t 期的可选择成本，

该选择权在 $t+1$ 时期变成了标准配置。

3. 生产成本质量调整法

有的文献中将该方法称为“user - cost approach”，这种方法需要一些生产成本方面的信息来进行质量调整。以计算机为例，如果 t 期的计算机配置为 500MHz，$t+1$ 期该产品被 600MHz 的产品替代，如果能够知道额外的 100MHz 需要多少生产成本就可以用这种方法来计算价格指数。或者我们可以表述为：假设质量发生变化的产品比旧产品价格高 $x\%$，估计生产新产品的成本比生产旧产品的成本高 $y\%$，那么考虑质量变化后构建的价格指数为$\frac{100+x}{100+y}$。在美国和加拿大，考虑生产成本因素来进行汽车的质量调整工作在很多年来是一种常规性的工作。

附图 5 -4 直观地表示了直接质量调整法，也就是说要直接对基期的价格进行调整，然后再计算价格变化。

4. 主观判断调整法

在有些国家，质量调整工作包含了一些主观判断因素。Lowe (1999) 指出，在加拿大 CPI 的编制中，服装的质量调整问题主要由价格收集机构进行主观判断的。

在这种方法下，质量调整因子 g 可表示为：

$g=\frac{P_{r,t}}{P_{r,t}-(1-\theta)(P_{r,t}-P_{n,t-1})}$，其中 θ 表示 t 期新出现的产品（其价格用 $P_{r,t}$）与 $t-1$ 期被替代产品（其价格用 $P_{n,t-1}$）相比的价格差异，θ 的值反映了主观判断。若 $\theta=1$，则可以直接进行比较，若 $\theta=0$，则 $g=\frac{P_{r,t}}{P_{n,t-1}}$，这其实就是“链接无价格变化法”的情形。

5.2.4 这些方法存在偏差吗?

我们知道，前述许多方法是在严格的模型匹配法不能实现的情

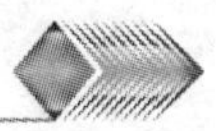

况下发展起来的，这些方法也可能存在一定的偏差。比如直接比较法，它假定没有质量变化而直接来比较，因此适合于分析质量变化较小的产品。若质量变化明显，则存在着一定的偏差。当质量改进时，存在高估的偏差；当质量退化时，存在低估的偏差。相反，在"链接无价格变化法"下，偏差取决于价格是上升还是下降，而不取决于质量是改进还是退化。还有，在"剔除法"下，因为剔除了部分价格变化，如果被剔除的这部分价格在上升，那么这种方法则高估了质量变化，低估了价格变化；反之亦然。

现在我们放宽视野，从样本与总体这个角度来考虑偏差。我们知道，价格指数的编制实质属于我们统计学中用样本推断总体的范畴。当样本对总体的代表性差时，就可能存在偏差。那么上述质量调整方法存在偏差吗？Triplett（2004）提出了一种"样本外偏差"，它是指由于模型匹配法为了保持模型的匹配，而往往将一些不匹配的产品或服务排除在外，尤其是一些新产品经常不能及时纳入样本中，这样的样本必然会对总体产生一定的代表性偏差。

5.3　hedonic 质量调整价格指数构建方法

在有些文献中，hedonic 质量调整方法被看作是对传统质量调整方法的一种替代。所谓传统的质量调整方法主要是指模型匹配法及其扩展应用，而 hedonic 质量调整方法则主要指利用 hedonic 回归方程来得出价格指数，这样的指数称为 hedonic 价格指数。在1993SNA 中，hedonic 方法也被称为是享乐假设的使用。我们这里还称为 hedonic 方法。

5.3.1　理论基础

1. hedonic 模型理论

hedonic 模型是构建在严格的经济理论基础之上的，其理论基础的完善要归功于多个学者的共同努力，包括 Rosen（1974），Lancaster（1971），Ironmonger（1972），Berry、Levinsohn 和 Pakes（1995）都比较详细地论述了这种基本思想。2001 年 W. Erwin Diewert 对该问题进行了再次的分析。hedonic 模型的构建是建立在以下基本假定的基础上的：（1）不同质量的商品是其商品特征的集合；（2）消费者追求效用最大化，生产者追求利润最大化。

在这样的假定下，如下两种理论构成了 hedonic 模型的理论基础。一是美国学者 Lancaster（1971）提出的特征消费理论（demand for characteristic model），这是从新古典经济学的消费理论拓展而来的，又被称为 Lancaster 偏好理论。与大多数经济学家在考察偏好和效用时从个体行为出发不同，Lancaster 从产品的差异出发，分析了构成产品的基本“元素”空间，认为对产品的需求并不是基于产品本身，而是因为产品所内含的特征。并且认为产品拥有一系列的特征，这些特征结合在一起形成影响效用的特征包，产品是作为内在特征的集合来出售的。家庭购买这些产品把它们转化为效用，效用水平的高低依赖于产品所包含各种特征的数量。这样的市场难以用传统的经济模型分析，因为它们不能仅仅用一个总价格来表征，应该用一系列价格来对应产品所包含的特征，我们把它们称为特征价格。产品的价格由特征价格构成，各产品特征对应各自的隐含价格，对于产品而言特征价格形成一个价格结构。其次是美国经济学家 Rosen（1974）把特征消费理论运用到厂商理论中，就产品特征提出了市场供需均衡模型。至此，特征价格理论发展成为一个基本完善的理论。在市场完全均衡的条件下，Rosen 以消费者效用最大化和生产者利润最大化作为目标，从理论上分析了异质商品市场的短期均衡和长期均衡，为特征价格的建模、特征价格函数的估计奠定了基础。根据 Rosen 的理论，可以利

用计量经济学方法将商品特征的隐含价格分离出来，分析商品的特征①。

如果用数理模型来解释，hedonic 回归可以表示如下。设 $u^t = U^t(X,Z)$ 是 Z 单位 hedonic 商品与 X 单位普通商品的组合在 t 时期的无差异曲线，因此商品消费数量 X 是效用 u^t 和 Z 的函数。

$$X = g^t(u^t,Z) \tag{5.3.1}$$

假定无差异曲线向下倾斜，g^t 关于 Z 可微，即：

$$\partial g^t(u^t,Z)/\partial Z < 0 \tag{5.3.2}$$

商品 X 的单位价格为 p^t，Z 的价格为 P^t，t 时期消费者的最小支出可定义为：

$$\min_{x,z}\{p^tX + P^tZ : X = g^t(u^t,Z)\} = \min_z\{p^tg^t(u^t,Z) + P^tZ\} \tag{5.3.3}$$

可见要满足（5.3.3）式，Z 必须具备的条件为：

$$p^t\partial g^t(u^t,Z)/\partial Z + P^t = 0 \tag{5.3.4}$$

将（5.3.4）式进行整理，将 hedonic 商品价格 P^t 作为效用水平 u^t 和普通商品价格 p^t 的函数：

$$P^t = -p^t\partial g^t(u^t,Z)/\partial Z > 0 \tag{5.3.5}$$

将等式（5.35）的右边看作在 t 时期消费者愿意支付的价格的函数 $w^t(Z, u^t, p^t)$：

$$w^t(Z,u^t,p^t) = -p^t\partial g^t(u^t,Z)/\partial Z \tag{5.3.6}$$

等式（5.3.6）表明消费者为了得到相同的效用，在无差异曲线上的每一点上所愿意支付的单位商品 Z 的货币数量。时期 t 消费者愿意支付的总价值函数 v^t 可定义为消费数量与愿意支付的单位价值 $w^t(Z,u^t,p^t)$ 的乘积：

$$v^t(Z,u^t,p^t) = Zw^t(Z,u^t,p^t) = -Zp^t\partial g^t(u^t,Z)/\partial Z \tag{5.3.7}$$

---

① 夏祥谦和王力宾：《汽车特征价格指数的理论与实证研究》，《云南财经大学学报》，2007 年第 1 期。

上面的代数变化只是简单地说明怎样通过使用以两种商品定义的消费者偏好，来得到愿意支付的价格和价值函数。假定消费者有一个可分离的微观效用函数 $f(z_1,\cdots,z_N)$，如果消费者购买的 hedonic 商品含有的特征用向量 $z=(z_1,z_2,\cdots,z_n)$ 表示，消费者购买该商品的效用 $Z=f(z)$，则对于产品特征 $z=(z_1,z_2,\cdots,z_n)$，消费者愿意支付的价格和价格函数为：

$$w^t(f(z),u^t,p^t)=-p^t\partial g^t(u^t,f(z))/\partial Z \tag{5.3.8}$$

$$\begin{aligned}v^t(f(z),u^t,p^t)&=f(z)w^t(f(z),u^t,p^t)\\&=-f(z)p^t\partial g^t(u^t,f(z))/\partial Z\end{aligned} \tag{5.3.9}$$

如果在 t 时期消费者可得到的产品特征组合有 K^t 种，特征组合为 k 的单位价格为 P_k^t，特征向量为 $z_k^t=(z_{1k}^t,\cdots,z_{Nk}^t)$，则消费者在 t 时期购买一特征组合为 k 的产品所愿意支付的价格 P_k^t 为：

$$P_k^t=-f(z_k^t)p^t\partial g^t(u^t,f(z_k^t))/\partial Z \quad t=1,\cdots,T;k=1,\cdots,K^t \tag{5.3.10}$$

假定每个消费者有相同的微观效用函数 $f(z)$，消费者 i 在 t 时的线性无差异曲线为：

$$g_i^t(u_i^t,Z)=-a^tZ+b_i^tu_i^t \quad t=1,\cdots,T;i=1,\cdots,I \tag{5.3.11}$$

a^t 和 b_i^t 是正的常数，对于每个消费者 i，在 t 时 X 与 Z 组合的无差异曲线是线性的，对所有的消费者来说，斜率 a^t 是相同的，但随着时间的变化而变化，将（5.3.11）式关于 Z 的微分带入（5.3.10）式得：

$$P_k^t=p^ta^tf(z_k^t) \quad t=1,\cdots,T;k=1,\cdots,K^t \tag{5.3.12}$$

若将单位 Z 在 t 时的单位价格定义为：

$$\rho_t=p^ta^t \quad t=1,\cdots,T \tag{5.3.13}$$

将（5.3.13）式带入（5.3.12）式得基本的 hedonic 方程：

$$P_k^t=p_tf(z_k^t) \quad t=1,\cdots,T;k=1,\cdots,K^t \tag{5.3.14}$$

在等式（5.3.14）中定义一个微观效用函数 f 的形式，并进行

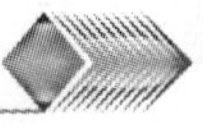

随机化说明，即可得到 hedonic 回归模型，f 中的未知参数以及 t 时的 hedonic 价格参数 ρ_t 能够估计出来。

2. hedonic 理论及方法的发展概览

从 hedonic 理论的发展历史来看，可以说有这么几个标志性人物：第一个是 Andrew Court。从时间上来看，Andrew Court（1939）发表了第一篇 hedonic 价格指数的文章。Court 在 1939 年计算了 1925—1935 年间销售的汽车的质量调整价格指数，计算结果为下降了 55%，而公布的未经调整的价格指数则上涨了 45%。但是在这之前已有人开始关注价格与产品特征之间的关系，例如 Taylor（1916）发现了棉花的质量差异与价格差异有关系，Waugh（1928）估计了蔬菜的价格和特征关系的方程等。应该说 Waugh 最早提出 hedonic 回归的火花①，但 hedonic 这个术语最早是由 Court（1939）提出。

第二个是 Louis Court。Louis Court（1941）是第一个提出通过构建模型来反映经济行为与特征关系的人。事实上 Louis Court 可以被看作 Lancaster（1971）、Ironmonger（1972）的先驱者。

Etland Von Hofsten（1952）也曾讨论了价格指数中的质量变化，但他没有指出 hedonic 方法是一种进行质量调整的方法。之后斯通（Richard Stone，1956）也对 hedonic 指数进行了讨论，这时已经距离第一次提出 hedonic 指数有 17 年的时间。斯通也是后面理论框架（Ironmonger - Lancaster）的先驱者，他提出了消费者对商品的需求是基于对商品特征的需求，而不是商品本身。后面理论框架的完善是建立在斯通所提出的思想基础之上。尽管斯通最大的贡献是对国民核算的研究，但不可否认他对于 hedonic 思想及其推广的贡献，其影响也超越了欧洲地缘范围。

---

① Waugh 在 1928 年的文章其题目是 Quality factors influencing vegetable prices，发表于 Journal of Farm Economics10（2）。题目中并没有使用 hedonic 这样的术语。

在继 Andrew Court 和斯通之后，Griliches 可以看作第三个撰写 hedonic 方法的人。他为美国 Stigler 委员会撰写的报告可谓影响深远，不过同时也争议颇多。Griliches（1961，1971）还是第一个不使用时间哑变量方法来编制 hedonic 价格指数的人。而在 20 世纪的 60 年代和 70 年代，时间哑变量方法是使用最多的方法。

在理论框架的完善上，除了前面提到的几个先驱者，必须要提到的是 Lancaster（1971），Ironmonger（1973）和 Rosen（1974），他们共同完善了 hedonic 方法的理论基础。需要指出的是：理论基础的完善是建立在很多人前期的研究成果之上的，包括一些经济学家和统计学家，但是还有一部分是计算机科学家和农业经济学家。

近期在质量调整价格指数这个领域也有很多重要人物，例如 Triplett、Diewert 和 Mick Silver 等等。

5.3.2 从计量经济学角度来看 hedonic 方程

1. hedonic 方程形式及选择

简单来说，hedonic 方程就是关于价格和产品特征变量之间的方程。最常用的函数形式是对数线性形式，在计算机价格指数的实证研究中尤其用得多。除此之外如半对数形式和线性形式用得也比较广泛。在实证研究中也有使用混合形式、超越对数形式等。具体来说，可表现如下：

双对数形式为：

$$\ln P = a_0 + \sum_{i=1}^{n} a_i \ln X_i + \varepsilon \qquad (5.3.15)$$

半对数形式为：

$$\ln P = a_0 + \sum_{i=1}^{n} a_i X_i + \varepsilon \text{ 或 } P = a_0 + \sum_{i=1}^{n} a_i \ln X_i + \varepsilon \qquad (5.3.16)$$

线性形式为：

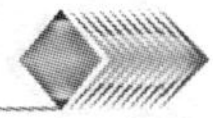

$$P = a_0 + \sum_{i=1}^{n} a_i X_i + \varepsilon \tag{5.3.17}$$

混合形式为[①]：

$$\ln P = a_0 + a_1 X_1 + a_2 \ln X_2 + \cdots + \varepsilon \tag{5.3.18}$$

指数形式为[②]：

$$\ln P = a_0 + \sum_{i=1}^{n} a_i X_i^{b_i} + \varepsilon \tag{5.3.19}$$

超越对数形式：

$$\ln P = a_0 + \sum_{i=1}^{n} a_i \ln X_i + \sum_{i=1}^{n} b_i \ln(X_i^2) + \sum_{i \neq j} \ln X_i X_j + \varepsilon \tag{5.3.20}$$

方程左边是价格，右边的自变量主要反映产品的特征变量，有时可能包括时间哑变量，特征变量前面的系数表示特征的隐含价格。上述几种方程形式在 hedonic 回归分析中都被使用过，但不容置疑，最常用也最容易解释的是双对数形式、对数线性形式和线性形式的函数。那么在常用的这几种形式中该如何进行选择？事实上 hedonic 模型形式的选择应该与相应的理论假设联系起来。如果假定市场是完善市场，是完全竞争市场，那么隐含价格就等于消费者的边际价值、生产者的边际成本。如果不是完全竞争市场，那么 hedonic 模型就不是线性的，方程中的系数稳定性就值得怀疑。Diewert 曾指出包含时间哑变量的线性 hedonic 回归模型与微观经济理论不一致[③]。而 Argeua 等（1994）[④]、Feenstra（1995）则从经济

---

① 如 Bzrzyk 在 Barzyk 和 Fred（1999），“Updating the Hedonic Equations for the Price of Computers”就使用了混合模型。

② 同上。

③ W. E. Diewert, Hedonic Regressions. A Consumer Theory Approach. Discussion paper No. 01 - 12.

④ Arguea, N. M., Hsiao, C. and Taylor, G. A. Estimating Consumer Preferences Using Market Data: An application to US automobile demand. Journal of Applied Econometrics, 9, 1994, 1 - 18.

理论的角度支持采用线性形式。Feenstra（1995）[①] 就认为当价格高于边际成本时，应该采用线性形式，这样有助于纠正由 hedonic 方程设定有误情况下产生的偏差，如当遗漏了价格、边际成本变量的情况下。而 Ioannidis 和 Silver（1996）[②] 则论述了在扫描数据中将价格、边际成本变量包含进去时，半对数形式还是不错的，BOX - COX 转换也有助于确定方程形式。

从实证研究结果来看，支持线性形式的研究有 Arguea 等（1994），Feenstra（1995），Stewart 和 Jones（1998），Hoffmann（1998）。支持半对数形式的研究有 Lerner（1995），Nelson 等（1997），Moulton 等（1998），Ioannidis and Silver（1998）。在对住房进行的研究中有运用更复杂形式的成果，如 Rasmussen 和 Zuehlke（1990），Mills 和 Simenauer（1996）。

总结起来看，关于方程形式的选择，很多研究者是基于实证研究结果来确定具体形式，而从经济理论角度来考虑采用什么形式的研究者相对较少，Argeua 等（1994）[③]，Feenstra（1995）和 Diewert（2001）则从经济理论的角度进行了分析，但结论迥然不同。应该说方程形式的选择还是一个实证的问题，因为其与数据等各方面的因素均有关。

2. 自变量的选取

由于 hedonic 价格指数的指导思想是将产品看作产品特征的集合，消费者消费的是一揽子特征的集合，这些特征能够给消费者带

---

① Feenstra, R. C. Exact hedonic price indexes、Review of Economics and Statistics, LXXVII, 1995.

② Ioannidis, C and M. S. Silver, Chained, Exact and Superlative Price Changes. Estimating from Micro Data, Proceedings of the Third Meeting of the International Working Group on Price Indices. edited by B. Balk, Research paper 9806, Statistics Netherlands, 1998.

③ Arguea, N. M., Hsiao, C. and Taylor, G. A. Estimating Consumer Preferences Using Market Data: An application to US automobile demand. Journal of Applied Econometrics, 9, 1994 1 - 18.

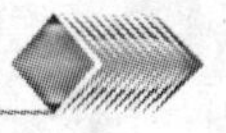

来效用。同时，对于生产者来说，生产这些“特征”需要花费成本。因此自变量要选择那些能够反映产品特征的变量。现在问题是如何选择自变量即产品的特征指标？在选择产品特征指标时应该注意什么？

（1）如何确定自变量？

估计 hedonic 方程的第一步是确定自变量。如何来确定自变量？这需要我们首先对产品有一个明确的认识和了解。比如我们要估计计算机的 hedonic 方程，那么首先需要了解计算机的主要特征，哪些特征对计算机的性能和价格影响大。要估计汽车的 hedonic 方程，需要了解汽车的主要性能和特征。这其实需要很多关于产品的技术性知识。这也是为什么最早研究 hedonic 计算机方程的成果出现在计算机文献中，而不是经济学家最早研究它。既然如此，在研究过程中可以向生产商或者零售商请教，产品的主要特征有哪些。比如荷兰在考察新车是否存在质量变化时，就要向进口商发调查问卷，这也是确定产品特征变量的一种方式。

那么一种产品往往有很多特征指标，那么在研究时这些指标都要纳入方程吗？这实质是一个实证分析的问题。对于同样的问题比如说电脑，自变量的选择结果不一定一样，与样本容量和数据质量有很大的关系。总体来说，在选取变量时我们可以采用逐步递归法，先将所有的解释变量引入模型，再逐步剔出不显著的变量，直到所有的变量基本上都显著为止。或者采用逐步增加变量的方法，先选取基本变量，然后再增加其他变量。也可以借助 R^2 和残差平方和等指标以及 AIC 准则来判断，选取 R^2 最大，而残差平方和 AIC 值最小的模型，或者使用主成分分析法来确定变量。这是从计量经济学的角度来选择自变量。

另一方面，hedonic 方法作为一种解决实际问题的方法，结论必须要与实际经济现象相符，即由方程分析得出的重点变量，应当在逻辑上与实际生活保持一致，即能很好地反映消费者或生产者的经济行为或偏好。总体来讲自变量的选择应该还是一个实证分析的问题。

(2) 遗漏变量问题对 hedonic 方程系数及 hedonic 指数的影响

如同所有的计量经济模型一样，遗漏变量问题涉及到 hedonic 模型的设定问题，进而会影响到 hedonic 方程系数的估计及 hedonic 指数的计算。与一般计量模型不同的是，我们不仅仅关注 hedonic 方程的估计，我们更关注用 hedonic 方程编制的 hedonic 指数。我们区分遗漏变量与方程中的自变量是否相关的情形来讨论对 hedonic 方程系数及 hedonic 价格指数的影响。假设 X_1 变量被遗漏，方程中只包括 X_2 和 X_3。方程形式为：

$$P_{it} = a_0 + a_2(X_2)_{it} + a_3(X_3)_{it} + u_{it} \tag{5.3.21}$$

如果 X_1 与 X_2（或 X_3）相关，a_2、a_3 则是有偏估计，因为它们包含了 X_1 对因变量的影响，因此所计算的 hedonic 价格指数必然是有偏的。

如果 X_1 与 X_2（或 X_3）不相关，a_2、a_3 则是无偏估计。但是据此计算的 hedonic 价格指数则是有偏的，因为变量遗漏会影响到截距项，截距项是有偏的。因此是否存在变量遗漏也是 hedonic 方法中必须重视的问题。

(3) 多重共线性情形

在 hedonic 方程中，多重共线性问题是一个容易出现的问题。例如，计算机的速度提高时，内存通常也会扩大。当然，从技术的角度来说，二者可以不同时提高，但在生活中存在共同变化的情形还是很多的。因此，如果取样是从实际交易中取得，而不是从所有可能的产品模型中取得（比如说 IBM 电脑型号有很多，但实际交易中可能集中于某些型号），则发生多重共线性的可能性更大。因为在实际交易过程中，消费者的行为更可能变得集中。而从技术的角度来看，生产者完全可以生产一种速度提高但内存缩小的计算机。图 5－1 可以更清晰地刻画现实生活中可能的消费者行为特征。

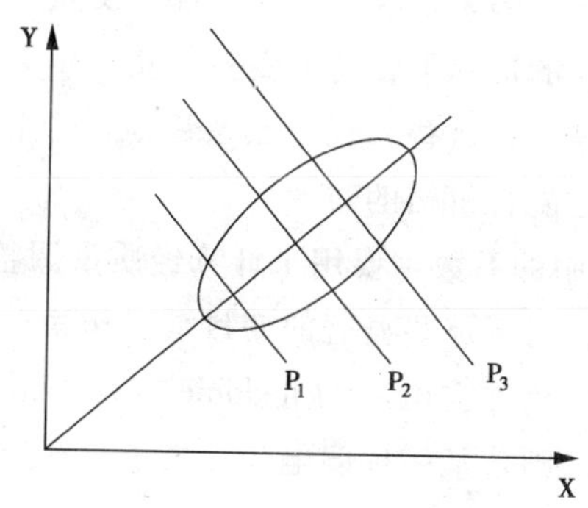

图 5－1　消费者行为特征图示

图 5－1 显示了一簇"hedonic 等高线"，为方便起见，这里假设是线性的。每一个等高线表明，在一给定价格下，产品的两个特征的组合，当消费者在计算机上支付更多时（$P_3 > P_2 > P_1$），消费者一般购买更多的各种特征的组合，即 X 特征增加，Y 特征也增加的产品，因此交易的散点图更为密集地群集在对角线周围，而不是特征空间的其他点。

对于是否存在多重共线性问题，一种简单的方法就是检验自变量之间的相关系数。如果相关系数高，则可能有多重共线性；或者通过其他方法如条件指数和方差扩大化因子来检验。处理多重共线性的标准方法是减少回归变量的个数，合并两个或更多的相关变量给出一个测度合并变量对价格的合并影响的系数。比如，我们可以合并显示器大小的变量，使得更大的显示器被记为"比 17 英尺更大的屏幕大小"。

3. hedonic 方程中系数的解释

hedonic 模型中的系数可以理解为产品特征的隐含价格。当然，具体来说会依据方程的形式不同而不同，依据方程的估计方法不同而不同。如果按照 OLS 估计，在双对数形式下，每个变量前面的系数实际就是弹性，要想得到每一种特征变量的隐含价格，就需要再进行反对数运算。如果是线性形式，那么变量的含义就是在假定其他变量保持不变的情况下，特征变量变化一个单位对应的价格的变化情况。总体来说，这些方程中的系数刻画的是一个单位的自变量的隐含价格或者隐含价格的对数。

hedonic 方程中的系数主要用来计算经质量调整的 hedonic 价格指数。除此之外，对于那些显著的变量可以作为在选择替代产品时一个重要的依据。比如在电脑的 hedonic 方程中，如果速度这个特征变量非常显著，则若某一种旧电脑消失了，在选择一种新的替代产品时要特别注意这个特征。

hedonic 方程中的残差项可能与数据中的“噪音”有关，但另一方面也可能有一些其他的经济解释。当方程左侧的价格是交易价格时，负的残差项表示消费者比他们预期的花费要低一些，即是“便宜货”。反之，正的残差项表示消费者花费得比预期得要多。除此之外，残差项可能与方程设定有关，当方程中遗漏了一些变量，或者变量的测度不正确等。

5.3.3 hedonic 质量调整价格指数的编制

前面主要是从一般的经济计量的角度讨论了 hedonic 方程的一些基本问题。我们的目的是要利用 hedonic 方程来编制价格指数，因此这部分内容着重介绍如何来编制 hedonic 价格指数。hedonic 价格指数是一个广泛的名称，只要用 hedonic 回归方程得出的价格指数都是 hedonic 价格指数，因此 hedonic 价格指数也被称为“回归价格指数（regression price indexes）”。hedonic 价格指数的基本计算方法有四种：时间哑变量方法、hedonic 价格推导法、hedonic 质量调整法、特征价格指数方法。这四种方法又可以归结为两类：一类是直接法，包括时间哑变量法和特征价格指数法，之所以被归为直接法是因为在编制价格指数时要直接利用 hedonic 方程中的系数；一类是间接法，包括 hedonic 价格推导法和 hedonic 质量调整

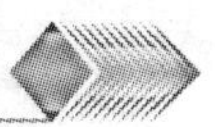

法，这两种方法之所以被称为间接法是因为 hedonic 方程中的系数并不直接利用，hedonic 方程是用来推导当发生产品替代情况时的价格，如对消失了的产品或者新出现的产品价格进行推导。

1. hedonic 时间哑变量法

这种方法在实证研究中应用非常广泛。有的文献将这种方法也叫做直接 hedonic 方法（direct hedonic approach），有的文献将时间哑变量法和特征价格指数法都归为直接法，因此为避免术语混淆，我们仍称其为时间哑变量法。时间哑变量法的基本思想是将时间变量引入 hedonic 方程，用时间变量前面的系数直接表示经过质量调整后的价格变化。很显然，用这种方法估计方程至少需要两期的资料。

以研究两期内价格的变化为例来看，若将 hedonic 方程表示为：

$$\ln P_{it} = a_0 + \sum_{k=1}^{K} a_k \ln X_{ikt} + b_1 D + \varepsilon_{it} \tag{5.3.22}$$

b_1 就表示两期内价格变化的对数，两个时期内质量可能发生的变化通过 $\sum_{k=1}^{K} a_k \ln X_{ikt}$ 被控制。

若要以研究三期内价格的变化为例来看，则可将 hedonic 方程表示为：

$$\ln P_{it} = a_0 + \sum_{k=1}^{K} a_k \ln X_{ikt} + b_1(D_{t+1}) + b_2(D_{t+2}) + \varepsilon_{it} \tag{5.3.23}$$

基准期是 t 期。当样本来自于为 $t+1$ 期时，D_{t+1} 为 1，否则为零；当样本来自于 $t+2$ 期时，那么 D_{t+2} 为 1，否则为零。b_1 就是表示第 $t+1$ 期与 t 期相比的价格变化的对数，b_2 表示 $t+2$ 期与 t 期相比价格变化的对数。如果 hedonic 方程是线性形式时，则 b_1、b_2 直接表示两个时期价格的变化。

广义地看，hedonic 时间哑变量方法可以用如下形式表示：

$$\ln P_{it} = a_0 + \sum_{k=1}^{K} a_k \ln X_{i,t,k} + \sum_{\tau=2}^{T} \delta_\tau d_{i,t,\tau} + \varepsilon_{it} \tag{5.3.24}$$

$i=1, 2\cdots N$，表示 N 个样本，$t=1, 2, \cdots T$，表示 T 个时期，K 表示 K 个特征变量。该方程用 T 个时期的混合数据来估计。

若要表示 c 和 b 两个时期的价格变化，且假定这两个时期产品的质量不变，用 $\bar{X}$ 表示，则两个时期的价格指数可表示为：

$$I_{TD} = \frac{\hat{p}_c(\bar{X})}{\hat{p}_b(\bar{X})} = \frac{\exp(a_0 + \sum_{k=1}^{K} \hat{a}_k \ln\bar{X} + \hat{\delta}_c)}{\exp(a_0 + \sum_{k=1}^{K} \hat{a}_k \ln\bar{X} + \hat{\delta}_b)} = \frac{\exp(\hat{\delta}_c)}{\exp(\hat{\delta}_b)}$$

$$= \exp(\hat{\delta}_c - \hat{\delta}_b) \tag{5.3.25}$$

当然，如果上述方程是线性形式，那么两个时期的价格变化可表示为：

$$I_{TD} = \frac{\hat{p}_c(\bar{X})}{\hat{p}_b(\bar{X})} = \frac{a_0 + \sum_{k=1}^{K} \hat{a}_k \bar{X} + \hat{\delta}_c}{a_0 + \sum_{k=1}^{K} \hat{a}_k \bar{X} + \hat{\delta}_b} \tag{5.3.26}$$

历史地看，第一个使用这种方法的人是 Court（1939），他用这种方法计算了汽车的价格。之后再广泛使用就始于 Stone（1956）和 Griliches（1961），在 20 世纪 60 年代和 70 年代这种方法得到了广泛使用。Gordon（1990）应用此方法计算了多种耐用品的价格，Berndt、Griliches 和 Rappaport（1995）使用此方法计算了美国在 20 世纪 90 年代计算机价格的变化并且发现了价格下降幅度很大。这种方法在很多文献中都有广泛讨论和使用，如 Griliches（1990），Triplett（1990），Gordon（1990），Berndt 等（1995），Nelson 等（1994），Gandal（1994，1995），Lerner（1995），Arguea 等（1994）。但是这种方法也并不是十分完美的。我们可以就以下几点展开讨论：

（1）模型假定回归系数 $a_1, a_2\cdots, a_K$ 在每个时期都保持不变

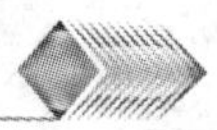

合理吗？当我们采用多期混合数据来估计 hedonic 方程时，这种模型假定回归系数 a_1、a_2，$\cdots a_k$ 在每个时期都保持不变。回归系数表示的是每一种特征的隐含价格，在很长时期内将该系数保持不变的处理方法可能存在不妥之处，尤其当这种模型用于研究较长时期的价格变化时。所以，如果我们将上述模型分解开，采用相邻两个时期的混合数据来估计每一个 b，即：

$$\ln P_{it} = a_0 + \sum_{k=1}^{K} a_k \ln X_{ikt} + b_1(D_{\tau+1}) + \varepsilon_{it} \quad t = t, t+1 \tag{5.3.27}$$

当 $t=t+1$ 时，$D_{t+1}=1$，否则为 0。b_1 表示 $t+1$ 期与 t 期相比价格的变化，

$$\ln P_{it} = a_0 + \sum_{k=1}^{K} a_k \ln X_{ikt} + b_2(D_{\tau+2}) + \varepsilon_{it} \quad t = t+1, t+2 \tag{5.3.28}$$

当 $t=t+2$ 时，$D_{t+2}=1$，否则为 0。b_2 表示 $t+2$ 期与 $t+1$ 期相比价格的变化。

这样，若想知道 $t+2$ 时期与 t 期相比价格的变化情况，将上述模型中的 b_1 和 b_2 相乘就可以了。这样一来的结果比将特征变量前面的回归系数固定化的处理方式相对更令人满意，因为在这种情况下，特征变量前面的系数只是在相邻两期是固定的，而不是在所有时期都固定。Griliches（1961）也指出，没有理由把特征价格或隐含价格固定化，实证研究也表明其经常在变化，如 Pakes（2001）的研究。美国 BLS 在使用 hedonic 质量调整法（后面第四种方法）时，曾提到在一年内要估计三次 hedonic 方程，因为系数变化太快。尽管不是采用时间哑变量法，但也可见系数能否保持稳定是一个很大的问题。Dulberger（1989）在其研究中却认为 hedonic 回归系数在双对数模型中保持不变。

那么到底是将 b 在所有考察期固定下来，还是采用相邻时期分

别计算不同的 b，我们可以结合计量经济学的有关检验，即邹至庄检验（Chow test）来检验是否发生了结构变化，来确定采用哪种形式更好。

（2）采用什么估计方法比较合适？通常时间哑变量法是采用 OLS 估计法的，但是如果按照 OLS 估计的话，没有考虑到销售量差异的因素，比如说我们要计算电视机的价格指数，但是不同品牌或不同型号的电视机销售量可能存在很大的差异，因此有人不建议用 OLS 估计法，而提出用加权的最小二乘估计方法进行估计，如 Silver（2003）[①] 反对用 OLS 估计时间哑变量方程。这种方法考虑了销售量差异的影响，但是关键问题是要有数据的支撑。后面我们会谈到扫描数据能够实现这一点。

（3）如何与传统指数公式相衔接？编制基本指数的方法有多种，包括几何平均形式和算术平均形式，有加权形式和不加权形式。那么按照时间哑变量方法得出的价格指数怎么与传统的这些价格指数编制方法衔接呢？Triplett 和 Mcdonald（1977）指出了这种方法与传统价格指数方法之间的联系。Triplett 和 Mcdonald（1977）用时间哑变量回归估计了冰箱的价格指数，并将其与用传统指数公式估计的结果进行了比较，将差异分解为两部分：一部分是指数公式方面的因素，一部分是质量调整因子的因素。也就是说要建立时间哑变量价格指数和传统指数之间的衔接，应考虑这么几个问题：指数编制是采用算术平均还是几何平均，是采用加权形式还是不加权形式，时间哑变量 hedonic 方程的形式是什么，估计是采用 OLS 还是 WLS。

以相邻两期的 hedonic 方程为例来看，方程形式为：

---

① Silver, M. The Use of Weights in Hedonic Regressions: The Measurement of Quality - Adjusted Price Changes. Proceedings of the Seventh Meeting of the International Working Group on Price Indices, (ed. Th. Lacroix), 2003, pp. 135 - 147. Paris: INSEE.

$\ln P_{it} = a_0 + \sum_{k=1}^{k} a_k \ln X_{ikt} + b_1 D + \varepsilon_{it}$，并区分如下情形：

①若时间哑变量方程为对数形式，并采用 OLS 估计。在这种情况下，存在这样一个数量关系：

$$I_{TD} = \exp(b_1) = \left[\prod_{i=1}^{N_{t+1}} (P_{i,t+1})^{1/N_{t+1}} \Big/ \prod_{i=1}^{N_t} (P_{i,t})^{1/N_t}\right] \div A_{\log} \tag{5.3.29}$$

$A_{\log}$表示 hedonic 质量调整因子（其本身也是一个指数），$A_{\log} = \exp[\sum a_k((X_{ikt+1}/N_{t+1}) - (X_{ikt}/N_t)]$，其中，$N_{t+1}$和 N_t 分别表示 $t+1$ 期和 t 期所观察到的样本容量，二者可以相等，也可以不等。从质量调整因子我们可以看出，这部分调整是基于对特征指标取平均的基础上来做的。可见，如果前后时期产品没有发生质量变化，质量调整因子等于 1，时间哑变量价格指数就等于模型匹配法价格指数。若存在质量变化，则需要将质量调整因子考虑进去。

②若时间哑变量方程为线性形式，并采用 OLS 估计：

$$I_{TD} = b_1 = [(\sum (P_{i,t+1})/N_{t+1})/(\sum (P_{i,t})/N_t)] - A_{linear} \tag{5.3.30}$$

A_{linear}表示在线性 hedonic 方程下的质量调整因子，

$$A_{linear} = [\sum a_k((\sum X_{ik,t+1}/N_{t+1}) - (\sum X_{ikt}/N_t))] \tag{5.3.31}$$

③若用 WLS 估计方程。如果对 hedonic 方程用 WLS 估计，那么上述数量关系式就需要考虑权重因素，即方程右边两项不管是用几何平均还是算术平均，都不能用等权来处理，都需要用权数来加权。质量调整因子也一样，也需要考虑权重因素。

④时间哑变量价格指数与模型匹配法价格指数关系的推导。在上述论述中，对样本并没有做限制。如果限制前后时期的模型是匹配的，那么在有些条件下用这两种方法得出的结论是有一定联系的，在某些严格的条件下，二者可以相同。这里给出在什么情况下

二者结论是一致的。

仍以两期的 hedonic 方程为例来看：

$$\ln P_{it} = a_0 + \sum_{k=1}^{K} a_k X_{ikt} + b_1 D + \varepsilon_{it} \quad (t = 0,1) \tag{5.3.32}$$

假定误差项独立同分布，且方差相同。时期 0 和时期 1 的估计价格分别为：

$$\hat{p}_{i0} = \exp(\hat{a}_0 + \sum_{k=1}^{K} \hat{a}_k X_{ik0}),\ \hat{p}_{i1} = \exp(\hat{a}_0 + \sum_{k=1}^{K} \hat{a}_k X_{ik1} + b_1) \tag{5.3.33}$$

这样，对于每一个样本 i，我们可以计算价格指数 $I_i = \hat{p}_{i1}/\hat{p}_{i0} = \exp(b_1)$。

根据计量经济学的有关知识，我们可以将回归残差项表示为：

$$u_{it} = \ln p_{it} - \ln\hat{p}_{it} = \ln(p_{it}/\hat{p}_{it}) \quad t = 0,1 \tag{5.3.34}$$

假定两个时期样本的容量相同（即基期的样本容量 N_0 等于报告期的样本容量 N_1），两个时期的残差和等于零，可以表示为：

$$\sum_{i \in N_0} \ln\left(\frac{p_{i0}}{\hat{p}_{i0}}\right) = \sum_{i \in N_1} \ln\left(\frac{p_{i1}}{\hat{p}_{i1}}\right) = 0 \tag{5.3.35}$$

进一步，又可以表示为：

$$\prod_{i \in N_0}\left(\frac{p_{i0}}{\hat{p}_{i0}}\right) = \prod_{i \in N_1}\left(\frac{p_{i1}}{\hat{p}_{i1}}\right) \tag{5.3.36}$$

若两个时期的样本容量表示为 $N_0 = N_1 = n$，则我们又可以得到如下式子：

$$\prod_{i}\left(\frac{\hat{p}_{i1}}{\hat{p}_{i0}}\right)^{1/n} = \prod_{i}\left(\frac{p_{i1}}{p_{i0}}\right)^{1/n} = \exp(b_1) \tag{5.3.37}$$

这样就得到了在模型匹配条件下，根据对数形式（或者半对数形式）的时间哑变量方程得出的价格指数等于模型匹配法下按几何平均计算的价格指数。推而广之，根据线性形式得出的价格指数等于按算术平均得出的价格指数。事实上这点与前面部分的结论

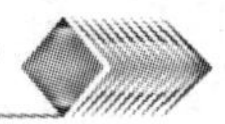

是相同的。

但是，时间哑变量方法并不要求模型匹配，它可以允许产品质量发生变化，也可以允许样本容量在不同时期不相等，市场上新出现的产品也可以进入方程，在这些情况下二者就不必然相等。

⑤综合考虑前后时期样本发生变化情况下时间哑变量价格指数的推导。现实生活中，若保持前后时期样本容量相同，则严格的样本匹配很难实现，因为经常存在产品消失或者新产品出现的情况。现在放宽条件，允许前后时期样本容量不相同，允许样本不匹配，则时间哑变量价格指数与模型匹配法价格指数之间的数量关系是什么样的呢？

首先给出符号：

记 n_M 为两个时期均匹配的样本容量，$n-n_M$ 为两个时期不匹配的样本容量，两期样本容量均为 n。记 n_{0D} 为基期存在但在报告期被替代的产品，n_{1N} 为报告期新出现的产品。那么存在如下关系：

$$\prod_{i\in n_M}\left(\frac{\hat{p}_{i1}}{\hat{p}_{i0}}\right)=\prod_{i\in n_M}\left(\frac{p_{i1}}{p_{i0}}\right)\frac{\prod_{i\in n_{1N}}\left(\frac{p_{i1}}{\hat{p}_{i1}}\right)}{\prod_{i\in n_{0D}}\left(\frac{p_{i0}}{\hat{p}_{i0}}\right)} \tag{5.3.38}$$

对于前后时期匹配的模型来说，即对于 $i\in n_M$ 的产品来说，将 $\exp(b_1)=\frac{\hat{p}_{i1}}{\hat{p}_{i0}}$ 代入上式，可以得出：

$$\exp(b_1)=\left[\prod_{i\in n_M}\left(\frac{p_{i1}}{p_{i0}}\right)^{1/n_M}\right]\left[\frac{\prod_{i\in N_{1n}}\left(\frac{p_{i1}}{\hat{p}_{i1}/\exp(b_1)}\right)^{\frac{1}{n-n_M}}}{\prod_{i\in N_{0D}}\left(\frac{p_{i0}}{\hat{p}_{i0}}\right)^{\frac{1}{n-n_M}}}\right]^{1-\frac{n_M}{n}} \tag{5.3.39}$$

公式的第一部分实质是前后时期匹配的那部分样本的几何平均

形式的价格指数（Jevons 价格指数），第二部分则可以看作是对非匹配的那部分样本进行质量调整后的价格指数。

（4）小结。尽管这种方法在实证研究中用得很多①，但也是有缺陷的。首先，如果采用 OLS 估计的话，这将导致每个样本都被平等对待的问题，而事实上销售情况可能差异很大，比如对计算机来说，不同品牌、不同型号的计算机之间销量差异会很大。其次，方程左边所采用的价格数据，如果仅仅是某一产品的某一个价格，而不代表平均价格的话，代表性会差一些。如果能够观察到平均价格的话，所估计的方程会更可靠。再次，实践中经常将特征变量前面的系数固定下来，使其不随时间而变化，这也可能存在一定的问题。

2. 特征价格指数法

（1）对方法的解释。有些文献中将此方法和时间哑变量法都归为“直接法②”。很多 hedonic 函数都没有充分利用特征变量前面的系数，如时间哑变量法只利用了时间变量前面的系数来分析价格变化。而特征价格指数法的出发点则是充分利用特征变量前面的系数所包含的信息。在 hedonic 方程中，特征变量前面的系数可看作是特征变量变化一个单位时的价格，也叫隐含价格。这也是为什么这种方法被归为“直接法”的原因，因为直接利用了方程前面的系数。这种方法的具体过程如下：

若将 hedonic 函数表示为：

$$P_{it} = a_0 + \sum_{k=1} a_k X_{ikt} + \varepsilon_{it} \tag{5.3.40}$$

---

① 要区分研究与政府统计实践的区别。在政府统计中，这种方法相对来说用得并不多。政府统计要兼顾数据可获得性、样本容量、及时性等问题。

② 在英文文献中这种方法的名称并不完全统一，如“Price - of - characteristics index”、“price index for characteristics”、“direct characteristics method”、“the single period method”、“direct characteristics method”。所以要注意不同称呼其实指的是同一种方法。

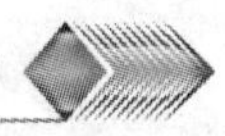

则该类商品的价格指数可表示为：$I = \sum a_{it}q_{it-1}/\sum a_{it-1}q_{it-1}$，或者 $I = \sum a_{it}q_{it}/\sum a_{it-1}q_{it}$，a 表示特征变量前面的系数，即隐含价格的信息，q 表示产品特征的数量。q 可以取平均的特征，例如在某个时期消费者对速度的消费只有两种选择——400MHz 和 500MHz，对 400MHz 的产品消费了 300 台，对 500MHz 的产品消费了 400 台，则 q = 400 × 300 + 500 × 400 = 320000。或者另外一种做法是取其平均值，仍采用上面的例子，我们可以得到 q = 320000/700 = 428MHz。这里在进行处理时没有考虑截距项因素，截距项可看作是没有什么配置的计算机的价格（若以计算机为例的话），在计算价格指数时无须考虑；也可以将其看作是产品的另一种特征，或者看作是没有包括在回归方程中的特征变量。在这种情况下，将这种特征的数量看作是 1，然后也采用上述公式来计算价格指数。

上面的第一个公式 $I = \sum a_{it}q_{it-1}/\sum a_{it-1}q_{it-1}$ 可以看作是拉氏类型的价格指数，第二个公式 $I = \sum a_{it}q_{it}/\sum a_{it-1}q_{it}$ 可看作是帕氏类型的价格指数。当然，我们也可以采用 Fisher 理想价格指数的形式，即：

$$I = \left[\frac{\sum a_{it}q_{i,t-1}}{\sum a_{i,t-1}q_{i,t-1}}\frac{\sum a_{it}q_{it}}{\sum a_{i,t-1}q_{it}}\right]^{1/2} \tag{5.3.41}$$

从实践的角度来说，这种方法的应用还是比较早的。1968 年美国编制的新房价格指数实质就是利用这种方法的。Dulberger 在 1989 年也介绍了这种方法。

（2）特征价格指数法的特点。从形式上来看，这种方法最直接地与传统价格指数的编制思路融合在一起。从上面的讨论中我们可以看出，特征价格指数的编制直接利用了传统的价格指数编制公式。

尽管特征价格指数法与时间哑变量方法都被归为直接 hedonic

方法，但二者还是存在着一些不同的特点：①在特征价格指数法下，价格指数的编制与 hedonic 函数的形式没有直接联系。这一点从前面的论述中可以看出来。价格指数的编制可以采用多种公式如拉氏、帕氏和 Fisher 理想价格指数等。而在时间哑变量法下，hedonic 函数的形式直接影响和决定着价格指数。②对 hedonic 方程中系数的设定不同。在时间哑变量方法下，无论包含多少期，特征变量前面的系数总设定不变，但是特征价格指数法没有这一点限制，因为 hedonic 函数是针对某一期的，时期不同，hedonic 函数也不同。很多实证研究也表明 hedonic 方程的系数经常不一致，即使在时间间隔很短的情况下也如此。也正是因为这一点，有人提议尽量减少使用时间哑变量法，如 Schultze 和 Mackie（2002）就建议美国 BLS 少花精力于时间哑变量法，多研究特征价格指数法。但是有人提出问题的关键是如果限制方程前面的系数，是否会对价格指数产生显著的影响。也就是说我们关注的关键问题是指数而非方程中变量的系数。③在特征价格指数法下，价格指数的编制至少要估计两个或两个以上的 hedonic 方程，而每一个方程只针对一个时期的资料，而时间哑变量法可以在一个方程内计算出价格指数，但是这一个方程至少要利用两期的资料，或者更多时期的资料。

3. hedonic 价格推导法

（1）Hedonic 价格推导法（简称 HI 方法）的基本思想。hedonic 价格推导法在文献中表示为 The Hedonic Price Imputation Method。所谓 hedonic 价格推导法就是利用 hedonic 函数来推导价格，简称 HI 方法。当前后时期产品不匹配时，有些产品消失，有些新产品会出现，那么利用 hedonic 函数就可以对这类产品的价格进行推导。当然，根据 hedonic 函数也可以对两个时期均存在且匹配的产品进行价格推导。换句话说，HI 方法可以针对部分样本来推导价格，也可以针对全部样本来推导价格。当然，从实践操作角度来说，最大程度地使用实际数据，最小程度地使用推导（只针对消

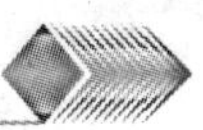

失的旧产品或者新出现的新产品）是一种比较好的处理方法，这样做可以减少估计误差，因为价格推导不仅仅包括抽样误差，还包括估计误差。

我们以下面的函数为例来看：

$$\ln P_{it} = a_0 + \sum_{k=1} a_k \ln X_{ikt} + \varepsilon_{it} \quad t = t, t+1, t+2\cdots \tag{5.3.42}$$

当我们在第 t 期、第 $t+1$ 期、第 $t+2$ 期均收集了某商品的 N_t、N_{t+1}、N_{t+2}个样本的价格，在第 $t+2$ 时期商品 n 替代了前述商品中的第 m 种商品。利用 hedonic 价格推导法，我们可以进行两方面的计算：一方面是推导被替代了的商品 m 的价格，也可以推导新出现商品 n 的价格。这两种推导方向正好相反，第一种推导可称为是“前向推导”，第二种推导可称为“后向推导”。对被替代了的产品 m 在第 $t+2$ 期的价格进行推导时，可以这样来做：先估计第 $t+2$ 期的 hedonic 方程，将产品 m 的特征变量代入方程来推导 $t+2$ 期第 m 种产品的价格，即：

$$\hat{P}_{m,t+2} = \exp\left(a_{0,t+2} + \sum_{k=1}^{K} a_{k,t+2} \ln X_{m,t+1}\right) \tag{5.3.43}$$

若要推导在 $t+2$ 期新出现产品 n 在第 $t+1$ 期的价格，可先估计 $t+1$ 期的 hedonic 方程，然后将产品 n 的特征变量代入方程进行推导，即：

$$\hat{P}_{n,t+1} = \exp\left(a_{0,t+1} + \sum_{k=1}^{K} a_{k,t+1} \ln X_{n,t+2}\right) \tag{5.3.44}$$

在得出这些推导价格后，我们可以用其来计算产品 m 和 n 在两个不同时期的价格变化，即：

$$I_{m,t+2,t+1} = \hat{P}_{m,t+2} / P_{m,t+1} \tag{5.3.45}$$

$$I_{n,t+2,t+1} = P_{n,t+2} / \hat{P}_{n,t+1} \tag{5.3.46}$$

在得出这些产品的价格变化之后，假设 $N_t = N_{t+1} = N_{t+2} = N$，我们可以按照模型匹配法下计算该商品总价格变化的方法来计算价格指数。

$$I_{t+2,t+1}(1) = \left\{\prod_i (P_{i,t+2}/P_{i,t+1})^{1/N}\right\}$$
$$= \prod_i (P_{1,t+2}/P_{1,t+1}, P_{2,t+2}/P_{2,t+1}, \cdots, P_{n,t+2}/\hat{P}_{n,t+1})^{1/N}$$

(5.3.47)

或者

$$I_{t+2,t+1}(2) = \left\{\prod_i (P_{i,t+2}/P_{i,t+1})^{1/N}\right\}$$
$$= \prod_i (P_{1,t+2}/P_{1,t+1}, P_{2,t+2}/P_{2,t+1}, \cdots, \hat{P}_{m,t+2}/P_{m,t+1})^{1/N}$$

(5.3.48)

从上面的指数编制方法来看，我们可以发现，只对消失了的产品或新出现的产品采用了价格推导法，而剩余的样本均采用实际价格。这种情形是最大限度地利用了实际价格资料，最小程度地利用了 hedonic 推导。

有人又提出使用双重推导法，也就是说对替代产品或被替代产品都不采用其实际价格，而均采用推导后的价格来编制价格指数。仍以前述的例子来看，产品 n 是替代了产品 m 的新产品，对这两种产品我们均可以利用 hedonic 函数来推导其价格。

$$I_{m,t+2,t+1} = \hat{P}_{m,t+2}/\hat{P}_{m,t+1} = h_{t+2}(m)/h_{t+1}(m) \quad (5.3.49)$$

$$I_{n,t+2,t+1} = \hat{P}_{n,t+2}/\hat{P}_{n,t+1} = h_{t+2}(n)/h_{t+1}(n) \quad (5.3.50)$$

其中，h 表示对应不同时期的 hedonic 函数，包括中的 m 和 n 分别表示这两种产品的特征变量。

据此编制的价格指数可表示为：

$$I_{t+2,t+1}(3) = \left\{\prod_i (P_{i,t+2}/P_{i,t+1})^{1/N}\right\}$$
$$= \prod_i (P_{1,t+2}/P_{1,t+1}, P_{2,t+2}/P_{2,t+1}, \cdots, h_{t+2}(m)/h_{t+1}(m))^{1/N}$$

(5.3.51)

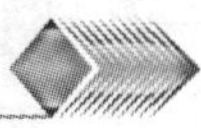

或者

$$I_{t+2,t+1}(4) = \left\{ \prod_i (P_{i,t+2}/P_{i,t+1})^{1/N} \right\}$$
$$= \prod_i (P_{1,t+2}/P_{1,t+1}, P_{2,t+2}/P_{2,t+1}, \cdots, h_{t+2}(n)/h_{t+1}(n))^{1/N} \quad (5.3.52)$$

双重推导法的好处在于能够将可能出现的奇异值剔除出去。如果我们要进行推导的这个样本属于奇异值，那么使用推导法就能够克服这种影响，但相应又增加了估计误差。

（2）部分样本采用推导价格情况下价格指数的编制。前述编制方法实质是未加权几何平均形式的价格指数，而价格指数的编制方法有多种，这里我们将这些方法逐项表示出来。

我们仍采用前面的符号。

①现在考虑权重因素，并采用几何拉氏价格指数法：

$$I_{WGL} = \prod_{i \in n_M} \left(\frac{p_{i1}}{p_{i0}}\right)^{s_{i0}} \prod_{i \in n_{0D}} \left(\frac{\hat{p}_{i1}}{p_{i0}}\right)^{s_{i0}} \quad (5.3.53)$$

②考虑权重因素，并采用几何帕氏价格指数法：

$$I_{WGP} = \prod_{i \in n_M} \left(\frac{p_{i1}}{p_{i0}}\right)^{s_{i1}} \prod_{i \in n_{1N}} \left(\frac{p_{i1}}{\hat{p}_{i0}}\right)^{s_{i1}} \quad (5.3.54)$$

③取上述两式的几何平均，可看作是 Törnqvist 形式的价格指数：

$$I_{PT} = \prod_{i \in n_M} \left(\frac{p_{i1}}{p_{i0}}\right)^{\frac{s_{i0}+s_{i1}}{2}} \prod_{i \in n_{0D}} \left(\frac{\hat{p}_{i1}}{p_{i0}}\right)^{\frac{s_{i0}}{2}} \prod_{i \in n_{1N}} \left(\frac{p_{i1}}{\hat{p}_{i0}}\right)^{\frac{s_{i1}}{2}} \quad (5.3.55)$$

（3）全部样本均采用推导价格时价格指数的编制。进一步来讲，如果将所有价格均按照 hedonic 方程来估计，并结合不同的指数编制方法将可以衍生出多种具体的指数形式。这些形式区分了指数编制是用几何平均还是算术平均形式，根据基期还是报告期的 hedonic 方程来推导价格。

①将特征变量固定在基期水平，并采用几何平均形式：

$$I_{GB} = \frac{\left[\prod_{i=1}^{N_0} h^t(Z_i^0)\right]^{1/N_0}}{\left[\prod_{i=1}^{N_t} h^0(Z_i^0)\right]^{1/N_0}} = \frac{\left[\prod_{i=1}^{N_0} h^t(Z_i^0)\right]^{1/N_0}}{\left[\prod_{i=1}^{N_0} \hat{p}_i^0\right]^{1/N_0}} \tag{5.3.56}$$

其中，N_0 表示基期的样本个数。

该公式的分子表示：特征变量固定在基期，用 HI 方法推导其在 t 期的价格水平；分母表示将特征变量固定在基期，用 HI 方法推导其在基期的价格水平。在得出分子和分母之后，采用几何平均的形式也就是 Jevons 形式来计算两期的价格指数。

很明显，这种指数需要有两期的 HI 方程。从形式上看有点类似于我们的拉氏价格指数，只不过这里是将特征变量固定在基期。这种形式的价格指数没有进行加权处理，或者说进行了等权处理。

②将特征变量固定在报告期水平，并采用几何平均形式：

$$I_{GC} = \frac{\left[\prod_{i=1}^{N_t} h^t(Z_i^t)\right]^{1/N_t}}{\left[\prod_{i=1}^{N_t} h^0(Z_i^t)\right]^{1/N_t}} = \frac{\left[\prod_{i=1}^{N_t} \hat{p}_i^t\right]^{1/N_t}}{\left[\prod_{i=1}^{N_t} h^0(Z_i^t)\right]^{1/N_t}} \tag{5.3.57}$$

其中，N_t 表示报告期的样本个数。与帕氏指数有些类似，这种形式的价格指数是将特征变量固定在报告期。

③取上述两种指数的几何平均：

$$I_{GBC} = \sqrt{I_{GB} I_{GC}} \tag{5.3.58}$$

④将特征变量固定在基期并取加权几何平均的形式：

$$I_{WGB} = \frac{\left[\prod_{i=1}^{N_0} h^t(Z_i^0)^{S_0^i}\right]}{\left[\prod_{i=1}^{N_0} h^0(Z_i^0)^{S_i^0}\right]} \tag{5.3.59}$$

⑤将特征变量固定在报告期并取加权几何平均的形式：

$$I_{WGC} = \frac{\prod_{i=1}^{N_t} h^t(Z_i^t)^{S_0^i}}{\prod_{i=1}^{N_t} h^0(Z_i^t)^{S_i^t}} \tag{5.3.60}$$

⑥取前述两种指数的几何平均：

$$I_{WGBC} = \sqrt{I_{WGB} I_{WGC}} \tag{5.3.61}$$

⑦将特征变量固定在基期，并取不加权算术平均形式：

$$I_{AB} = \frac{\sum_{i=1}^{N_0} \frac{h^t(Z_i^0)}{h^0(Z_i^0)}}{N_0} \tag{5.3.62}$$

⑧将特征变量固定在报告期，并取不加权算术平均形式：

$$I_{AC} = \frac{\sum_{i=1}^{N_t} \frac{h^t(Z_i^t)}{h^0(Z_i^t)}}{N_t} \tag{5.3.63}$$

⑨取上述两种指数的几何平均：

$$I_{ABC} = \sqrt{I_{AB} I_{AC}} \tag{5.3.64}$$

⑩将特征变量固定在基期，并取加权算术平均形式：

$$I_{WAB} = \sum_{i=1}^{N_0} S_i^0 \left(\frac{h^t(Z_i^0)}{h^0(Z_i^0)} \right) \tag{5.3.65}$$

⑪将特征变量固定在报告期，并取加权算术平均形式：

$$I_{WAC} = \sum_{i=1}^{N_t} S_i^t \left(\frac{h^t(Z_i^t)}{h^0(Z_i^t)} \right) \tag{5.3.66}$$

⑫取（10）和（11）的几何平均：

$$I_{WABC} = \sqrt{I_{WAB} I_{WAC}} \tag{5.3.67}$$

⑬如果将基期产品消费量作为权数，则有：

$$I_{LAS} = \frac{\sum_{i=1}^{N_0} h^t(z_i^0) q_i^0}{\sum_{i=1}^{N_0} h^0(z_i^0) q_i^0} \tag{5.3.68}$$

⑭如果将报告期产品消费量作为权数，则有：

$$I_{PAS}=\frac{\sum_{i=1}^{N_t}h^t(z_i^t)q_i^t}{\sum_{i=1}^{N_t}h^0(z_i^t)q_i^t}\approx\frac{\sum_{i=1}^{N_t}p^tq_i^t}{\sum_{i=1}^{N_t}h^0(z_i^t)q_i^t} \tag{5.3.69}$$

⑮将特征变量对应时期与 hedonic 方程对应时期保持一致，并取基期支出份额为权数：

$$I_{FGL}=\prod_{i\in n_0}\left(\frac{h^t(z_{it})}{h^0(z_{i0})}\right)^{S_{i0}} \tag{5.3.70}$$

⑯将特征变量对应时期与 hedonic 方程对应时期保持一致，并取报告期支出份额为权数：

$$I_{FGP}=\prod_{i\in n_1}\left(\frac{h^t(z_{it})}{h^t(z_{i0})}\right)^{S_{i1}} \tag{5.3.71}$$

（4）方法小结。该方程的估计与前面时间哑变量方程的估计不同，时间哑变量方程至少要涉及两个或两个以上时期的数据，而该方程只针对某一个时期来估计，不同时期的 hedonic 方程经常不同。但是在进行价格推导时可能用到基期的 hedonic 方程，也可能用到报告期的方程，这主要取决于是按照前向推导还是后向推导。

从价格指数的编制来看，我们区分了对部分样本采用推导的价格和对全部样本均采用推导的价格两种情形。在每一种情形下又区分是否采用加权形式，是按照数量加权还是按照份额加权，是采用算术平均还是几何平均形式，hedonic 方程所指向的时间与变量的时间是否一致等因素，分为 23 种形式，表 5-2 进行了汇总。

表 5-2　　23 种 hedonic 推导法（HI）的汇总

对部分样本进行推导		对全部样本进行推导	
不加权形式	加权形式	不加权形式	加权形式
(5.3.47)	(5.3.53)	(5.3.56)	(5.3.59)
(5.3.48)	(5.3.54)	(5.3.57)	(5.3.60)

续表

对部分样本进行推导		对全部样本进行推导	
不加权形式	加权形式	不加权形式	加权形式
(5.3.51)	(5.3.55)*	(5.3.58)*	(5.3.61)*
(5.3.52)		(5.3.62)	(5.3.65)
		(5.3.63)	(5.3.66)
		(5.3.64)*	(5.3.67)*
			(5.3.68)
			(5.3.69)
			(5.3.70)
			(5.3.71)

注：*表示采用的是 Fisher 形式的指数。

4. hedonic 质量调整法

(1) hedonic 质量调整法的基本思想。这种方法在某种程度上也类似于 hedonic 价格推导法，所不同的是在这种方法下并不直接利用 hedonic 函数对消失了的产品或者新出现的产品价格进行推导，而是先估计一个质量调整因子，根据质量调整因子来推导价格变化。这个质量调整因子直接与产品特征的变化相关，且根据一定时期的 hedonic 函数来估计。

hedonic 质量调整法可针对消失了的旧产品估计其消失后的价格，也可针对新出现的新产品估计其未出现之前的价格。假设产品 m 在 t+1 期存在，但在 t+2 期消失；产品 n 在 t+2 期出现。hedonic 质量调整法可针对产品 m，也可针对产品 n。对产品 m 估计一个质量调整因子需要用 t+2 期的 hedonic 函数，不过在这种情况下由于方程的估计存在时滞，因此及时性难以满足。估计产品 n 的质量调整因子则需要用 t+1 期的 hedonic 函数。实践中人们更愿意针对旧产品进行质量调整。

由于 hedonic 质量调整法中的质量调整因子依赖于 hedonic 方程中特征变量前面的系数，因此准确估计 hedonic 方程是保证这种方法取得较好效果的基础。另外还要求用比较新的数据来估计 hedonic 方程。

那么如何来估计质量调整因子呢？Triplett（2002）以计算机为例说明了该问题。若 hedonic 函数只考虑两个因素：速度和内存，并采用 Dulberger（1989）函数中具体的系数为例来看，若计算机 n 的速度比被替代的计算机 m 速度快了10%，内存多了15%，Dulberger（1989）函数为：

$$\ln P_{it} = a_0 + 0.783\ln(MIPS)_i + 0.219\ln(MEM)_i + \varepsilon_{it} \tag{5.3.72}$$

那么，增加了的速度会增加大约9%（1.10×antilog0.783）的计算机价格，增加了的内存会增加大约3%（1.15×antilog0.219）的计算机价格，这样计算机 n 就比 m 多值12%（1.09×1.03）。这个就可以看做是质量调整因子。

用式子来表示的话，则先假设 hedonic 函数为：

$$\ln P_{it} = a_0 + \sum_{i=1}^{k} a_i \ln X_{it} + \varepsilon_{it} \quad t = t, t+1, t+2\cdots \tag{5.3.73}$$

$t+2$ 时期产品 n 替代了产品 m，产品 n 在 $t+2$ 期的价格为 $P_{n,t+2}$，产品 m 在 $t+1$ 期的价格为 $P_{m,t+1}$，则可以估计质量调整因子为：

$$g(h) = \exp\left(\sum_{i=1}^{k} a_i\left(\frac{X_n}{X_m}\right)\right) \tag{5.3.74}$$

那么对产品 n 可以估计其在 $t+1$ 时期的价格，估计的价格为

$$\hat{p}_{n,t+1} = p_{m,t+1}(g(h)) \tag{5.3.75}$$

当然，我们也可以反过来对产品 m 估计一个质量调整因子，并推导其在 $t+2$ 期的价格。在此基础上就可以使用模型匹配法来编制价格指数。

（2）实践中的应用情况。美国 BLS 的 hedonic 计算机指数就使用这种方法（Holdway，2001），并采用了几何平均的方法。在 PPI

编制中，用算术平均替代了几何平均。在美国 BLS 的实践中，hedonic方程大致在一年内要估计三次，加拿大统计局[①]也采用该方法计算 PC 机的价格指数，除此之外还包括法国统计局（INSEE[②]）和英国统计局[③]编制的计算机价格指数。

价格推导法和 hedonic 质量调整法又都被称为“间接法”或“复合法”，是因为在这两种方法下 hedonic 方程被用来推导价格，而并未直接利用方程中的系数。

（3）hedonic 质量调整方法的特点分析。这种方法允许混合使用不同的数据库来编制价格指数，也就是说质量调整因子的编制可使用一种数据库，价格指数的编制可使用另一种数据库，也可以用事先估计好的 hedonic 方程来进行调整。当然，方程也要注意时效性，用太长时间之前的方程来估计质量调整因子，准确性就会大打折扣。

5. 高级 hedonic 指数（SEHI）

前面我们谈到，在编制价格指数时可能存在着替代性偏差和质量变化引起的偏差。那么如何实现在编制价格指数时既考虑质量调整问题，同时也考虑替代性偏差问题？Fixler 和 Zieschang（1992）和 Feenstra（1995）提出了实现这一目的的理论。其理论明确了在什么情况下 hedonic 价格指数能够反映出消费者为获得相同的福利

---

① Barzyk, Fred and Matthew MacDonald. The Treatment of Quality Change for Computer Price Indexes - A Review of Current and Proposed Practices. unpublished working paper of Statistics Canada, Prices Division, October, 2001.

② Bascher, Jérôme and Thierry Lacroix. Dish - washers and PCs in the French CPI: Hedonic Modeling, from Design to Practice. presented at the Fifth Meeting of the International Working Group on Price Indices, Reykjavik, Iceland, August 25 - 27, 1999.

③ Ball, Adrian, Sukwinder Mehmi, Prabhat Vaze, Anthony Szary, Nicola Chissell, and Jeremy Heaven. Implementing Hedonic Methods for PCs: The UK Experience. presented at the Office of National Statistics 2002 New Economy Workshop, available at http://www.statistics.gov.uk/events/new_economy_measurement/downloads/NEMW（04）_AB_Hedonics.pdf.

或效用所需要的支出。但是这种理论对数据要求很高，当然，扫描数据能够实现理论和实证的结合。

该理论以 COLI 为目标指数，并且考虑质量调整问题。Fixler 和 Zieschang（1992）和 Feenstra（1995）首先给出了一个 hedonic 式的 COLI，定义为：

$$\mathrm{P_c(p_{t+1},p_t,X_{t+1},X_t,U) = E(p_{t+1},X_{t+1},U)/E(p_t,X_t,U)}$$

该式的含义为：为达到一定的效用水平，在考虑两个时期的价格水平和质量（特征）变化的情况下，最小支出的比为 hedonic 式的 COLI。该理论的基础仍是 Konüs（1939）和 Diewet（1976）年为 COLI 提出的理论，即 $\mathrm{P_c(p_{t+1},p_t,U) = E(p_{t+1},U)/E(p_t,U)}$。这两种理论的主要区别在于是否考虑质量变化问题，X 表示质量特征。

现考虑一个经济体的间接效用函数，该效用函数表示消费者的收入用于消费产品 i 和其他产品。该函数可以表示为：

$$V_i = \ln(w) - \ln(q_i) + \varepsilon_i \quad i = 1, \cdots N \tag{5.3.76}$$

w 表示收入，q_i 表示经质量调整的产品 i 的价格，表示为 $q_i = \phi_i(p_i, X_i)$ 。p_i 表示产品 i 的价格，X_i 表示一组特征向量，ε_i 表示消费者之间的差异，共有 M 个消费者。

假定：$\partial\phi_i/\partial p_i > 0$，$\partial\phi_i/\partial X_{ik} \leqslant 0$

由 ϕ 对 p 具有的单调性，我们可得到另一个表达式：$p_i = \pi_i(q_i,\ X_i)$。产品 i 的第 k 个特征变量的边际价格可以表示为：$\partial\ln\pi_i(q_i,\ X_i)/\partial X_{ik}$。Feenstra（1995）曾论证了当代表性消费者的消费需求与总需求一致时，上面所给出的效用函数与个人效用最大化是一致的。

给出 M 个消费者总的效用函数如下：

$$E(p_t, X_t, U_t) = M(U_t G(q_{1t}^{-1}, \cdots, q_{Nt}^{-1})^{-1}) \tag{5.3.77}$$

再将特征的边际价格重新定义为：

$$\beta_{it} = \partial\ln\pi_i(q_{it}, X_{it})/\partial X_{it}$$

当 $\ln\pi_i$（q_{it}，X_{it}）对 X_{it} 为凹时，则可以得到精确指数的上下限。

$$\prod_{i=1}^{N}\left(\frac{p_{it}}{\hat{p}_{it-1}}\right)^{S_{it}} \leqslant \frac{E(p_t, X_t, U)}{E(p_{t-1}, X_{t-1}, U)} \leqslant \prod_{i=1}^{N}\left(\frac{\hat{p}_{it}}{p_{it-1}}\right)^{S_{it-1}} \quad (5.3.78)$$

其中：$\hat{P}_{it-1} = P_{it-1}\exp[\sum\beta_{kt-1}(X_{ikt} - X_{ikt-1})]$，$\hat{P}_{it} = P_{it}\exp\left[-\sum_{k}\beta_{kt}(X_{ikt} - X_{ikt-1})\right]$，

S_{it} 和 S_{it-1} 分别表示产品 i 的支出份额。

高级指数能够克服价格指数中的替代性偏差，高级指数对应于可变形式的支出函数，拉氏指数和帕氏指数是 COLI 的下限和上限，因此可以将 Fisher 理想指数作为 COLI 的近似。当然，常用的高级指数除 Fisher 理想指数外还包括 Törnqvist 指数，这两种指数在很多公理性质方面优于其他高级指数。在分析如何进行质量调整并且克服替代性偏差过程中编制的指数叫 SEHI。

如果 hedonic 函数采用半对数形式，则 SEHI 的编制可以采用如下公式：

$\left[\prod_{i=1}^{n}\left(\frac{P_{it}}{\hat{P}_{it-1}}\right)^{S_{it}}\prod_{i=1}^{n}\left(\frac{\hat{P}_{it}}{P_{it-1}}\right)^{S_{it-1}}\right]^{1/2}$，这可以称为 Törnqvist 式的 SEHI。

如果 hedonic 函数采用线性形式，则可以采用如下公式来编制 SEHI：

$\left[\frac{\sum_{i=1}^{n}P_{it}Q_{it}}{\sum_{i=1}^{n}\hat{P}_{it-1}Q_{it}}\frac{\sum_{i=1}^{n}\hat{P}_{it}Q_{it-1}}{\sum_{i=1}^{n}P_{it-1}Q_{it-1}}\right]^{1/2}$，这可以称为 Fisher 式的 SEHI。

其中 $\hat{P}_{i0}$ 和 $\hat{P}_{it}$ 都是根据 hedonic 公式考虑了质量调整因素后的调整价格，如果 hedonic 函数取对数形式，$\ln P_{it} = \beta_0 + \sum_{k=1}^{K}\beta_k X_{ikt} + \varepsilon_{it}$，

则：

$$\hat{P}_{it-1} = P_{it-1}\exp\left[\sum \beta_{kt-1}(X_{ikt} - X_{ikt-1})\right],$$

$$\hat{P}_{it} = P_{it}\exp\left[-\sum_{k} \beta_{kt}(X_{ikt} - X_{ikt-1})\right]$$

如果 hedonic 函数取线性形式，即 $P_{it} = \beta_0 + \sum_{k=1}^{K}\beta_k X_{ikt} + \varepsilon_{it}$，则：

$$\hat{P}_{it} = P_{it} - \sum_{k=1}^{K}\beta_{kt}(X_{ikt} - X_{ikt-1}), \hat{P}_{it-1}$$

$$= P_{it-1} + \sum_{k=1}^{K}\beta_{kt-1}(X_{ikt} - X_{ikt-1})$$

k 表示特征变量的数目。

在实践中，如何能够保证得到报告期的支出或消费数量呢？按照传统的方式必然存在一定的滞后，但是在扫描数据的情况下，这个问题可以得到解决。

当这些数据都能够得到保证的时候，就可以看出 SEHI 方法所具有的优点：首先，这种方法考虑了质量调整因素，以避免价格指数中出现质量变化因素所引起的偏差；其次，它利用了加权方式，因此不同产品的重要性可以体现出来；第三，它采用了高级指数的形式，以减小指数中的替代性偏差。

5.3.4 不同 hedonic 方法之间的关系及选择问题

1. 不同 hedonic 方法的比较

通常在指数文献中时间哑变量法与特征价格指数方法被称为“直接法”，而 hedonic 价格推导法和 hedonic 质量调整法被称为“间接法”。这种区别主要基于 hedonic 方程中的系数是否被直接利用。在时间哑变量方法中，时间变量前面的系数被作为“考虑质量调整因素后的价格指数”，特征价格指数法则直接利用了特征变量的隐含价格，按照传统的价格指数编制方法来编制。后两种方法则主要利用了 hedonic 方程中的系数来推导价格，当然针对的主要对象是消失了的旧产品或者新出现的新产品。

“直接法”充分利用了可观察到的数据，这是优点；相比之下，“间接法”有时会采用推导或估计的价格。当存在新的特征变量时，间接法的应用受到限制。比如 t + 1 期新出现的电脑包含一种迅驰技术，而 t 期的电脑中没有这种技术，相应 t 期的 hedonic 方程中也没有考虑这种特征，那么要利用 t 期 hedonic 方程进行推导的话就会受到限制。

从对数据的要求程度来看，SEHI 方法和特征价格指数法需要有销售数量方面的信息，其他方法在没有这些信息时也可以估计。

2. 不同 hedonic 方法之间的联系分析

（1）hedonic 价格推导法与 hedonic 质量调整法之间的关系。当这两种方法使用同样的数据时结论是相同的。事实上我们可以看出这两种方法是从不同的角度来推导价格变化的，有异曲同工之妙。

（2）时间哑变量方法指数是 hedonic 推导法的特例。我们前面讲过，hedonic 推导法可区分为全部数据均采用推导还是部分数据采用推导法，这里给出当仅对部分数据采用推导法而且采用 Törnqvist 形式的情况下，用加权最小二乘估计得到的时间哑变量价格指数是 hedonic 方法的特例。我们给出这两者之间关系的推导。

在前面关于 hedonic 推导法的部分，我们曾经给出了对部分数据采用推导法，采用 Törnqvist 形式编制的指数公式。

$$I_{PT} = \prod_{i \in n_M} \left(\frac{p_{i1}}{p_{i0}} \right)^{\frac{S_{i0}+S_{i1}}{2}} \prod_{i \in n_{0D}} \left(\frac{\hat{p}_{i1}}{p_{i0}} \right)^{\frac{S_{i0}}{2}} \prod_{i \in n_{1N}} \left(\frac{p_{i1}}{\hat{p}_{i0}} \right)^{\frac{S_{i1}}{2}}$$

若采用时间哑变量方法，则可以将方程表示为：

$$\ln P_{it} = \beta + \delta D_t + \sum_{k=1}^{K} \alpha_k X_{ikt} + \varepsilon_{it} \qquad (5.3.79)$$

对上式进行估计可以采用 OLS，但是 OLS 也受到了很多人的批判，因此建议采用 WLS。当采用 WLS 进行估计并且在一些假定条件成立的情况下，则存在这样的关系：

$$\frac{I_{TD}}{I_{PT}} \approx \left\{ \exp\left[\hat{\delta} - (\hat{\beta}_1 - \hat{\beta}_0) \right] \right\}^{\frac{1-S_{M0}}{2}} \tag{5.3.80}$$

其中，$\hat{\beta}_1$ 和$\hat{\beta}_0$ 分别是对以下两式的估计：

$$\ln P_{it} = \beta_t + \sum_{k=1}^{K} \alpha_{kt} X_{ikt} + \varepsilon_{it}, \quad t = 0,1$$

其中，S_{M0}表示前后时期匹配的样本在基期的支出份额之和，即 $S_{M0} = \sum_{i \in n_M} s_{i0}$ 。从上式可以看出，时间哑变量价格指数与部分 hedonic 推导法得出的价格指数之间存在着一定的联系，可以看作是这种推导法价格指数的一种特殊情况。

（3）如何在不同 hedonic 方法之间选择？数据的支撑程度在很大程度上决定了选择什么样的方法。如果能够获得销售数量信息，那么可以考虑使用特征价格指数法及 SEHI，这些方法需要销售数量数据。如果系数不稳定时，则不能使用多期的时间哑变量法。Mick Silver 和 Saeed Heravi 曾在对 HI 与时间哑变量方法进行比较时指出在系数不稳定情况下最好使用 HI。另外，方法是否简单易行也对方法选择有着很大影响，因为在实践中指数的编制经常受到人力和财力的限制，还有一个更重要的因素是时效性的要求，所以复杂的方法实用性会差一些。

5.3.5 hedonic 方法与模型匹配法之间的关系

hedonic 方法与传统的模型匹配法之间并不是对立的，在实践中二者经常结合在一起来使用。当然，主要是 hedonic 间接法与模型匹配法结合使用的情形较多。如存在旧产品消失或者新产品出现的情况下，hedonic 价格推导法可以推导出这些产品的价格，这样

又可以结合模型匹配法来计算价格指数。

对于 hedonic 时间哑变量法，如果前后时期的模型是匹配的，也就是说产品特征变量没有发生变化，在这种情况下计算的价格指数与模型匹配法计算的价格指数是相同的。当然，如果仅仅局限于模型匹配的情形的话，时间哑变量法对质量调整价格指数的构建就显得意义不是很大，事实上时间哑变量法是可以用于前后时期模型发生质量变化的情形的。

对于 SEHI，如果前后时期的产品没有发生变化，我们就会发现 SEHI 与模型匹配法的结果也是相同的。如 Fisher 式的 SEHI 就等价于 Fisher 形式的模型匹配价格指数。因为特征变量相同，$\hat{P}_{it-1} = P_{it-1}$，$\hat{P}_{it} = P_{it}$，所以二者的计算结果相同。

5.4　部分国家的质量调整实践总结

由于中国对质量调整方法的研究很少，在 CPI 编制中也很少采用质量调整方法，所以这一节我们主要总结国外部分国家的实践，以期对中国 CPI 的编制提供一些有益的借鉴。

5.4.1　国外对质量调整实践的概况

综合国外编制质量调整的价格指数的实践来看，我们可以总结为如下特点：

1. 广泛使用 hedonic 方法

就 hedonic 这种调整方法来说，其应用的领域是非常广泛的。研究最多的一类产品是电子类产品，如电脑、照相机、摄像机、洗衣机、电视机，此外还包括烘干机、微波炉、冰箱、汽车、住房和地毯等。除了这些我们能够直接感受到存在明显质量变化的产品之外，对很多其他产品也广泛使用这种方法，例如房子、衣服、二手车、大学教材、波尔多葡萄酒[①]。另外就是对服务类产品也开展研究使用这种方法。如对白内障的治疗、铁路服务[②]、移动电话服务。

在电子类产品中，研究最多的可能是计算机。Chow（1967）年关于计算机 hedonic 价格指数的文献被看作是最早的文献。在欧洲，第一个政府 hedonic 计算机价格指数的工作是由 Dalen（1999）为瑞典编制的，为法国编制计算机 hedonic 指数的是 Moreau（1996）和 Bourot（1997）。在美国，第一个由政府计算的 hedonic 计算机价格指数是建立在 Dulberger（1989）和 Cartwright（1986）的研究基础上。后来很多关于计算机价格指数的工作多是建立在 Dulberger 研究基础上，她所采用的双对数 hedonic 公式在很多文献中被引用作为例子。

政府运用特征价格指数方法编制的第一个指数是新房价格指数，这是由美国调查局在 1968 年做的，这个指数在 1974 年被引入美国国民核算体系中。这在所有国家的国民核算体系中是第一个 hedonic 指数。与其他产品的 hedonic 指数相比，新房价格指数是争议最少的价格指数。如 Denison（1989）对美国 BEA 的计算机设备 hedonic 价格指数的批判良多，但是对这个新房 hedonic 价格指数没有争议。

值得一提的是，在新车领域应用 hedonic 方法尚不理想，Triplett 曾指出：尽管 hedonic 方法最早是应用在新车研究方面的，但这似乎是一个错误的起点。新车的特征变量进入效用方程的方式是很复杂的，这也因此导致很难确定合适的特征变量。

---

① Pierre Combris, Sebastien Lecocq and Michael Visser. Estimation of hedonic equation for Bordeaus Wine: Does quality matter?. The Economic Journal 1997.

② Kiyohito Utsunomiya. CPI quality adjustment and productivity growth: Railway service in Japan. Review of Income and Wealth, No. 3, 2004.

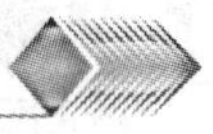

在有些国家，hedonic 方法不仅仅用来计算价格指数，还用来解决一些其他相关问题，比如由于季节因素引起的数据短缺问题，例如对衣服价格指数的研究。

2. 研究历史长

我们知道，hedonic 方法的思想最早萌芽于20世纪20年代末，理论的完善是在20世纪70年代，从60年代开始就已经开始实践应用了。应该说研究历史是很长的。20世纪90年代之后又是一个新的研究热潮，我们可以发现从1996年《Boskin 委员会报告》之后，新的研究和应用成果不断涌现。非常著名的渥太华价格指数国际研讨会从1994年开始，到2006年已经举办了9届会议，很多会议论文的主题都是关于质量调整价格指数的方法和应用问题。但是参加者主要还是发达国家的统计机构和研究人员，发展中国家的成员较少。这说明一个问题，虽然这个问题研究的历史已经较长，但是发展中国家目前还尚未加入这个队伍中，对发展中国家来说还有很多工作需要做。

3. 新的数据渠道的拓宽

前面我们已经说过，由于 hedonic 回归方法需要有大量的样本数据，而扫描数据能够满足这种需要。扫描数据具有比传统价格收集方法更优越的性质，能够满足编制 hedonic 价格指数以及高级精确 hedonic 指数（SEHI）的要求。由于新的数据渠道的拓宽，国外统计机构和研究机构在迅速使用这种新的数据资源，例如荷兰统计局在实践中就利用了扫描数据。

4. 政府统计机构的重视程度高

从文献来看，我们可以得出一个结论：那就是很多国家的政府统计机构都非常重视质量调整的价格指数编制，其中尤其以美国、加拿大、英国、法国、澳大利亚和瑞典等国家为代表，东亚地区的日本和韩国也比较重视。我们知道，有些时候研究和统计机构的实践是两个方面，而在这些国家的实践中，不仅仅研究者重视这个问题，很多政府统计机构都非常重视。

5. 多种方法相互结合

国外在质量调整实践中所采用的方法可谓多种多样，包括我们前面讲到的生产者成本法、数量调整法、重叠法、专家意见法等等在实践中都有所应用，实现了多种方法的结合使用。在有些国家甚至有流程图来指导在何种情况下采用何种质量调整方法。在不同方法之间的选择本着简便易行的原则，并不强调必须用复杂的方法，如果简单的方法更有效，则采用简单的方法。

5.4.2 美国的实践

可以说美国在关于如何构建质量调整的价格指数方面，无论在理论研究层面还是实践层面，都是首屈一指的。指数偏差在美国的3个报告中是核心问题，包括 Stigler 委员会、Boskin 委员会和 Schultze 小组报告。这些报告都指出质量变化问题是引起 CPI 偏差的一个重要因素，因此在实践中美国对质量变化问题给予了很高的重视。美国在编制质量调整的价格指数方面的实践可以概括为：多种方法相结合，应用领域广泛；参与机构多；起步早，后期发展迅速。

1. 方法多样，应用广泛

美国在编制质量调整的价格指数时，既采用传统的质量调整法包括模型匹配法，也采用 hedonic 方法。很多产品和服务项都采用传统的质量调整方法，例如模型匹配法、生产成本法、重叠法等。比如对交通工具（包括新的和旧的交通工具）进行质量调整时采用生产者成本法进行。而对于大学课本、DVD 播放机、干洗机、摄像机、微波炉、VCR、冰箱、音响设备等都采用 hedonic 方法。在利用 hedonic 方法的实践中，有的只采用一种方法，如美联储的网络路由器价格指数和转化器价格指数就直接使用 hedonic 时间哑变量方法来编制。有的则将 hedonic 方法与模型匹配法结合起来使

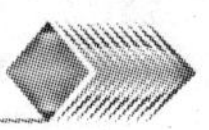

用。也就是说如果两个时期价格数据都能收集到，则可以采用“模型匹配法”，如果存在旧产品消失或新产品出现的情况，则可以采用 hedonic 方法将样本补齐。调查局的单家庭住房指数和 BEA 的多家庭住房指数则将特征变量作为权数，采用了特征价格指数法来编制。hedonic 方程系数被用来调整样本中所有房屋的年龄问题。总体来看，可以概括为方法多样，应用广泛。

2. 参与机构多

这可以看作是美国的一个比较独特的特点。美国统计机构体系是一种分散体制，有很多机构都担负着统计职能。在美国使用 hedonic方法来编制价格指数的机构就包括美国劳工统计局（the Bureau of Labor Statistics，BLS）、调查局（the Bureau of the Census）、美联储（the Federal Reserve Board）和美国经济分析局（the Bureau of Economic Analysis）。其中 BLS 主要负责消费者价格指数、生产者价格指数、进出口价格指数等工作，BEA 则主要利用 BLS 和其他统计机构编制的指数进行一些国民核算和地区核算以及国际比较工作等，调查局则主要进行月度和年度调查以及五年一度的人口普查等工作。

如果按照时间先后的顺序来看，调查局是第一个采用 hedonic 方法的统计机构。在 1968 年调查局就采用回归方法计算的价格指数来缩减在建的单家庭的房屋价格指数。这个指数是调查局的唯一一个使用 hedonic 方法的指数。这在所有国家的国民核算体系中是第一个 hedonic 指数。与其他产品的 hedonic 指数相比，新房价格指数是争议最少的价格指数。

之后采用 hedonic 方法构造指数的工作是由 BEA - IBM 合作完成的。在美国 IBM 和 BEA 很早就开始合作研究计算机价格指数，IBM - BEA 指数主要包括四种产品，即主机、硬盘、打印机（printer）、显示器。IBM - BEA 所编制的 hedonic 设备指数主要是用 hedonic 价格推导法得到的。BEA 称其为“复合指数”，主要是在计算指数时，一部分样本是按照模型匹配法计算得到，有些样本则按照价格推导法得来，因此称为“复合指数”。在1985年IBM－BEA计算机和外围指数被引入国民核算中。

在20世纪90年代早期，BEA开始公布经过质量调整的计算机和外围设备的PPI，BEA用这些数据外推其自己的计算机指数。BEA的另一个指数是“多住户的住房指数”和“数字电话转换设备指数”。1999年BEA将资本的概念进行了一些修改，将对软件的支出也看作是固定资产投资，而当时并没有关于质量调整的软件的指数，BEA提出用hedonic方法编制软件的指数，尤其关于制表和文字处理的软件。

BLS相对来说有较长历史来研究hedonic指数，但1988年才正式在官方价格指数编制中使用hedonic方法，是关于房屋租金的价格指数。之后于1991年开始应用于CPI中的服装类，于1998年应用于计算机，1999年应用于电视机，除此之外还被广泛应用于音响设备、便携式摄像机、大学教材、洗衣机、干衣机、DVD播放机、微波炉、冰箱等产品中。当然除了CPI中使用hedonic方法外，BLS还在PPI中也广泛使用hedonic方法。

美联储于2000年引入了用hedonic方法计算的网络路由器和转换器的价格指数，该指数是由Doms和Furman提出的。

在BLS内部，PPI和CPI是两个姊妹项目，在需要的时候实现资源共享。比如，PPI与机动车的生产厂家合作，研究机动车新的或改进的特征的价值。CPI利用这些估计，并加以一定的改进来估计CPI项目下机动车的质量调整。再如，PPI下已经对多种计算机进行了hedonic回归，CPI从1999年1月起在计算机指数的编制中开始利用PPI的这些估计①。

---

① 美国BLS的国际价格项目（International Price Program）也利用PPI的计算机回归结果。

表 5-3 **BLS 采用 hedonic 方法的实践时间表**

时间	项目	权重（%）	时间	项目	权重（%）
1988 年 2 月	房租	6.133	2000 年 1 月	摄像机	0.043
1988 年 2 月	自有住房租金	23.158	2000 年 4 月	录像机和 DVD 播放机	0.043
1991 年 1 月	服装	2.160	2000 年 7 月	冰箱和微波炉	0.165
1998 年 1 月	计算机	0.192	2000 年 7 月	大学课本	0.217
1999 年 1 月	电视机	0.132	2000 年 10 月	洗衣机和干洗机	0.165
2000 年 1 月	音响设备（12 类）	0.104			
合计	32.304				

注：权重数据来源于 2004 年 12 月美国 CPI。资料来源于 David S. Johnson, Stephen B. Reed and Kenneth J. Stewart. Price Measurement in the United States: a Decade after the Boskin Report. Monthly Labor Review, May 2006.

3. 起步早，20 世纪 90 年代后发展迅速

前已述及，在利用 hedonic 方法编制价格指数方面美国的起步是非常早的，在 1968 年调查局就利用 hedonic 方法编制了住房价格指数，在这之后的发展高潮是在 20 世纪 90 年代。1988 年召开第 50 届收入与财富论坛的会议时，Jack Tripllet 对美国使用 hedonic 方法编制价格指数的工作很悲观，他指出在经过 25 年的研究后，只能举出美国统计机构使用 hedonic 方法编制价格指数的 3 个例子。但是在这之后美国使用 hedonic 方法编制质量调整的价格指数的工作进展大大提高了，尤其在 Boskin 委员会报告之后 hedonic 得到了广泛的推广。

5.4.3 部分欧洲国家的实践总结

Triplett（2004）曾用流程图表示了欧洲国家在 CPI 编制实践中所采用的一些质量调整方法。首先，需要结合商品规格来判断产品质量是否发生变化。如果没有发生变化，则继续采用模型匹配法；若发生变化，考察质量差异是否能够量化。若不能量化，则可做两

种假定：一种假定是假设所有价格变化都是由于质量变化引起的，这样如果新旧两种产品在同一时期都存在，则用重叠法；若不能同时得到，则可以考虑用组均值推导法。再一种假定是假定产品的变化完全不是由质量变化引起，则可以用直接比较法。

如果质量因素可以量化，则可以采用直接调整法，包括生产成本质量调整法、主观判断法、专家意见法、选择权成本法、hedonic方法。关于 hedonic 方法的应用，我们选取几个代表性国家来看它们的实践。

荷兰在 CPI 的质量调整实践中，提出产品规格的界定可以区分为两类：一类是严格的，一类是宽松的。这当然也是根据产品特征来确定的，有些产品适合于用严格的界定，有些产品则不适合。在荷兰，由中央确定产品规格的属严格界定，中央确定了产品的规格后由价格采集者来收集价格。而有些产品如果用严格的界定，那么价格采集者会很难采集到相同或相近的产品，就用宽松的规格界定，例如衣服、鞋类、家具等。举例来看，荷兰对男子夏季服饰的界定就采用了宽松的界定，符合下列特征的就符合采样的要求：两个口袋、夹克式样、100% 棉或最大含量 35% 的聚酯，光滑的衬里、正常型号。根据严格界定的和宽松界定的产品规格作为判断是否存在质量变化的标准。在实践中所采用的质量调整方法包括选择权成本法、重叠法、主观质量调整法、推导法及 hedonic 质量调整法。荷兰统计局运用 hedonic 方法编制二手车价格指数，以解决车龄和行车里程数的差异。但是 Hoven（1999）指出，hedonic 调整法在荷兰实践中用得并不多。

德国对质量调整的工作在 1997 年前后是有所区别的。德国在 1996 年之前主要采用的方法有：重叠法、直接比较法、固定调整因子法等传统质量调整方法。近几年来尤其是从 2002 年开始，德国扩大了 hedonic 价格指数的应用领域，包括首先于 2002 年 6 月开始将 hedonic 方法应用于家用电脑。在对汽车是否使用 hedonic 方

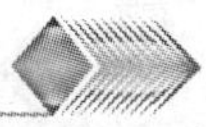

法这个问题上，德国统计局进行了具体的比较，对按照 hedonic 方法计算的价格指数与用传统的“选择权调整法”计算的价格指数进行了比较，认为这两种方法之间并没有系统性的差异，因此并没有采用 hedonic 方法来编制新车的价格指数，而仍然采用相对来说更简洁的传统方法。2003 年 5 月开始将 hedonic 方法应用于旧汽车，2004 年 5 月开始应用于电子数据处理设备的进口指数、出口指数和生产者价格指数、2004 年开始应用于自有住房价格指数。

此外，采用 hedonic 质量调整法的还包括法国、英国、西班牙、奥地利、芬兰和波兰等。例如法国对畅销书、洗碗机、男式衬衣等，英国对 PC 机、数码相机和笔记本电脑，西班牙对洗衣机、电视，芬兰对新车和旧车、瑞典对衣服和旧车等都采用 hedonic 质量调整法。法国之所以使用 hedonic 方法，主要是由于链接法和其他一些技术对估计价格变动存在很大的不稳定性，而 hedonic 方法被认为是能够提供更可靠的质量变化的估计（Bascher 和 Lacroix（1999））。

5.5 基于 hedonic 模型的计算机价格指数

5.5.1 相关文献回顾

近些年来，全球计算机的发展确实是惊人的，表现在产品的更新换代、推陈出新的速度很快。如 Ariel Pakes（2003）① 认为美国 PC 机市场上每年有 80% 样本存在“磨损”，也就是说样本更新很快。Mulligen（2002）认为在荷兰计算机市场上每月有 20% 的样本存在“磨损”。其他很多研究也有类似的结论，例如 Koskimäki 和

---

① Ariel Pakes. a reconsideration of hedonic price indices with an application to pc's, The American Economic Review, Vol. 93, No. 5, 2003, pp1578 - 1596.

Vartia（2001）及 Lim 和 McKenzie（2002）等[①]。从计算机的一些主要特征来看，可以看出其更新换代的速度有多快。我们仍然引用 Ariel Pakes（2002）一文中 20 世纪 90 年代美国市场上的计算机主要特征数据来看（见表 5－4）。从其数据可以看出，美国市场上计算机的发展是非常快的，1995 年 264 个观察值中在 1996 年能够匹配的只有 44 个，1998 年 252 个观察值中在 1999 年能够匹配的只有 29 个。从计算机的主要特征变量来看，变化也是很大的，1995 年平均速度为 65MHz，到 1999 年平均速度为 370MHz，扩大了 5 倍之多，其他特征变量也类似。可以想象，很多产品在下一年或两年内可能就消失了。

表 5－4　　　　美国市场上计算机特征的变化

年　份	1995	1996	1997	1998	1999
观察值个数	264	237	199	252	154
与下期能够匹配的个数	44	54	16	29	—
速度（MHz）					
最小值	25	25	33	140	180
均值	65	102	153	245	370
最大值	133	200	240	450	550
内存（MB）					
最小值	2	4	4	8	16
均值	7	12	18	42	73
最大值	32	64	64	128	128
硬盘（GB）					
最小值	.1	.1	.2	.9	2
均值	.5	1	1.8	4.5	8.5
最大值	1.6	4.3	4.3	16.8	25.5

资料来源：Ariel Pakes. a reconsideration of hedonic price indices with an application to pc's. The American Economic Review, Vol. 93, No. 5, 2003, pp1578－1596.

---

① J. E. Triplett. handbook on hedonic indexes and quality adjustment in price indexes. DSTI/DOC（2004）9, OECD.

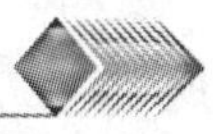

随着计算机技术的发展，人们对计算机价格指数的关注也越来越多。早期的研究包括 Gregory Chow（1967），Robert B. Archibald 和 William S. Reece（1978），Robert J. Gordon（1989，1990），Robert Michaels（1979），Stephen D. Oliner（1986），Jack E. Triplett（1989），Cole et al（1986），Cartwright 和 Smith（1988）等。Chow（1967）利用 1960—1965 年的资料计算了质量调整后的主机价格指数，发现每年平均下降 21 个百分点。Chow（1967）年关于计算机 hedonic 价格指数的文献被看作是计算机 hedonic 价格指数方面最早的文献。Gordon（1989）的研究认为在 1951 - 1984 年间主机的质量调整后的价格指数下降了 22 个百分点，Triplett（1989）的研究结论是在 1953 - 1972 年间价格平均下降了 27 个百分点，Gordon（1990）将其研究扩展到 PC 机，结论是在 1981 - 1987 年间价格平均下降了 30 个百分点。

上述研究主要集中在 20 世纪 90 年代之前。随着计算机和 IT 的进一步发展，人们注意到准确测度计算机和 IT 行业的真实生产率离不开对价格指数的准确测度。尤其在 20 世纪 90 年代后半期，IT 对生产率的正的影响在美国市场上越来越突出（Jorgenson 和 Stiroh，2000；Oliner 和 Sichel，2000），因此推动了计算机价格指数的研究，这反过来也推动了将 hedonic 方法广泛使用于计算机价格指数方面的研究。期间的研究成果包括 Ernst R. Berndt 和 Zvi Griliches（1990）、Grimm（1998）、Holdway（2001）、Ariel Pakes（2002）、Robert C. Feenstra 和 Christopher R. Knittel（2004）等。

从官方统计来看，美国经济分析局（BEA）从 1986 年开始与 IBM 公司合作，开始使用 hedonic 方法编制大型计算机的价格指数。1990 年开始，BLS 公布了第一个试验性的质量调整后的大型计算机的生产者价格指数 PPI，现在 BLS 在 PPI 框架下公布计算机和半导体的质量调整后的价格指数。在 CPI 框架下 BLS 从

1998 年 1 月开始公布个人计算机和外围设备的价格指数。在 1998 年 1 月到 2003 年 9 月间，BLS 通过与 PPI 项目和 ICP（International price program）项目的合作，使用的是 hedonic 回归。这项工作被认为是比较成功的，同时 CPI 项目也决定开创另一种方法。

在欧洲，第一个政府 hedonic 计算机价格指数的工作是由 Dalen（1999）为瑞典编制的，为法国编制计算机 hedonic 指数的是 Moreau（1996）和 Bourot（1997）。其他国家也有采用 hedonic 方法编制计算机价格指数的实践。

从计算机价格指数的数据来源看，文献中有如下几种类型：一种是利用宣传单和报纸广告等，如 Ernst R. Berndt 和 Neal J. Rappaport（2001）① 在一个回顾性文章中，提到他们所使用的 1976 - 1988 年间的数据是从宣传单和报纸广告等渠道获得。一种是通过市场调查公司获得，如 A. C. Nielsen 和 Informtion Resources Inc 以及 Gfk 公司都提供数据，再一种是可以利用扫描数据。从所使用的价格数据来看，既有使用报价的，也有使用实际成交价格的。

从实证研究结果来看，总体来说用 hedonic 方法调整后的价格指数的变化与模型匹配法或者未调整的结果是有区别的。如 Ariel Pakes（2002）的结果发现，hedonic 指数显示每年的价格下降幅度较大，而模型匹配法却显示基本没有价格下降，两种方法得出来的趋势变化是负相关的。J. E. Triplett 在一篇文章中分析到，1980 - 1992 年间，12 个 OECD 国家计算机的价格变化最大的 4 个国家都是用 hedonic 方法计算得到（见表 5 - 5）。

---

① Ernst R. Berndt and Neal J. Rappaport. price and quality of desktop and mobile personal computers: a quarter - century historical overview, American Economic Review, Vol. 91, No. 2, 2001.

表 5－5　　　　1980－1992 年 12 个 OECD 国家
计算机的价格变化

国家	1992 年指数（以 1980 年为 100）	年均变化百分比	国家	1982 年指数（以 1980 年为 100）	年均变化百分比
美国	21.30	－12.09	法国	180.51	5.05
澳大利亚	29.58	－9.65	德国	85.32	－1.31
丹麦	43.01	－6.79	意大利	155.40	3.74
加拿大	27.79	－10.12	荷兰	110.2	0.81
日本	32.75	－8.88	瑞典	101.54	0.13
芬兰	157.64	3.87	英国	67.07	－3.27

资料来源：J. E. Triplett. hedonic indexes and statistical agencies，revisited，Journal of Economic and Social Measurement ，Vol. 27，2001，pp131－153.

5.5.2　数据及所采用的模型说明

中国利用 hedonic 进行计算机指数分析的并不多，但在中国的电脑市场上同样存在产品更新换代很快的特点。我们根据 2006 年 9 月到 2008 年 3 月间《微型计算机》杂志上公布的笔记本电脑的一些主要特征进行了分析，发现前后时期电脑配置的变化是很快的（见表 5－6）。因此我们想尝试了解一下这段时期内中国笔记本电脑的质量调整的价格变化如何？如果不进行调整，价格变化又是什么特点。

每月的数据由《微型计算机》杂志上所刊登的上旬和下旬的报价组合而成。如果某一型号的电脑在上旬和下旬都存在，则取其报价的平均数。每月的电脑数据包括 60 个左右，共 1166 个样本。这种报价并不是针对前后时期匹配的电脑，而是根据电脑在市场上的受欢迎程度来确定的，所以前后时期完全匹配的样本容量较少。由于 hedonic 方法并不要求电脑在前后时期匹配，因此我们使用这种数据来计算市场上笔记本电脑的价格变化情况。

我们所采用的模型主要是 hedonic 时间哑变量法和价格推导法。

表 5-6　各期电脑主要参数对照表

时期 \ 指标	速度（GHz）			内存（MB）			硬盘（GB）		
	最小	最大	均值	最小	最大	均值	最小	最大	均值
2006 年 9 月	0.9	2.16	1.67	256	2048	557.85	40	160	73.43
2007 年 4 月	1.2	2.16	1.75	256	2048	797.9	60	120	91
2007 年 9 月	1.5	2.4	1.9	512	2048	1041.1	60	200	110
2008 年 3 月	1.2	2.5	1.86	512	4096	1211.7	64	250	131.7

数据来源：《微型计算机》各期杂志。

5.5.3　模型分析

运用 hedonic 方法来编制质量调整的价格指数时，基础的工作是确定必要的变量及模型形式。笔记本电脑中，对价格和性能影响较大的参数包括内存容量、硬盘容量、处理器速度、笔记本重量、光驱类型、处理器类型、品牌、屏幕大小、电池工作时间长度等。在选择变量时，除了考虑是否对价格影响显著这个因素之外，还要考虑到变量之间是否存在多重共线性。在对变量之间的相关系数进行分析及 VIF 检验后，我们确定了基本变量为：X1 是表示品牌的虚拟变量，国外品牌为 0，国内为 1；X2 表示处理器速度（GHz），X3 表示内存容量（MB），X4 表示硬盘容量（GB），X5 表示笔记本电脑的重量（Kg），X6 表示光驱类型，如果光驱类型为 COMBO，则等于 1，否则为 0；X7 为屏幕尺寸，X8 为时间虚拟变量。但在具体相邻两期的 hedonic 方程中，上述变量中不显著的变量则没有包括在 hedonic 方程中。hedonic 函数的形式可以有多种，如线性、

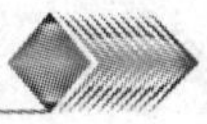

半对数、双对数等，不同数据的实证分析支持不同模型。在对比分析之后，我们确定采用“对数－线性模型”，即因变量为价格的对数，用 lnP 表示。

这里我们采用 hedonic 时间哑变量法和 hedonic 价格推导法来分析计算机的价格指数。

1. 时间哑变量 hedonic 价格指数

当采用时间哑变量法时需要将不同时期的数据混合，既可以将相邻两个月的数据混合，也可以将所有时期的数据混合。我们的样本共包含 19 个月的数据，若将所有时期的数据混合，则模型设定如下：

$$\ln P = \alpha_0 + \sum \alpha_i X_i + \sum_{i=2}^{19} \beta_i D_i \tag{5.5.1}$$

D_i 表示月份，以 2006 年 9 月份为基期，D_i 分别对应于 2006 年 10 月到 2008 年 3 月，共 18 个虚拟变量。每个 β_i 表示以 2006 年 9 月为基期价格变化的对数。对于计算机这种更新换代很快的产品来说，如果将 19 个月的数据混合，意味着特征变量前面的系数在这段时期保持固定不变。但这样处理是否合理，我们需要进行检验，即可通过 Chow 检验来检验是否存在结构性变化。经过 Chow 检验后发现有结构性变化，这也反映了电脑这种产品更新换代较快的特征。另外从实际操作的角度来看，人们对价格指数的时效性要求较高，这种事后将多个时期的数据混合来进行估计的方法具有一定的局限性，虽然可以作为“事后检验”的一种方法，但不能满足时效性的要求。因此我们采用将相邻两期的数据混合来编制价格指数的方法。

将相邻两期的数据混合，需要分别进行 18 次回归分析，分别用时间哑变量前面的系数表示以上月为基期价格变化的对数。考虑到回归分析的效果，不同时期的 hedonic 方程中变量设定并不完全一致。在一些模型中，时间哑变量前面的系数并不显著，这反映了两期之间价格变化并不太大[①]。在一些模型中，模型的拟合优度较低。但是在很多对计算机的实证分析中都存在这样的问题，如 Ariel Pakes（2003）对 1995 - 1999 年美国市场上的计算机用 8 个不同模型估计了 5 个年度的 hedonic 价格指数，结果显示最低拟合优度为 0.308，最高为 0.520。很多实证研究也有类似现象。本模型结果见表 5 - 7，由模型得到的价格指数见表 5 - 9中第二列。

2. 基于 hedonic 价格推导法的价格指数

hedonic 价格推导法可以区分为针对部分样本和针对全部样本进行的价格推导。当前后时期能够匹配的样本较多时，可以采用只对新产品或者消失了的产品进行价格推导。在我们的数据结构中，前后时期匹配的样本并不多，因此我们采用对全部样本均进行价格推导并得出帕氏类型的 hedonic 价格指数。相对于拉氏类型的 hedonic 价格指数，帕氏类型的优势在于可以直接利用上期的 hedonic 模型来推导价格，具有节省时间的优点。

这里再将所用的公式列出来。因为 hedonic 函数采用半对数形式，即

$$\ln P_t = \ln h_t(X_t) = \alpha + \beta_t X_t \tag{5.5.2}$$

所以可以得出拉氏型和帕氏型的 hedonic 价格指数分别如（5.5.3）式和（5.5.4）式所示。

$$P_L = \frac{h_t(X_{t-1})}{P_{t-1}} = \frac{P_t \cdot \exp[-\beta_t(X_t - X_{t-1})]}{P_{t-1}} \tag{5.5.3}$$

$$P_P = \frac{P_t}{h_{t-1}(X_t)} = \frac{P_t}{P_{t-1}\exp[\beta_{t-1}(X_t - X_{t-1})]} \tag{5.5.4}$$

---

① 若将较长时期的数据混合后发现时间哑变量前面的系数是显著的，说明从长期看价格的变化是显著的。而采用相邻两个月的数据混合后，多数时间哑变量系数是不显著的，这反映了短期内价格的变化是不显著的。但这并不妨碍我们使用时间虚拟变量前面的系数来表示剔除质量变化因素后的价格变化，只要其他特征变量是显著的。

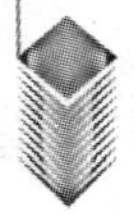

表 5－7　　相邻两期的 hedonic 时间哑变量价格指数计算结果

日　期	自　变　量								调整的 R^2
	C	X1	X2	X3	X4	X5	X6	X7	
06. 9—06. 10	8. 885	－0. 32 * （－6. 618）		0. 00032 * （2. 695）	0. 01 * （5. 618）	－0. 162 * （－3. 318）		－0. 032 （－0. 671）	0. 567
06. 10—06. 11	9. 052	－0. 251 * （－5. 8）	0. 265 * （2. 048）	0. 00037 * （2. 924）	0. 004 * （2. 177）	－0. 234 * （－4. 556）	－0. 164 * （－3. 177）	－0. 068 （－1. 542）	0. 56
06. 11—06. 12	9. 614	－0. 121 * （－3. 325）		0. 00038 * （4. 299）	0. 003 * （2. 549）	－0. 297 * （－6. 635）	－0. 246 * （－5. 917）	－0. 089 * （－2. 472）	0. 701
06. 12—07. 1	9. 49	－0. 147 * （－3. 232）		0. 00022 * （2. 351）	0. 005 * （4. 188）	－0. 334 * （－5. 981）	－0. 153 * （－2. 898）	0. 043 （1. 009）	0. 587
07. 1—07. 2	8. 917	－0. 169 * （－3. 167）	0. 496 * （3. 087）	0. 00039 * （3. 992）		－0. 332 * （－5. 231）		0. 012 （. 232）	0. 384
07. 2—07. 3	8. 87	－0. 177 * （－3. 250）	0. 517 * （3. 520）	0. 00035 * （3. 841）		－0. 309 * （－5. 456）		－0. 01 （－. 175）	0. 366
07. 3—07. 4	8. 938	－0. 277 * （－5. 469）	0. 356 * （2. 717）	0. 00024 * （3. 135）	0. 004 * （3. 581）	－0. 331 * （－6. 448）		－0. 075 ** （－1. 576）	0. 476
07. 4—07. 5	8. 458	－0. 250 * （－5. 323）	0. 584 * （4. 571）	0. 00013 ** （1. 742）	0. 003 * （2. 708）	－0. 202 * （－3. 984）	－0. 178 * （－3. 029）	－0. 018 （－. 421）	0. 601
07. 5—07. 6	7. 634	－0. 190 * （－4. 770）	0. 908 * （6. 746）		0. 001 ** （1. 774）		－0. 211 * （－4. 028）	－0. 040 （－1. 083）	0. 661

续表

日　期	自变量								调整的 R^2
	C	X1	X2	X3	X4	X5	X6	X7	
07.6—07.7	8.583	-0.223* (-5.016)	0.538* (4.501)			-0.053** (-1.353)	-0.327* (-6.670)	-0.039 (-.975)	0.576
07.7—07.8	9.160	-0.278* (-6.238)	0.249* (2.444)	0.00015* (2.533)		-0.137* (-3.230)	-0.34* (-6.955)	-0.017 (-.421)	0.578
07.8—07.9	8.658	-0.182* (-4.493)	0.259* (2.621)	0.00013* (2.890)	0.076* (2.801)	-0.392* (-5.025)	-0.396* (-8.730)	0.010 (.280)	0.646
07.9—07.10	8.57		0.689* (5.682)	0.00015* (2.95)	-0.002* (-2.266)	-0.193* (-4.035)	-0.321* (-6.233)	-0.021 (-0.556)	0.639
07.10—07.11	7.948	-0.135* (3.043)	0.791* (7.646)	0.00020* (4.602)		-0.22* (-4.236)		-0.052 (-1.259)	0.612
07.11—07.12	7.74	-0.098** (1.879)	0.85* (8.069)	0.00017* (3.378)		-0.168* (-3.319)		-0.025 (-0.499)	0.555
07.12—08.1	7.914	-0.19* (2.534)	0.462* (3.199)	0.00017* (2.29)	0.003* (2.223)	-0.018* (-2.139)		0.052 (0.76)	0.356
08.1—08.2	8.196	-0.381* (4.988)			0.006* (5.642)		-0.183** (-1.688)	0.028 (0.402)	0.419
08.2—08.3	8.324	-0.501* (6.865)			0.005* (5.158)		-0.345* (-3.633)	-0.047 (-0.741)	0.525

注：因变量为价格的对数，括号内的值为t值。*、**分别表示1%和5%的显著性水平。

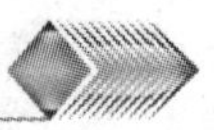

不同于前述 hedonic 时间哑变量方法的是，hedonic 价格推导法需要估计每月的 hedonic 方程来进行价格的推导。我们仍采用“对数 - 线性”形式来估计 hedonic 方程，模型估计结果见表 5 - 8。

表 5 - 8　各种价格指数的计算结果

日期	时间哑变量 hedonic 指数	帕氏型 hedonic 价格指数	未调整的价格指数
2006 年 9 月	100%	100%	100%
2006 年 10 月	96.85%	98.44%	96.84%
2006 年 11 月	93.43%	91.42%	99.87%
2006 年 12 月	91.48%	88.86%	97.19%
2007 年 1 月	104.40%	101.92%	104.87%
2007 年 2 月	101.20%	102.50%	101.38%
2007 年 3 月	99%	98.69%	99.38%
2007 年 4 月	92.70%	93.93%	100.10%
2007 年 5 月	98.22%	102.79%	99.59%
2007 年 6 月	96.08%	99.70%	99.99%
2007 年 7 月	96.18%	95.57%	101.22%
2007 年 8 月	98.31%	98.01%	101.23%
2007 年 9 月	101%	100.57%	100.79%
2007 年 10 月	97.92%	101.24%	97.56%
2007 年 11 月	94.93%	99.25%	96.24%
2007 年 12 月	97.53%	96.09%	100.03%
2008 年 1 月	105.30%	107.90%	103.82%
2008 年 2 月	102.84%	96.96%	100.33%
2008 年 3 月	95.40%	91.91%	91.03%

估计出每月的 hedonic 模型后，我们就可以用 t - 1 期 hedonic 模型估计出 t 期的每一个样本的价格，并计算帕氏型 hedonic 价格

指数。由于我们采用的是“对数－线性”形式的 hedonic 模型，若采用几何平均方法来计算两期的价格指数，则我们可以按照公式（5.5.5）来具体计算价格指数：

$$I = \frac{(\prod P_{it})^{1/n}}{(\prod h_{t-1}(X_t))^{1/n}} = \sqrt[n]{e^{(\sum \ln price_{it} - \sum est\ln price_{it})}} \tag{5.5.5}$$

其中，Estlnprice 表示按照 t－1 期的 hedonic 方程估计的 t 期计算机价格的对数。计算的帕氏型 hedonic 价格指数结果见表 5－9 第三列。

5.5.4 结论

从上面的计算结果来看，不同时期 hedonic 模型的变量设定不同，但多数模型都显示品牌变量是一个很重要的变量，这说明品牌对笔记本的报价影响非常显著，人们在购买笔记本电脑时对品牌的关注有时甚至超过对电脑配置的关注。

若计算每期笔记本电脑的价格指数时不考虑质量变化这个因素，我们可直接按照几何平均法来计算价格变化，计算结果见表 5－9 第 4 列。

对比质量调整前后的价格指数，我们发现还是存在很大区别（见图 5－2）。总体来看，帕氏型 hedonic 价格指数变化幅度最大，而未调整的价格指数变化幅度最小。从具体月度价格指数来看，不同方法得出的价格的变化不仅变化幅度不同，而且变化方向也不同。如在 2007 年 4 月、5 月、7 月、8 月、12 月及 2008 年 2 月间这几种价格指数就显示出不同的变化趋势，有的指数结果表明价格在上升，有的指数结果表明价格在下降。这种情况在很多文献中也是存在的，但这并不说明质量调整工作是不重要的，相反，这提示我们对包括电脑在内的更新很快的产品应该重视价格指数编制中的质量调整问题，对采用何种质量调整技术应该进行更深入的研究。

表 5－9　　月度 hedonic 模型参数估计表

日期	自变量								调整的 R^2
	C	X1	X2	X3	X4	X5	X6	X7	
06. 9	8. 802	－0. 311 * (－4. 533)	0. 331 ** (1. 884)		0. 014 * (8. 618)			－0. 71 (－2. 594)	0. 654
06. 10	9. 111	－0. 345 * (－5. 128)		0. 00028 * (1. 815)	0. 008 * (3. 097)	－0. 192 * (－2. 701)			0. 476
06. 11	9. 226	－0. 144 * (－2. 738)	0. 294 ** (1. 694)	0. 00040 * (4. 03)		－0. 281 * (－4. 092)	－0. 220 * (－3. 602)		0. 671
06. 12	9. 572	－0. 116 * (－2. 137)		0. 00036 * (3. 11)	0. 003 ** (1. 808)	－0. 305 * (－4. 972)	－0. 254 * (－4. 174)		0. 708
07. 1	9. 438	－0. 212 * (－3. 155)			0. 008 * (5. 829)	－0. 37 * (－4. 22)			0. 505
07. 2	8. 83		0. 531 * (2. 481)	0. 00035 * (2. 168)		－0. 302 * (－3. 668)	－0. 175 * (－2. 289)		0. 399
07. 3	7. 735	－0. 239 * (－3. 123)		0. 00027 * (2. 4)	0. 005 * (2. 721)	－0. 764 * (2. 58)		0. 197 * (－3. 877)	0. 417
07. 4	9. 097	－0. 281 * (－4. 076)	0. 388 * (2. 238)		0. 003 * (1. 866)	－0. 299 * (－4. 196)	－0. 182 * (－2. 496)		0. 555
07. 5	8. 231	－0. 194 * (－3. 815)	0. 934 * (5. 522)		0. 002 * (2. 39)		－0. 224 * (－3. 623)	－0. 054 * (－2. 293)	0. 736

续表

日期	自变量								调整的 R^2
	C	X1	X2	X3	X4	X5	X6	X7	
07.6	7.889	-0.16* (-2.574)	0.83* (4.184)				-0.279* (-3.977)		0.591
07.7	9.44	-0.366* (-5.435)		0.00023* (2.943)		-0.111* (-2.15)	-0.292* (-3.772)		0.603
07.8	8.658	-0.2* (-3.09)	0.367* (2.863)			-0.423* (-3.305)	-0.372* (-5.132)	0.076** (1.747)	0.553
07.9	8.534	-0.164* (-3.057)	0.265** (1.178)	0.0002* (2.35)		-0.376* (-3.744)	-0.403* (-6.579)	0.081* (2.225)	0.702
07.10	8.026	-0.126* (-2.196)	0.94* (5.683)	0.0003* (3.455)	-0.003* (-2.456)	-0.176* (-2.674)	-0.154* (-1.99)		0.686
07.11	6.211		0.621* (4.487)	0.0003* (4.158)		-0.798* (-4.845)		0.24* (3.51)	0.643
07.12	8.169		0.947* (6.216)	0.0001** (1.645)				-0.053* (-1.919)	0.53
08.1	8.402	-0.297* (-2.579)			0.007* (5.473)				0.336
08.2	8.376	-0.498* (-4.944)			0.008* (7.08)				0.491

注：价格指数均以2006年9月为基期。因变量为价格的对数，括号内的值为t值，在部分月度模型中增加了变量X7。*和**分别表示1%和5%的显著性水平。

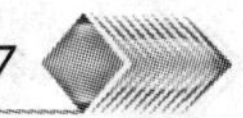

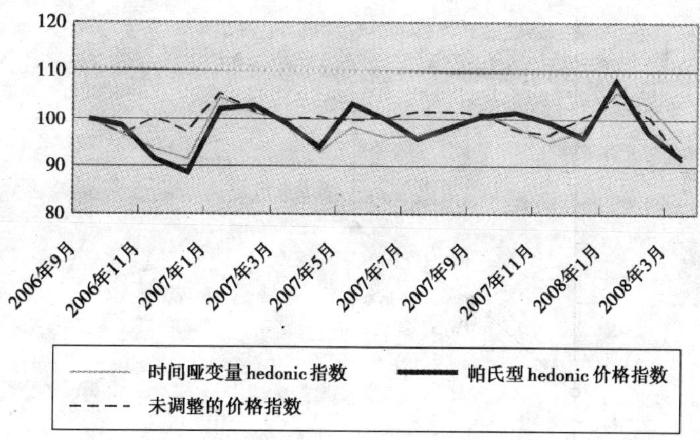

图 5－2 各种价格指数图示

附图：

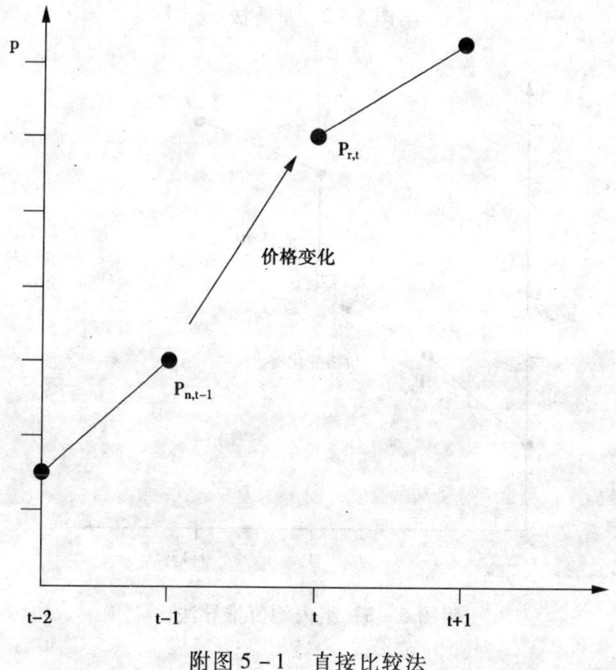

附图 5－1 直接比较法

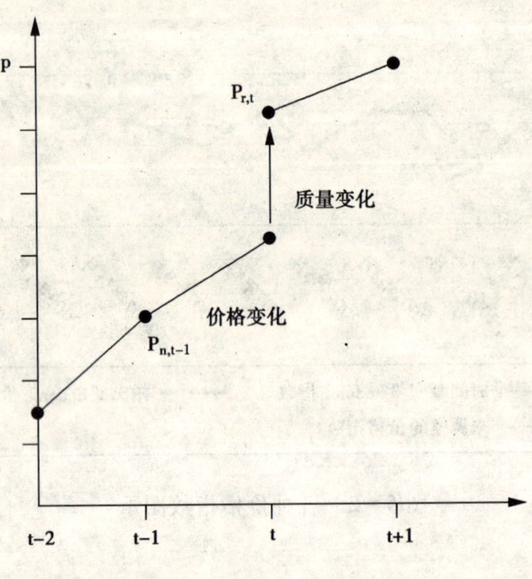

附图 5-2　重叠法

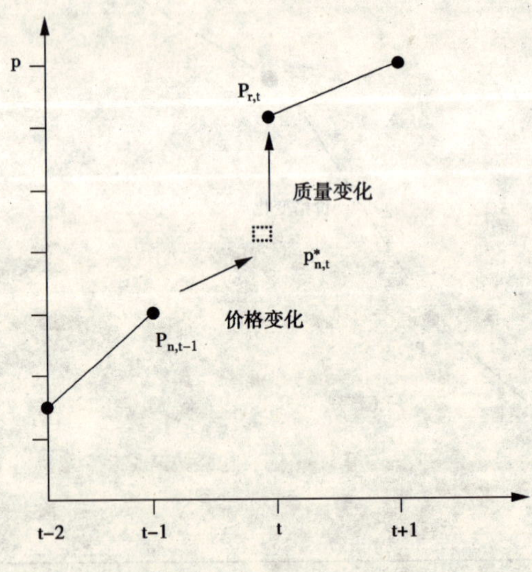

附图 5-3　组内均值推导法

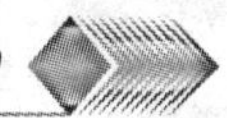

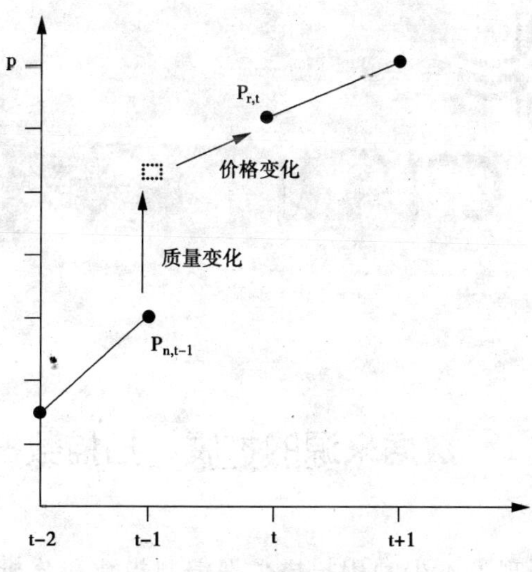

附图 5-4 直接质量调整法

6 CPI编制中的专题讨论

6.1 数据来源的扩展：扫描数据

近年来涌现了不少利用扫描数据编制指数和分析指数偏差的研究，包括 Berndt 等（1993），Silver（1995），Saglio（1995），Reinsdorf（1996），Dalen（1997）[①]，Bradley 等（1998），Dalen（1998），Lowe（1998），Moulton 等（1998），Haan 和 Opperdoes（1998），Hawkes 和 Smith（1999）[②]，Reinsdorf（1999），Feenstra 和 Shapiro（2001），Silver 和 Heravi（2001），Richardson（2000），Schut（2002），Silver 和 Webb（2002）。从涉及到的产品类型来看，大致包括两类，一类是日用品及食品，一类是耐用品，具体包括咖啡、金枪鱼、电视机、油脂类、洗洁净、谷类和冷冻鱼（Palen，1997）以及计算机软件、洗衣机、照相机、洗碗机等高科技产品。这些研究有的是直接编制某种产品的价格指数，有的是用来分析和比较价格指数中存在的偏差大小，有的结合质量调整技术编制了质量调整后的价格指数。

---

① Lorraine Ivancic, Estimating substitution bias in price indexes: an empirical investigation using scanner data, working paper.

② Mick Silver and Saeed Heravi（2001）. Scanner data and the measurement of inflation. The economic Journal, Vol. 111, PP383－404.

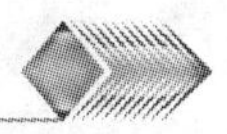

6.1.1 扫描数据与传统数据收集方式的比较

编制 CPI 的基础工作是收集数据。传统的数据收集方式是先确定代表规格品，然后由价格调查员在确定的价格采集点来收集价格。这种价格收集方式决定了不可能收集很多代表规格品的价格信息，因此在量的方面会受到限制。同时数据结构也比较单一，基本上是收集价格信息，而不是收集交易数量、交易地点等信息。

扫描数据的提出大大拓宽了数据来源渠道，同时使得数据结构也有很大改善。扫描数据（scanner data、barcode data 或者 electronic point - of - sale data，EPOS）是消费者在交易时保留下来的数据。它一般是通过扫描和识别商品上的条形码来获取，条形码上一般会有商品名称、商品编号、产品型号等关于产品特征的信息，在交易时零售商的电子处理系统还可以记录相关的零售点及类型、价格、交易数量、交易时间等信息。扫描数据一般是在超级市场收集，也包括一些其他类型的销售形态，如能够提供电子销售数据的杂货店等。

扫描数据与传统的数据收集方式相比，有如下特点：第一，可以收集到多种商品的扫描数据，而不仅仅局限于代表性商品。例如传统价格收集法下我们要收集电脑的价格，可能只能收集 IBM、联想、SONY 等代表性品牌的部分商品的价格，扫描数据则可以为我们提供几乎所有品牌的、所有型号电脑的数据，使样本容量显著增大。第二，对每一种商品来说，扫描数据能够提供很多交易数量和交易金额信息，这可以补充一些权重变化的信息，而这一点是传统价格收集方式下很难做到的。第三，扫描数据得到的价格是实际交易价格而非挂牌价格，传统的价格收集方式下可能得到的是挂牌价格而非实际交易价格。第四，扫描数据能够提供很多产品特征或质量方面的详细信息，而在传统数据收集方法下要想反映产品质量是否变化，需要价格收集员有一定的专业知识和能力。第五，很多时候扫描数据是以电子版形式出现，使得数据录入变得简化。第六，扫描数据可以连续收集，提供更长时间范围内的数据，如每天的交易情况都可以反映在扫描数据中。而传统的数据收集方式只能间断收集，在每月的某几日去收集数据，如英国在每月的第二个或第三个周二来收集价格。第七，扫描数据可以收集更多零售点的信息，而传统的数据收集方式只能抽取部分零售点来收集价格。这几个方面都是扫描数据优于传统数据收集方法的地方。扫描数据的获取大大方便了人们利用大样本来编制 CPI 的基本指数。Mick（1995）[①]编制了英国市场上彩色电视机的价格指数，所使用的扫描数据包括了 1993 年英国市场上 280 万个交易，交易金额为 8.3 亿英镑，数据覆盖了超过 90% 的市场情况。Mick Silver（1999）[②] 又利用 GFK 提供的英国市场上电视机的扫描数据进行了分析，数据被整理成月度数据，时间范围是 1994 年 6 月到 1995 年 5 月，包括 350 多种电视机型号，3889 个样本，交易金额达 738 万英镑。如此大量的信息是在我们传统的数据收集方式下做不到的，因此我们可以说扫描数据比传统价格收集方式下收集到的数据容量更接近于“总体”。同时由于数据结构的变化，也使得价格指数编制方法的选择余地更大，对降低 CPI 偏差是很有帮助的。

由于 Mick 的文章中没有提供具体的数据结构，我们引用了 Heymerik van der Grient（2004）的一篇文章，来看扫描数据汇总后的数据结构。扫描数据能提供大量的交易数据，如表 6－1 所示，同时扫描数据还能提供一些市场结构信息，如超市、连锁店等在某一类产品上的市场占有结构，不过是限于能够提供扫描数据的那部

① Mick Silver. Elementary aggregates, micro－indices and scanner data: some issues in the compilation of consumer price indices. Review of income and wealth, series 41, December 1995.

② Mick Silver. An evaluation of the use of hedonic regression for basic components of consumer price indexes. Review of Income and Wealth, series 45, March 1999.

分市场（见表6－2），以及不同品牌的市场占有结构（表6－3）等。

表6－1　　1999—2001年间荷兰部分耐用品销售量的扫描数据

耐用品名称	1999年	2000年	2001年	1999—2001年
电视机	997310	1046023	965254	3008587
冰箱	547909	569770	565752	1638431
独立型冰箱	382207	401596	402225	1186028
内置型冰箱	165702	168174	163527	497403
洗衣机	458100	490285	504466	1452851
计算机	1039052	1011953	919634	2970639
商用计算机	668116	606104	570038	1844258
家用计算机	370936	405849	649596	1126381

资料来源：Heymerik van der Grient. Scanner Data on Durable Goods: Market Dynamics and Hedonic Time Dummy Price Indexes. Discussion paper 04001, Statistics Netherlands.

表6－2　　扫描数据反映的市场结构　　单位：%

市场类型	电视机	冰箱		洗衣机	计算机
		独立型	内置型		
超市	28.8	31.8	6.6	35.2	3.7
连锁店	49.3	55.9	2.0	52.7	23.7
百货店及邮购型	3.3	3.0	0.0	3.5	4.9
专卖店	16.3	7.8	1.3	8.6	5.4
厨房用具店	—	1.5	90.1	—	—
照相器材店	2.3	—	—	—	9.3
计算机店	—	—	—	—	53.0
合计	100	100	100	100	100

资料来源：Heymerik van der Grient. Scanner Data on Durable Goods: Market Dynamics and Hedonic Time Dummy Price Indexes. Discussion paper 04001, Statistics Netherlands.

表 6－3　　扫描数据中的品牌结构

类　型	品牌总数	前 10 位品牌的市场份额
电视机	77	94%
冰箱	74	78%
洗衣机	45	90%
计算机	33	95%

资料来源：Heymerik van der Grient. Scanner Data on Durable Goods: Market Dynamics and Hedonic Time Dummy Price Indexes. Discussion paper 04001, Statistics Netherlands.

6.1.2　扫描数据如何改进 CPI 的编制

在指数文献中对 CPI 偏差的研究结果认为偏差主要包括如下几类：一是商品替代性偏差，二是零售点替代性偏差，三是新产品因素偏差，四是质量变化偏差，五是权重性偏差。这些偏差有的是由于编制方法引起，有的是由于数据的限制而引起。

而扫描数据提供了大量丰富的数据，既减缓了数据的限制，相应又扩大了指数编制方法的选择，有助于改进 CPI 的编制，降低 CPI 中的偏差。体现在能够降低由于质量变化因素导致的偏差和商品替代性偏差，同时也有助于我们识别新产品的出现，减少新产品因素引起的偏差。利用扫描数据也能够对权重性偏差进行辅助性检验，同时也为基本指数的编制提供了更大的选择余地。

1. 降低质量变化偏差

质量变化偏差在所有偏差中所占比例最大，是一个比较重要也比较棘手的问题。hedonic 方法是一种较为广泛使用的、用于构建质量调整后价格指数的方法。

在传统的价格收集方式下，所收集到的样本往往非常有限，而回归分析的一个基本要求是样本容量应该尽量大。扫描数据往往能够满足这一点要求。另外，hedonic 分析要求有产品的特征指标，比如要编制计算机的价格指数，我们应该有基本的计算机特征方面

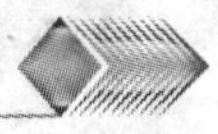

的信息，如内存容量、硬盘容量、显示器大小、CPU 运行速度、光驱等等，而这些信息的收集在传统方式下需要专门去做，而扫描数据方式下则比较容易收集到这些信息。

在利用扫描数据进行分析的文献中，编制 hedonic 价格指数的文献所占比重较大，包括 Mick Silver（1995，1999）、Christos Ionnidis 和 Mick Silver（2003）、Heymerik van der Grient（2004）等等。以 Christos Ionnidis 和 Mick Silver（2003）[①] 的分析为例来看，他们利用了 1992 年 6 月到 1995 年 5 月间英国电视机的扫描数据，用 hedonic 方法编制了质量调整的电视机的价格指数。所利用的变量包括 50 个品牌、18 类屏幕尺寸、是否图文电视、纯平显示器、是否有遥控、是否是丽音等特征变量，以及价格、销量等方面的变量，编制了各种 hedonic 价格指数，包括链式质量调整的精确价格指数、拉氏型 hedonic 价格指数和帕氏型 hedonic 价格指数，并进行了对比。可以认为，在传统的数据收集方式下，这是几乎不可能做到。

扫描数据还可以解决 hedonic 计量模型中的一些问题，如遗漏变量偏差，以及采用加权估计的方法，这也得益于其信息丰富、样本容量大的优点。同时如果产品消失，拟采用替代产品的话，我们则可以根据 hedonic 方程中主要特征的隐含价格的信息，来有效地选择替代品。同时也能将 hedonic 方程得出的系数用于模型匹配法中，进行直接的质量调整。

2. 扩大了基本指数公式的选择余地

通常在基本指数层面，由于数据的限制，主要采用不加权公式来编制。而扫描数据中包含销售数量和金额的信息，因此用加权的形式来编制基本指数就变得可行。比如编制电脑的价格指数，不同

---

① Christos Ioannidis And Mick Silver. Chained, exact and superlative hedonic price changes: estimates from microdata. Applied Economics, Vol. 35. PP1005 – 1014, 2003.

品牌的电脑销量可能差异很大，而扫描数据能够提供不同品牌电脑的销售量信息，这样就能编制加权的价格指数。而且要指出的是，扫描数据的获取相对来说要迅速一些，因此报告期的权重信息也很容易获取，这就使得传统数据收集方式下不能使用的一些公式变得可行了，如帕氏、Fisher 理想价格指数等。如 Mick Silver（1995）就使用扫描数据编制了几种电视机价格指数，包括 Dutot 指数、链式拉氏指数、链式 Törnqvist 指数、定基 Törnqvist 指数等。

3. 测算和降低商品替代性偏差

在测算商品替代性偏差时，一个简单的办法就是用拉氏价格指数和高级指数之间的差作为偏差的测度，而高级指数往往既需要基期的数量信息，也需要报告期的数量信息。前面我们已经分析了扫描数据可以提供更多的指数公式的选择，因此这就为偏差测度提供了可能。

Lorraine Ivancic① 在一篇讨论稿中用扫描数据计算了商品的替代性偏差，所利用的数据是 A. C. Neilson 在澳大利亚每个省会城市的四个连锁超级市场上收集的价格，覆盖了 1997 年 2 月到 1998 年 4 月共 65 周 19 种产品的数据。在这 19 种产品中观察值最少的是面包类，共 120000 种，最多的是果汁类和宠物食品类，达到 250 万种。偏差测度的基本思想是用拉氏指数和高级指数之间的差来反映。扫描数据为计算每种商品的拉氏指数和高级指数提供了数据支持。

我们用表 6 - 4 列出了其计算的偏差的部分结果，包括每周、每月和每季的偏差大小，所采用的指数形式包括定基和链式两种类型。这提示利用扫描数据可以进行细致的分析和分解，能够为我们提供关于偏差程度大小的问题。

① Lorraine Ivancic. Estimating substitution bias in price indexes: an empirical investigation using scanner data. Unpublished Working Paper.

表 6－4　　Lorraine Ivancic 关于偏差的计算结果

	定基			链式		
	季度	月度	周	季度	月度	周
饼干	0.002	0.005	0.013	0.000	0.050	0.555
面包	0.008	0.010	0.028	0.012	0.071	3.135
黄油	0.003	0.010	0.006	0.009	0.043	0.409
谷类	0.000	0.002	0.011	0.008	0.039	0.785
咖啡	0.009	0.010	0.016	0.014	0.088	1.089
洗洁净	0.002	0.005	0.013	0.005	0.055	0.423
速冻豌豆	0.002	0.006	0.011	0.006	0.063	0.815
蜂蜜	0.002	0.002	0.004	0.003	0.019	0.120
果酱	0.000	0.005	0.007	0.005	0.046	0.619
果汁	0.005	0.009	0.031	0.014	0.080	1.568
人造黄油	0.006	0.011	0.012	0.028	0.208	7.841
油	0.009	0.010	0.016	0.020	0.122	0.527
意大利面	0.003	0.006	0.013	0.007	0.072	1.837
宠物食品	0.000	0.005	0.009	0.006	0.044	0.480
软饮料	0.007	0.018	0.038	0.024	0.252	5.378
涂抹食品	0.005	0.007	0.009	0.005	0.033	0.158
糖	0.001	0.003	0.022	0.001	0.037	0.378
罐装西红柿	0.000	0.010	0.021	0.008	0.092	0.560
卫生纸	0.007	0.016	0.050	0.036	0.220	8.837

资料来源：Lorraine Ivancic. Estimating substitution bias in price indexes: an empirical investigation using scanner data. Discussion paper.

替代性偏差既可能存在于一类商品内，也可能存在于不同类之间，如近期猪肉价格上涨较快，消费者可能会选择价格变动不太大的鱼类产品，这些产品主要涉及到 CPI 编制中的“肉禽及其制品类”和“水产品类”。要想降低由于这些商品之间的替代而导致的偏差，我们需要了解消费者在这些相关消费品之间的消费份额的变化，如果能够获得消费份额变化的相关信息，用新的权重资料来编制价格指数就可以降低商品替代性偏差。

当我们收集到相关的扫描数据后，我们就可以计算相关的消费份额的变化及其变化程度，这样可以推导这些产品之间权重变化的信息，从而可以有效降低 CPI 中的商品替代性偏差。

4. 可以对权重性偏差进行辅助性检验

David E Lebow 和 Jeremy B Rudd 提出了 CPI 中的权重性偏差，主要指在确定权重时存在一定的误差而导致 CPI 中的偏差。如果扫描数据的信息较全面，则可以对权重性偏差进行辅助性检验。

挪威统计局曾经搜集了 CPI 中“食品及非酒精饮料类”的扫描数据，比较了以扫描数据为基础得出的权重与消费者支出调查中得出的权重（见表 6－5），这也提示我们可以根据扫描数据对 CPI 中的权重性偏差进行辅助性检验。

表 6－5　两种数据来源下的权重比较　　单位：%

分类	2002 年		2003 年		2004 年	
	扫描数据	消费支出调查	扫描数据	消费支出调查	扫描数据	消费支出调查
面包和谷类	13.0	13.6	12.9	13.6	12.9	13.8
肉类	17.6	21.5	17.3	21.2	17.9	21.0
鱼类	4.7	6.0	4.5	6.0	4.4	6.0
牛奶、奶油和鸡蛋	17.1	15.7	17.1	15.1	17.2	14.4
油及脂类	2.5	2.4	2.5	2.3	2.4	2.1
水果	5.0	6.8	5.0	6.7	4.8	6.6
蔬菜	8.6	8.6	9.1	8.6	8.7	8.8
糖、巧克力、果酱	10.0	9.8	10.0	10.3	10.1	10.3
其他食品	8.7	5.2	8.8	5.9	9.0	6.6
咖啡、茶及可可饮料	2.8	2.8	2.8	2.6	2.9	2.5
矿泉水、果汁及软饮料	10.0	7.5	10.0	7.7	9.7	7.9
合计	100	100	100	100	100	100

资料来源：Joaquin Rodriguez and Frank Haraldsen. The use of scanner data in the Norwegian CPI: The “new” index for food and non－alcoholic beverages. Economic Survey, 4/2006.

不过需要注意的是，扫描数据所提供的权重主要是低层权重，较高层的权重仍需要通过消费者支出调查获得。

5. 识别新产品的进入以减少新产品性偏差

在产品更新换代较快的情况下，经常会出现新产品，但在编制 CPI 时，新产品引入产品篮子却经常存在滞后现象，这就会导致 CPI 出现“新产品性”偏差。在扫描数据可以获取的情况下，就可以比较容易地鉴别是否有新产品出现，新产品在消费者产品篮子中所占的比重大小，有助于较快地将新产品引入产品篮子，以减少新产品引起的偏差。

Heymerik van der Grient① 通过对荷兰市场上电视、冰箱、洗衣机和电脑的扫描数据进行分析后，认为荷兰市场上这些耐用品的动态变化是很强的，不断有新产品出现和旧产品退出。扫描数据能帮助我们识别新产品的进入，为进一步降低新产品性偏差提供信息。

6. 估算新产品出现和旧产品退出对价格指数偏差的影响

在 COLI 框架下，新产品的出现和旧产品的退出都会对消费者效用产生一定的影响。如何估算这种情况下 CPI 的偏差呢？在指数文献中有三种思路：一种是根据 hedonic 方程来计算新的价格指数，与官方的价格指数进行比较得出；第二种是通过估计保留价格来得出偏差（保留价格就是在产品引入市场之前，若使市场需求为 0 的产品定价）；第三种是利用不变替代弹性来估计。

扫描数据为第一种方法和第三种方法的使用提供了基本的数据支持。我们已经讨论过利用扫描数据编制 hedonic 指数的方法，这里我们主要讨论第三种方法。第三种方法最初是由 Feenstra

① Heymerik van der Grient. Scanner Data on Durable Goods: Market Dynamics and Hedonic Time Dummy Price Indexes. Discussion Paper 04011, Statistics Netherlands.

(1994) 提出，后来被 Nahm (1998) 和 Balk (1999) 进一步发展。应用该方法的主要是 Feenstra 和 Shiells (1994)、De Haan (2001) 和 Opperdoes (2001)①。这种方法能够在比较简单的框架下核算新产品的出现和旧产品的退出对生活费用指数的影响。简单来说所使用的公式如 (6.1.1) 所示：

$$\left[\sum_i s_i^0 (p_i^1/p_i^0)^{1-\sigma}\right]^{1/(1-\sigma)} \tag{6.1.1}$$

该公式表示在不变替代弹性的偏好结构下的生活费用价格指数，其中 σ 是待估计的替代弹性值。与 Fisher 等其他高级指数相比，这一指数的好处是能够比较及时地计算得到。

Daniel Melser② 利用澳大利亚超级市场的 19 种产品在 1997 年 2 月到 1998 年 4 月间的扫描数据进行了分析。这 19 类多数都属于 CPI 中的“加工食品 (processed food)”类，这类产品出现新产品或旧产品退出的情况是经常存在的，在同一品牌下新增很多新品种的情形也经常出现。这使得消费者的选择余地大大增加，能够改变和影响消费者的福利。Daniel Melser 利用扫描数据，估计了平均的替代弹性，然后利用不变替代弹性函数估计了新出现产品和退出产品对生活费用指数的影响，在此基础上就可以估算出实际价格指数的偏差。扫描数据方便了替代弹性的估计，使得利用 CES 函数来估计新出现产品和退出产品的影响变得可行。

6.1.3 国外政府部门对扫描数据的认识

鉴于扫描数据能够拓宽数据来源，改善数据供给结构，同时也加大了 CPI 编制方法的选择余地，国外政府部门非常重视扫描数据

---

① Daniel Melser. Accounting for the effects of new and disappearing goods using scanner data. Review of Income and Wealth, 52 (4), 2006.

② Daniel Melser. Accounting For The Effects Of New And Disappearing Goods Using Scanner Data. Review Of Income And Wealth, Series 52, December 2006.

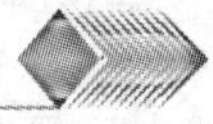

在 CPI 编制中潜在的应用。早在 1993 年 Diewert① 第一次提出在价格指数编制中使用扫描数据，因为扫描数据能够提供销售的信息，这样可以减少价格指数中的替代性偏差及新产品偏差（但是这种思想的萌发是在 1988 年）。之后 Boskin② 等人也积极建议在美国 CPI 编制中使用这种数据。他们论述到扫描数据有助于经常更新权重，有助于经常更新产品和服务篮子。只要有可能，就应该使用扫描数据及一些其他外部数据，提供较新的权重，准确跟踪实际价格，较快将新产品纳入产品篮子等。欧盟统计局充分肯定了这种数据对于提高 HICP 的可比性和可靠性方面的作用，也同样表示应该推进这种数据的广泛使用（Astin 和 Wellwood③）。

美国 BLS 的研究人员从 1993 年开始利用数据机构提供的扫描数据进行研究。在美国两个主要的数据提供商是 A. C. Nielsen 和 Informtion Resources Inc. （简称 IRI），他们与 BLS 进行了多年的合作。BLS 的研究人员 Bradley（1995）利用 A. C. Nielsen 提供的十个地区两年间四种商品（番茄酱、卫生纸、牛奶和金枪鱼）的扫描数据，比较了多种不同的价格指数，Reinsdorf（1996）利用 A. C. Nielsen 关于咖啡的扫描数据，计算了 1992 年 12 月到 1994 年 12 月之间芝加哥和华盛顿两地的咖啡价格指数。Ralph Bradley④ 等

---

① W. E. Diewert. The Early History of Price Index Research. *Essays in Index Number Theory*, (Vol. 1), W. E. Diewert and A. O. Nakamura, eds, North - Holland, Amsterdam, 1993, pp. 33 - 65.

② M. S. Boskin, E. R. Delberger, R. J. Gordon, Z. Griliches and D. W. Jorgenson. Consumer Prices in the Consumer Price Index and the Cost of Living. *Journal of Economic Perspectives* 12 (1) (1998), 3 - 26.

③ J. A. Astin and D. J. Sellwood. Harmonization in the European Union: A Review of Some Technical Issues. *Proceedings of the Third Meeting of the International Working Group on Price Indices*, B. Balk, ed., Research Paper no. 9806, Statistics Netherlands, 1998, pp. 291 - 308.

④ Ralph Bradley, Bill Cook, Sylvia G. Leaver and Brent R. Moulton. An Overview of Research on Potential Uses of Scanner Data in the U. S. CPI. Paper presented at the Fifth meeting of the International Working Group on Price Indices 1997. available at http: // www. ottawagroup. org.

人讨论到：BLS 利用扫描数据，主要关注的是如何能够使 CPI 更准确地测度 COLI，具体包括以下方面：扫描数据如何能够解决商品和零售点的替代性偏差，扫描数据怎么能降低抽样误差，扫描数据如何有助于更准确地实施概率抽样等。

在英国扫描数据的收集模式是这样的：零售商会将其数据传到一个负责编制汇总的市场研究机构如 GFK 公司，该机构将汇总后的数据卖给厂家或其他一些有兴趣的机构，同时反馈给零售商，有助于其了解市场，改进下一步的营销策略。这种双赢的机制刺激了零售商提供数据的积极性。澳大利亚统计局也通过市场性机构采购了一些扫描数据，用以研究如何在 CPI 编制中使用扫描数据[①]。其他统计机构也有一些关于扫描数据的试验性研究，如 2005 年 8 月挪威统计局对"食品及非酒精饮料类"价格指数的编制，瑞典统计局、瑞士统计局等也参与了扫描数据的研究。

尽管扫描数据比传统数据收集方式有一些优点，但是各国统计机构也认识到扫描数据自身客观存在的一些局限性。也正是由于这些局限性的存在，使得扫描数据如何广泛地应用到实践中成为一个需要研究的问题。

扫描数据的局限性有以下几点：

第一，在相关理论和概念方面还需要继续研究。因为扫描数据反映的是交易的情况，而不是消费的情况。在指数理论和相应的国民账户体系中，购买和消费是两个不同的概念。因此在概念方面还需要进一步研究，使得各种概念协调统一。

第二，在目前阶段扫描数据的获取成本不低。在美国、英国及澳大利亚，扫描数据都是通过向市场调查公司购买得到，因此扫描数据的使用可能在现阶段不能降低价格收集的成本，反而会增加

① Daniel Melser 在"Accounting for the effects of new and disappearing goods using scanner data"一文中使用的数据就是澳大利亚统计局购买的。

成本。

第三，统计部门编制价格指数是一项连续、前后一致的工作，需要有长期、连续、及时的数据供给。这就需要相关企业的配合，包括零售部门、市场调查部门等配合提供扫描数据。如果没有好的配合，可能会导致数据收集工作出现中断，不利于指数编制。

第四，对于超大量的数据，统计部门必须拥有很好的处理技术才能得到有用的指数。这对统计部门的数据处理能力也是挑战。

第五，扫描数据虽然能够降低 CPI 的一些偏差，但是前提是扫描数据本身要准确，对市场的代表性好。扫描数据本身的准确性问题与扫描数据的收集、清洗等有关，扫描数据的代表性问题则应该结合对市场的考察来作出评价。如美国 BLS 注意到，1996 年美国市场上食品、家居用品、化妆品、OTC 健康产品、烟草在超级市场的份额为13%，而很多其他市场形态并不能提供扫描数据。因此扫描数据的使用并不意味着要摈弃传统的数据收集方式，两者可以结合起来。

6.1.4 中国应用扫描数据的分析

随着中国经济的发展，出现了越来越多的超级市场、连锁店等，这些销售形态的结算手段也日益电子化，很多产品都能够获得扫描数据。相应地，越来越多的消费者也会选择去超市、连锁店消费。这些因素为中国统计机构应用扫描数据提供了可能。那么将来在中国应用扫描数据应注意什么问题呢?

在应用中，应首先确定什么样的产品应该主要采用扫描数据，什么样的产品应该将扫描数据与传统数据收集方式结合起来，什么样的产品主要依靠传统数据收集方式。一方面应该考虑数据获取的难易程度，另一方面应该考虑人们的消费行为特点，如发生替代可能性大的产品、更新换代较快的产品等可采用扫描数据。

其次应该有一个很好的制度来保障扫描数据的获取。从文献来看，用扫描数据编制价格指数的应用都在发达国家，例如英国、美国、荷兰等。应该说在发达国家，扫描数据的获取相对容易，这与国外的制度环境有关，但在国内目前尚没有人去做扫描数据的收集工作，也没有相应的制度规范。鉴于扫描数据能够给我们在编制价格指数时提供很多帮助，我们认为应该有很好的制度以保障扫描数据的获取。

扫描数据在很多时候可能涉及到卖方的商业秘密，卖方可能不愿轻易提供扫描数据。那么如果有一个好的制度规范，就可以保证扫描数据能够更好地用于研究。这可以利用统计机构的执法功能直接获得，也可以通过一些市场研究机构，发挥其介于零售商和统计机构的桥梁作用有偿取得。但是不管怎么样，以下一些原则对于保证扫描数据的获取是必要的。

保密原则。这可能是最重要的一个原则。这个原则能否顺利实现是扫描数据能否获取的一个很重要的方面。如果不能履行保密原则，那么零售商就会心存担心，也就不愿意真实提供了。

互惠原则。如果零售商在提供扫描数据的同时，也能获得一些相关的指导信息，那么提供者的积极性就会较高。在英国扫描数据的获得可通过一些市场研究机构如 GFK 和 ACNielson 等公司，这些公司从零售商获得数据，对数据中的信息再进行挖掘，将有用的信息再反馈给零售商。

目的单一。对统计机构来说，扫描数据只为统计目的服务，那就是编制价格指数，而不能用作其他的目的。如果要把扫描数据用来监督分析零售商是否依法纳税的话，那么以后扫描数据就很难获取了。

当然扫描数据的应用还有很多需要讨论的问题，在实践中还存在着很多挑战，这些问题都需要我们继续加以研究和完善。

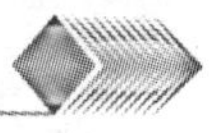

6.2 核心通货膨胀的测定

6.2.1 核心通货膨胀的概念

通货膨胀的测定往往建立在 CPI 的基础上。但是由于 CPI 的构成中包含很多容易受供给冲击、气候等影响的成分，因此被很多人认为并不适合作为对通货膨胀的测定。很多国家提出了核心通货膨胀（core inflation）的概念来测度通货膨胀。

核心通货膨胀的概念最早是由 Eckstein Otto① 于 1981 年提出。Eckstein Otto 将核心通货膨胀定义为菲利普斯曲线方程中的预期通货膨胀，它与生产要素成本的变化趋势有关。在 Eckstein Otto 提出核心通货膨胀概念之前，实际上已经有测度核心通货膨胀的实践，如早在 1972 年美国总统经济报告中就已经在使用剔除抵押贷款利息和食品的 CPI，但它们并没有给出一个明确的名称。

在 Eckstein Otto 提出核心通货膨胀的概念后，其他经济学家又进一步加以发展。如有人认为通货膨胀从长期看是一种货币现象，所以核心通货膨胀应该反映与货币现象相关的那部分产品的价格变化（Bryan 和 Cecchetti，1994），（Wynne，1997；1999）。现在多数人已经接受了核心通货膨胀应该是一个反映潜在通货膨胀趋势的指标。在文献中还存在一个概念，即标题通货膨胀（headline inflation）。标题通货膨胀是指未加修正的通货膨胀，可以说是与核心通货膨胀相对的一个概念。

多个国家的中央银行认识到应该避免将其货币政策建立在一个包含了很多随机因素和临时因素的 CPI 之上，而主要应该考察

① Eckstein，O. Core Inflation. NJ：Prentice Hall，1981.

由于货币因素导致的通货膨胀情况。因此核心通货膨胀概念已经被很多国家的中央银行所使用，以监测通货膨胀水平。核心通货膨胀往往也是一国中央银行制定货币政策或评价其政策效果的一个重要指标，其根本目标是降低通货膨胀，保持币值稳定。此外，也可以根据近期核心通货膨胀的情况对未来的通货膨胀走势进行预测。

6.2.2 核心通货膨胀的测度方法

核心通货膨胀的测度方法有多种，包括剔除法、趋势估计法、有限影响估计法、权重调整法、模型法等。有限影响估计法又可以区分为加权中位数法和截尾平均法。也有的人将这些方法概括为两类：一类是统计法，包括加权中位数法、截尾平均法、剔除法等，一类是建模法，包括结构向量自回归法、共同趋势法和动态因素指数法。

1. 剔除法

(1) 剔除法的基本思想。剔除法在有的文献中也被称为“行为法”。剔除法是较为常用的一种方法，即从 CPI 中剔除价格波动较大的产品，对剩余的产品重新分配权重计算得到新的价格指数为核心通货膨胀指数。那么 CPI 中什么该剔除，什么不该剔除呢？在实践中一些价格容易波动的产品往往从 CPI 中剔除出去，最常见的是剔除食品及能源，因为一些研究认为将某些食品项如新鲜水果和蔬菜以及能源项如石油等加入 CPI，会使得 CPI 的波动性增强 (Cecchetti，1997①)。一些国家在处理时则将所有食品类均剔除出去，尽管只是其中部分食品的波动性较强。美国 BLS 从 1978 年开始公布剔除食品及能源的核心通货膨胀，美国也公布只剔除能源的

① Cecchetti, Stephen G. Measuring Short - Run Inflation for Central Bankers. *Review of the* Federal Reserve Bank of St. Louis. May/June, 1997, 79, 3, 143 - 155.

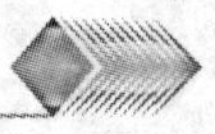

核心指数和只剔除食品的核心指数。

间接税或抵押贷款利息①等因素在实践中也经常被剔除，如英国计算核心通货膨胀就将抵押贷款利息排除在外。因为这些因素具有不稳定性，同时也是货币政策的内生性因素。此外也有将一些临时冲击或一次性冲击等因素造成的价格波动的项目剔除掉的情况，因为这些冲击可能不是需求因素导致的。

为了保证所剔除的产品确实是波动性较强的产品，很多国家在实践中根据过去的历史资料来确定哪些产品的波动性强。如加拿大主要剔除如下项目：水果、蔬菜、汽油、燃油、天然气、城市之间的交通费用、烟草、按揭利息②共 8 项③，剔除这些项目的根据是过去 15 年间的数据。尽管这种处理方式依据的是过去的资料，但是也应该考虑如下问题：第一，过去资料中反映波动较强的产品是否可能随时间变动而趋于平缓？第二，过去资料中波动性不强的产品是否可能随时间变化而波动性增强？这也提示我们：根据过去资料分析的结论应该经常更新。

剔除法的思想也可能被扩展用于剔除进出口因素影响，如 Mankikar 和 Paisley（2004）对英格兰银行提出的剔除了进出口因素的指数给予了关注，如不包含进口价格的 GDP 平减指数和不包含进口因素的 RPIX 指数。这些指数也可以归在剔除法内，当然这些指数所得出的结论是否可靠是值得研究的，它与一个国家的外贸依存程度的高低是紧密相关的。

（2）剔除法下核心通货膨胀的计算。由于剔除法计算相对简单，因此用得较为普遍。以剔除食品及能源的情况为例，核心价格指数的计算如下：

---

① 抵押贷款利息在有些国家被纳入 CPI 计算中。

② Macklem, Tiff. A New Measure of Core Inflation. Bank of Canada Review. Autumn, 2001, P3 - 12.

③ 当然还有间接税被剔除。

$$CPI_{core} = \frac{CPI - CPI_f \cdot w_f - CPI_e \cdot w_e}{1 - w_f - w_e} \tag{6.2.1}$$

其中 f 表示食品类，e 表示能源，w_f 和 w_e 分别表示食品和能源对应的权重。

或者也可以采用另一种公式，如公式（6.2.2）所示。

$$CPI_{core} = \frac{\sum_{i \in \text{其他类}} CPI_i \cdot w_i}{\sum_i w_i} \tag{6.2.2}$$

这两个公式的计算结果应该一致，可以根据资料情况选择使用。

（3）小结。剔除法剔除了 CPI 中容易波动的部分，例如食品及能源等，而引起这些产品价格变动的因素往往是一些短期的、临时性的，例如气候因素、临时缺货因素等。剔除这些因素的目的是要反映中长期的价格波动。剔除法的这种思想已经被很多人认可，再加之用剔除法计算核心通货膨胀能够与 CPI 同时计算和公布，计算方法比较简单，能够满足及时性的要求。因此实践中很多国家采用这种方法来编制核心通货膨胀，尤其是那些刚开始实行盯住通货膨胀的国家。

但是这种方法也有一定的不足。首先，这种方法在不同国家的应用是不同的，在一个国家波动性强的产品在另一个国家的波动性可能不强，因此也造成核心通货膨胀在不同国家的可比性差一些。其次，如何选择剔除产品还需要进一步研究。如通常人们认为食品及能源是波动较强的产品，但是 Cecchetti（1997）利用美国 CPI－U 的数据，发现 CPI－U 的标准差是 2.33%，而剔除食品及能源后的 CPI－U 的标准差为 2.58%，这说明食品及能源的波动并不比其他种类的产品大。所以利用剔除法来编制核心通货膨胀指数还需要深入的研究，包括剔除标准的制定等方面的研究，尽管目前剔除食品、能源等似乎是比较公认的做法，但不见得其就是完美的。

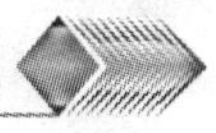

2. 趋势估计法

所谓趋势估计法实际就是利用时间序列的分解方法，将趋势项分解出来。时间序列中我们区分了乘法模型和加法模型，将乘法模型设为 Y = T × S × I，Y 表示 CPI 时间序列，那么我们就可以采用多种方法估计出长期趋势 T。移动平均法就是很常用的一种方法，另外也可以采用如 HP 滤波法等来估计长期趋势。

3. 有限影响估计法

有限影响估计法包括加权中位数法（Weighted Median Method）和截尾平均法（Trimmed means）。截尾平均法是将波动率最高和最低的部分去掉，然后对剩余部分进行加权算术平均求得核心通货膨胀。截尾平均法又根据价格变化的实际情况，区分为对称截尾平均法和非对称截尾平均法。

加权中位数法是截尾平均法的一种特例，相当于50%的对称截尾平均。所谓加权中位数法需要先将各分类指数按照价格变化的顺序加以排序，同时需要相应的权重资料。首先按照价格变化的顺序确定中位数所在的位置，然后按照统计学中的中位数公式来计算，由中位数得到的价格指数可以看作是核心通货膨胀指数。这种方法最初是由 Bryan 和 Pike（1991）、Mankiw（1992）提出的，他们认为商品价格的波动在分布上是有偏的，因此建议用中位数价格作为核心通货膨胀的测度。

4. 结构向量自回归模型

这种方法的理论基础是货币的长期中性理论，即在一个较长期的时间维度上货币对产出没有影响。在自回归系统中，通过对长期影响因子施加限制，Quah 和 Vahey（1995）将它运用到核心通货膨胀的度量上。这种方法属于建模法之一。

5. 动态因素指数法

Bryan 和 Cecchetti（1997）提出，核心通货膨胀就是价格变动中包含的共同变动趋势，但这种共同变动趋势不能够直接观测。在

Stock 和 Watson（1991）研究的基础上，他们借助一个动态因素指数（DFI）模型估计核心通货膨胀。

6.2.3 不同国家的实践总结

测度核心通货膨胀时如何在上述几种方法之间进行选择？我们认为需要注意如下几个原则：第一，核心通货膨胀指数应满足及时性的要求；第二，所计算的数据可信；第三，易于为公众所理解；第四，最好已经有一定的历史序列；第五，具有一定的理论基础。

那么实践中的情况如何？在实践中核心通货膨胀指数主要使用剔除法来编制。当然，其他方法也有一些应用，如美国也采用加权中位数法，澳大利亚、新西兰、英国、新加坡、泰国等也有采用截尾平均法或加权中位数法的实践，但总体上剔除法用得更多。我们这里主要总结剔除法在不同国家的实践。

不同国家编制的核心价格指数不同，如美国剔除的是食品及能源，日本剔除食品项中的鲜活食品，欧盟在剔除食品和能源项的基础上再剔除烟酒项，而英国只剔除利息支出的影响。智利的核心消费价格指数就是将价格下跌最大的20%及价格上涨最大的8%的项目剔除后计算得到的。表6－6列出了部分国家使用剔除法来得到核心通货膨胀的实践。

表6－6　　　剔除法在部分国家的实践应用总结

国　别	各国剔除项目的构成
加拿大	CPI 剔除食品、能源、间接税
泰国	CPI 剔除生鲜食品、能源（23%）
澳大利亚	财政部基准的 CPI
新西兰	CPI 剔除利息支出
新加坡	CPI 剔除私人交通和住宿费用
日本	CPI 剔除生鲜食品

续表

国 别	各国剔除项目的构成
秘鲁	CPI 剔除 9 个不稳定项目(食品、水果、蔬菜、市内交通等)
美国	CPI 剔除食品、能源
英国	零售价格指数(RPI)剔除抵押贷款利息支出
智利	CPI 剔除 20% 跌幅最大和 8% 涨幅最大项目
哥伦比亚	CPI 剔除农产品、公共服务、交通费用
德国	CPI 剔除间接税
西班牙	CPI 剔除能源、未经加工的食品
荷兰	ULI 减去水果、蔬菜、能源
爱尔兰	CPI 剔除抵押贷款支出(MIPS); MIPS 减去能源、食品
葡萄牙	CPI 剔除未加工食品及能源

资料来源：龙革生、曾令华、黄山：《我国核心通货膨胀的实证比较研究》,《统计研究》, 2008 年第 3 期。

6.3 住房服务在 CPI 中的处理

6.3.1 问题的提出

CPI 核算的是消费者所消费的商品及服务的价格变化。那么住房在 CPI 中是怎么处理的？这个问题近年来在中国引起了一些争议。争议的焦点有以下几种：

第一，商品房价格是否应计入 CPI？住房的商品属性一直是被学者们争论的话题。由于住房既可以用于自己居住，也可以作为一种投资获取收益，住房具有的两重属性，使得商品房价格是否应该计入 CPI 中颇受争议。周清杰（2008）[①] 通过对各国的自有住房在 CPI 中的处理方法的介绍，提出我国的 CPI 忽略了商品房价格的测算，低估了实际的通货膨胀水平。同时指出，国家统计局所说的 CPI 中自有住房处理的国际惯例并不存在，我国的 CPI 的编制更多地是考虑了政府的偏好，偏离了普通百姓对通货膨胀的感受，是失真的。易宪容（2007）[②] 也认为，我国 CPI 没有考虑商品房价格的变动，导致 CPI 被低估，致使我国政策制定出现偏误，利率过低，进一步加速了房地产行业的过度膨胀，房价进一步提高。

第二，我国 CPI 中居住类消费权重不合理。多数研究认为我国 CPI 中的居住类所占比重过小。王军平（2006）[③] 研究住房价格上涨对 CPI 的传导效应时，指出我国的居民住房消费（特别是自有住房消费）很高，我国自有住房比例高达 83%[④]，据测算我国房价收入比[⑤] 2004 年为 14.4。他认为，我国居民住房消费实际比重较高，但 CPI 中居住类权数远低于其他国家（2007 年我国居住类的权重为 13%），低估了住房服务消费价格变动对 CPI 的影响程度。

第三，我国住房市场化程度不高。部分学者指出，片面引入市场化，按照国际惯例处理 CPI 中的住房会脱离中国实际。我国住房市场化程度还不算高，居民购买住房的主要目的还不是为了投资，更多地是满足最基本的居住需求。另外，我国的出租房屋部分有很多是国有的公房，这部分房屋的租金受到国家控制，远低于市场租金，这使得以租金为计算基础的住房服务被低估，导致 CPI 偏低。

那么到底住房在 CPI 中应该如何处理？下面我们将讨论在 CPI

---

① 周清杰：《自有住房的双重性质及其费用在 CPI 中的处理》，《经济理论与经济管理》，2008 年第 3 期。

② 易宪容：《应重新设计中国的 CPI 指数体系》，《领导之友》，2007 年第 5 期。

③ 王军平：《住房价格上涨对 CPI 的传导效应》，《经济学家》，2006 年第 6 期。

④ 2003 年国家统计局城市社会经济调查总队调查资料数据。

⑤ 房价收入比：住房自由市场价格的中位数与家庭年收入中位数之间的比值。

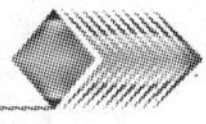

中的几种处理方法及理论依据，并对国外部分国家的实践进行总结。

6.3.2 住房在 CPI 中的处理方法及各国实践总结

1. 自有住房与住房服务

居民住房支出包括两个主要部分：住房购置和住房服务（市场化部分）。其中住房服务消费包括房租、房屋装修和维修费、物业管理费、水电燃料费及其与住房使用相关的其他费用，住房购置包括自建、集资购房、房改房以及购买商品房等。

居民购置住房并用于自己居住，这种住房被称为自有住房，在 1993 年国民经济核算体系（SNA）中把自有住房看作投资，但同时认为自有住房的使用费用应当在消费中体现。

2. 自有住房在 CPI 中的处理方法

住房服务属于服务性消费，这部分在 SNA 中有具体的体现，包含在居民消费中，所以 CPI 的统计应包括这部分在内。对于住房服务，大多可以通过市场交易及提供服务的企业和个体经营户的收入中体现，是一个市场化的要素，被直接纳入消费价格指数中。

在 1993 年 SNA 出台之前住房被认为是资本品，住房购买支出属于投资活动，并在计算 CPI 时完全剔除自有住房的计算。1987 年在第 14 届劳动统计国际会议上，有人提出在 CPI 中包含住房成分的建议。SNA 在 1993 年以后也开始考虑在 CPI 中引入自有住房费用的计算。

然而，即使认同自有住房应该包含在 CPI 的计算中，但各国具体的处理方法也不尽相同，主要包括四种方法：

（1）获得法（Acquisitions Approaches）。该方法采用类似于对非耐用品消费的处理方法来处理住房购买，它把购房者在购房交易中的所有支出计入交易发生时期，只计算住房的净购置成本，并且假定已有住房的净购置成本为零。也就是说，这种方法把所有新房的市场总价值看作自有住房的消费成本。该方法包括了家庭应该支付的所有货币交易，不管所取得的商品和服务是否使用过或已经支付。这种方法的好处是可以把计算期新房价格反映出来，但也忽略了投资因素给住房市场带来的价格不规则变动，导致由该方法统计出来的 CPI 指数波动性增大，消费价格指数受到投资行为的影响。

另外，这种方法把住房服务统一计算在购置成本里，购房交易发生，住房服务才被统计，住房服务按照原始价（购买期价格）计算。它忽视了新增住房服务支出在当期的计算，也没有把住房服务的价格变动考虑在内，不能够反映真实的住房服务支出。与使用者成本法和等值租金法相比，这种方法往往低估了居民的住房服务消费。

（2）支出法（Payments or Cash Flow Approach）。该方法按照收付实现制原则衡量计算期的所有住房支出，不管商品和服务是否被消费。在计算 CPI 时只包括市场交易价格，不包含名义或虚拟价格。该方法在对自有住房进行处理时，其权重取决于自有住房在计算期的所有支付占消费支出的比重。与自有住房有关的消费支出包括：住房的维修和维护、住房抵押贷款利息和本金、预付定金和净购买现金支出以及住房的税收和保险等。在具体计算时，往往使用其中的一部分的组合作为自有住房消费成本。当 CPI 用于衡量收入、利润、养老金或工资的上涨时，该方法通常被认为是最好的。

（3）等值租金法（Rental Equivalence Approaches）。该方法通过计算实际的租金来估计自有住房消费的成本。由于自有住房消费时可能没有支付货币（这就有一个是否要进行虚拟支出计算的问题），1993 年 SNA 推荐使用市场价格来衡量非货币交易，在缺乏可靠的市场价格的情况下，SNA 推荐使用次优的方法，即使用生产成本来衡量自产自用的商品或服务的价值。对于自有住房，可以使用市场上与自有住房同等的住房的租金作为自有住房消费的成本。使用这一方法面临的主要问题是：为了计算自有住房成本的权

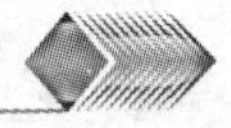

重，需要对基期自有住房支出进行合理估算，这些数据经常来自于自有住房者对自有住房租赁价值的估计，这一估计可能是不可靠的；当住房租赁市场较小，用于租赁的房屋的类型与自有住房的类型不同时，很难建立和维持一个具有代表性的租赁房屋样本来计算自有住房的成本；房屋租赁市场可能在一定程度上被政府所控制，房屋租金并不完全由市场决定，比如公房的租金可能低于市场上私房的租金。

(4) 使用者成本法（User Cost Approaches）。该方法通过从消费成本中估计的房租来衡量自有住房消费的成本。理论上讲，房主出租房屋获得的房租至少应该覆盖以下一些成本：维修和维护（包括材料和房主的劳动）；税收；保险费用；所有权的成本，即固定资产的消费（住房折旧）+应付财产所得（即住房抵押贷款利息）+放弃的收益（即拥有住房的机会成本）-所有权收益（房屋的增值）。实际中，统计部门在从住房消费成本中估计自有住房的虚拟房租时，将维修和维护、税收、保险、住房抵押贷款利息、基于住房价值的折旧等项目的支出在 CPI 中赋予相应的权重，而一般未包括放弃的收益和所有权上的收益。尽管住房折旧的估计经常是十分困难的，但住房的使用被看作是对固定资产（房屋）的消费（折旧）。通过上述方法估计的自有住房的虚拟房租可以用来体现自有住房消费的成本，但该方法在实际操作中可能存在一些困难，特别是对自有住房折旧的计算。

3. 不同处理方法的比较

从四种方法的描述中可以看到，各种方法都有自己的优点，也存在一些不全面的地方。为了更好地了解各种方法的差异，有必要做一个比较。

(1) 获得法和支出法。这两种方法都是将住房的实际交易发生作为统计的依据，采用的都是收付实现制原则，也就是说不管商品和服务是否被消费，只要现金支付行为发生，那么就可以看成消费产生。所不同的是：

①核算对象不同。获得法计算所有新住房的交易，而支出法计算的是与住房相关的所有住房服务的交易。对自有住房处理时，获得法在计算期就不考虑自有住房的使用成本，只计算房屋再次交易的净增加成本，使得住房消费核算出现计算与发生不同期的现象。支出法计算当期发生的服务，避免核算时差的出现。

②核算反映的价格不同。获得法计算住房消费时往往是按照住房净增加成本计算，而这些成本是历史形成的，不能代表计算期的价格，忽略了价格变动因素。支出法采用计算期价格，可以很好地反映当期价格对住房消费的影响。

③共同的缺陷。无论是获得法，还是支出法，都是按照交易支出产生为原则计算消费，这就导致两个弊端：第一，可能把以前发生的交易在计算期支付的消费统计在内，或者将未来发生的消费而提前支付的部分计算在内，这都会使得核算期消费高于实际消费，而前一期或下一期消费会被低估；第二，忽略了未发生货币交易的消费。自有住房者享用自己的住房，没有支付现金，但也属于住房消费，只不过可以看成自己给自己交付房租，这往往会低估实际消费。

（2）等值租金法和使用者成本法。这两种方法从某种程度上来说是类似的，准确地讲二者都是使用者成本法，即对自有住房的处理均按照使用者产生的虚拟租金来计算。二者的区别主要是在计算虚拟租金的方法上不同。

等值租金法把市场中实际产生的出租房屋消费成本作为自有住房消费支出的计算依据。而使用者成本法则是在支出法（计算实际发生的住房消费）的基础上引入会计成本的方法，把住房的折旧以及由于市场价格变动导致的房屋资产的重估价净成本也考虑在内，更好地衡量了自有住房消费的真实情况，也考虑到了价格变动因素的影响。

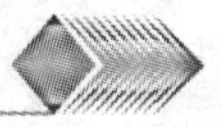

4. CPI 中自有住房处理方法的国际比较

对于自有住房的处理，国际上一直没有统一的观点。这主要是由于住房的属性受到争议，是资本品还是消费品没有定论，导致各国在 CPI 中对自有住房的处理存在很大的差别（表 6-7）。

表 6-7　　OECD 成员国对自有住房的处理方法总结

自有住房的处理方法		使用国家
完全剔除自有住房		比利时、法国、希腊、意大利、卢森堡、波兰、德国、葡萄牙、西班牙
包括自有住房	等值租金法	墨西哥、美国、日本、韩国、捷克、丹麦、匈牙利、冰岛、荷兰、挪威、斯洛伐克、瑞士、土耳其
	使用者成本法	加拿大、芬兰、瑞典、英国
	获得法	澳大利亚、新西兰
	支出法	爱尔兰

资料来源：OECD. Comparative Methodological Analysis: Consumer and Producer Price Indices. Main Economic Indicators, 2002 (2).

国际上对 CPI 中住房的处理既有完全剔除的，也有包括在内的。完全不考虑住房因素的国家依据 1993 年 SNA 以前的方法，把住房看成是投资品，住房消费属于投资行为，包括自有住房在内的价格和费用不包括在 CPI 体系中。在 OECD 成员国中依照这样处理的国家有：比利时、法国、希腊、意大利、卢森堡、波兰、德国、葡萄牙和西班牙。其他国家如菲律宾、马来西亚、巴西也采用这种方法，欧盟在 2007 年以前编制 HICP 指数时也是这样的处理方法。

在将自有住房考虑进 CPI 的国家中，具体的处理方法也不完全相同，从表 6-7 中可以看出，对于住房在 CPI 中的处理，OECD 成员国中常用的四种方法都有相应的国家在使用。

通过上面的介绍可以看到，国际上对 CPI 中自有住房的处理没有统一的方法，但每种方法有各自的优缺点，也很难肯定哪种方法最好，哪种不好。采取什么方法，需要考虑本国的历史和现状，并综合各方面的联系进行选择。

6.3.3 中国目前对住房的处理及进一步的讨论

1. 我国 CPI 中住房消费的处理方法

在我国 CPI 的核算中，与住房相关的消费包括在居住类下，具体的内容包括：①建房和装修材料，主要是砖瓦灰砂石、水泥、化工原料等。②租房，主要是公房及私房房租的变化。③自有住房，包括房屋贷款利率、物业管理费用、维修管理费用等。④水、电、燃料的价格变化。其中，对自有住房的消费计算，采用的是虚拟租金法。我国在计算自有住房的消费时，把住房的虚拟折旧、修理维护费和管理费加总作为自有住房的虚拟租金计算，与使用者成本法相似。另外，考虑商品房购买时的资金费用，把自有住房的贷款利息列为单项加总到住房类消费中。这使得自有住房的处理更完善一些。

2. 我国 CPI 中不包括商品房价格的依据

针对学者们的质疑，国家统计局城市司在 2007 年 9 月给出了我国 CPI 中不包括商品房价格的依据，这同时也是我国对自有住房处理方法的主要依据[①]。

国际上公认 CPI 具有三大用途，即通货膨胀指标、国民经济核算以及支付的调整。从专业上讲商品房价格不纳入 CPI 统计与 CPI 的第一、二个用途是相关的。而我国在 CPI 中不考虑商品房价格主要基于以下三点原因：

(1) 国民经济核算需要。作为联合国统计委员会推荐的世界各国统计机构遵循的一般性原则，1993 年 SNA 指出：住宅按新的或现存的有形固定资产来处置。CPI 作为消费价格变动指数，其口

---

① 中国国家统计局网站：http：//www. stats. gov. cn/tjzs/index. htm.

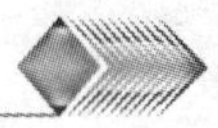

径必须要与国民经济核算的统计口径保持一致，而根据国民经济核算分类，商品房购买属于投资范畴，不应当在消费价格指数中反映，商品房价格也自然不能纳入 CPI 的核算范畴，更何况关于房价的变动有其专门的价格指数来衡量。如果将商品房价格变动纳入 CPI 的统计中，我国的 CPI 与世界其他各国的 CPI 就不可比了。一个既能反映资产价格变动，又能反映消费品价格变动的指数，这样的指数不叫 CPI！即使编制出来，也因其涵义不清晰而无法为国民经济核算使用。

也正是由于核算口径的需要，在计算住房消费的权重时，自然就不用考虑商品房购买，而只要考虑实际住房服务消费，自然也就不存在住房消费权重被低估的情况。

（2）出于测量通货膨胀的需要。测量通货膨胀的指标不止一个，但世界各国大多使用 CPI 来测量。经济工作者一般认为，商品和服务价格普遍的、持续的上涨就发生了通货膨胀。注意，这里指的是商品和服务，而不是资产。因此商品房价格及股票价格就不应该纳入 CPI 中。

（3）CPI 反映了居住消费价格的变动。不将商品房（资产）价格变动纳入 CPI 统计范畴，不代表 CPI 不反映居住类（消费）价格的变化情况。CPI 中居住类价格的变化是通过前述四个类别来反映的，即建房和装修材料、租房、自有住房及水、电、燃料的价格。

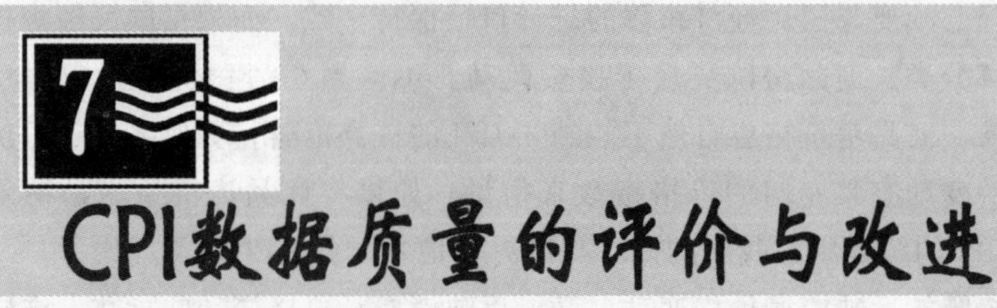

7.1 解读 DQAF

7.1.1 国际货币基金组织对统计数据质量的关注

作为一个权威的国际机构，国际货币基金组织历来对各国的统计数据质量非常重视。在经历了 1994 年的墨西哥金融危机和 1997 年亚洲金融危机后，国际货币基金组织总结教训，先后出台了数据公布通用系统（General Data Dissemination System，GDDS）、数据公布特殊系统（Special Data Dissemination System，SDDS）、数据质量评价体系 DQAF（Data Quality Assessment Framework）等国际标准，以规范各国统计数据的生产和公布。国际货币基金组织从 1995 年 10 月开始着手关于数据发布的标准，以指导成员国向公众公布其有关的经济和财政数据，先后共制定了两套数据公布标准，一套是 GDDS，一套是 SDDS。1996 年 3 月国际货币基金组织的执行委员会批准了 SDDS，SDDS 是一个数据公布特殊系统，主要面向那些寻求进入国际资本市场的国家，因此对数据质量要求更高。1997 年 12 月批准了 GDDS，GDDS 是一种一般性的数据公布通用系统，主要约束成员国的数据生产和公布。GDDS 准入条件较低，

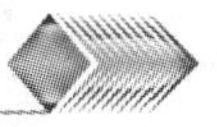

注重参加国的数据质量和改进、完善的过程，是 SDDS 的基础，而 SDDS 准入条件相对更严格，技术标准更高些，注重数据公布的频率和及时性，同时要求及时提供有关指标的数据。目前，参加 SDDS 的国家约 60 个，参加 GDDS 的国家有 80 多个。我国于 2002 年加入国际货币基金组织的 GDDS，这被称为继 2001 年加入 WTO（经济入世）后的"统计入世"。

GDDS 和 SDDS 在总体框架上是一致的。两者都涉及实际部门、财政部门、金融部门、对外部门和社会人口部门五大宏观经济部门的若干核心指标数据，包括 GDP、生产指数、消费价格指数、劳动力状况、中央政府预算和债务、广义货币和信贷总量、利率、股票市场、国际收支、国际储备、进出口、汇率、人口、医疗、教育、贫困状况等。其次两个框架对核心指标内容和数据的范围、频率和及时性、数据的质量、数据公布的完整性、公众可获取性等方面都提出了统一标准。

2003 年 7 月国际货币基金组织又提出立足于上述标准体系，并融入国际经验的数据质量评估框架 DQAF，框架的核心是由数据质量的五个方面（保证诚信、方法健全性、准确性和可靠性、适用性、可获得性）和一组前提条件所构成的。数据质量评估框架被用来全面评估各国的数据质量，其中包括机构环境、统计过程和统计产品的特征。目前，IMF 要求参加 SDDS 的国家按 DQAF 标准重新编写全部诠释文件，今后还会要求参加 GDDS 的国家按此执行。

2003 年 7 月提出的 DQAF 是一个通用的数据质量评估框架，目前在该框架下又提出了对国民账户统计数据、消费者价格指数数据、生产者价格指数、政府财政统计数据、货币统计数据、国际收支统计数据、外债统计数据等方面的质量评估框架，同时还与世界银行合作开发了用于贫困项下的住户收入的数据质量评估框架模块。对每个领域的评估都是按照上述五个方面和一组前提条件进行的。2003 年 7 月的评估框架是对 2001 年 7 月的原始框架的更新。

使用 DQAF 进行数据质量评估和管理的机构很多，包括国际清算银行使用该框架分析其编制的国际金融统计，黎巴嫩银行使用该框架对宏观经济数据进行自我评估，欧洲统计局、欧洲中央银行的质量工作小组使用该框架来评估欧元区的国际收支和国际投资头寸统计，中国香港特别行政区采用该框架对国际收支统计进行自我评估，等等。

从消费者价格指数的数据质量角度来说，GDDS 和 DQAF 的侧重不同。GDDS 是一个数据公布通用系统，它强调四个维度：数据的覆盖面、周期和及时性；数据质量；完整性；公众的可及性等。DQAF 框架则相对比较具体，不局限于数据公布，并且有专门针对 CPI 提出的框架。

在这一章内我们主要对照 DQAF 框架来分析 CPI 数据质量，主要是考虑到 DQAF 有专门针对 CPI 数据质量的评估框架①，针对性强。同时 DQAF 对数据质量内涵的界定比较完整，提供了具体的评估要素和评估指标，并给出了详细的解释，可操作性很强。此外，DQAF 既适于数据的生产者评价其质量，也适于数据的使用者来评价数据质量。

7.1.2 解读 DQAF

1. DQAF 总体概览

消费者价格指数 DQAF（以后 DQAF 就是指消费者价格指数的评估框架）是国际货币基金组织于 2003 年提出的 8 个分析框架之一。框架的主要目的是为对消费者价格指数进行质量评估提供一个灵活的结构。该框架可用于国际货币基金组织及其他国际机构对成

---

① 国际货币基金组织的数据质量评估框架包括对国民账户统计数据、消费者价格指数数据、生产者价格指数、政府财政统计数据、货币统计数据、国际收支统计数据、外债统计数据的质量评估框架，同时还与世界银行合作开发了用于贫困项下的住户收入的数据质量评估框架模块。

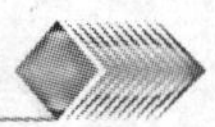

员国或某个国家的工作进行评估，也可用于某个国家的自我评估。

总体来看，框架从6个方面对价格指数的质量进行评价，分别是质量的前提条件、保证诚信、方法的健全性、准确性和可靠性、适用性、可获得性（见表7-1）。框架的结构为阶式结构（见图7-1），第一个层次就是包括了上述6个方面，之下包括了基本评估要素和指标，然后就是具体针对编制消费物价指数的焦点问题。在每一个焦点问题下，要点列出了在评估焦点问题时可能要考虑的那些质量特征。列出这些要点的目的就是提出一些建议性内容，而不是要包罗万象。

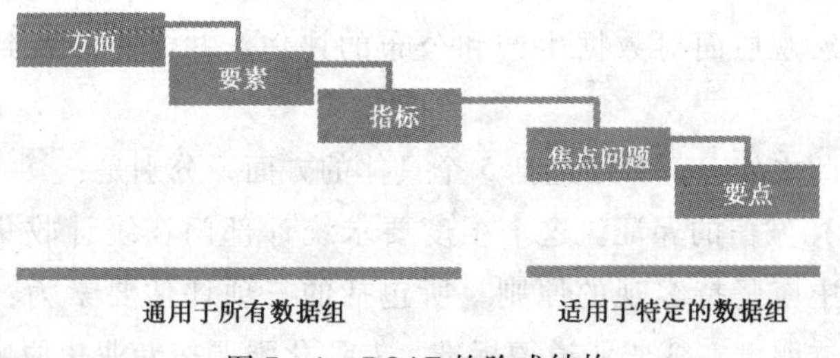

图7-1 DQAF的阶式结构

表7-1 消费者价格指数数据质量评估框架及评估要素

评估方面	具体评估要素
质量的前提条件	1. 法律和机构环境，2. 可用于统计规划的资源，3. 相关性，4. 其他质量管理
保证诚信	1. 专业化，2. 透明度，3. 职业道德标准
方法的健全性	1. 概念和定义，2. 范围，3. 分类/部门划分，4. 记录基础
准确性和可靠性	1. 源数据，2. 评估源数据，3. 统计技术，4. 评估和确认中间数据和统计产出，5. 修正研究
适用性	1. 频率和及时性，2. 一致性，3. 修正政策和做法
可获得性	1. 数据的可获得性，2. 数据诠释的可获得性，3. 对用户的帮助

资料来源：IMF 官方网站 http://dsbb.imf.org/vgn/images/pdfs/dqrsdqaf/DQAF_CPI_Chinese.pdf.

2. 分层解读 DQAF

DQAF 的具体内容包括如下方面：

（1）质量的前提条件。国际货币基金组织指出质量的前提条件不是质量的一个方面，其着重点放在机构层次，如国家统计局和中央银行，因此更强调的是宏观层面的环境，如法律环境、机构环境和宏观规划等。具体评估要点包括是否明确规定了收集、处理和公布统计的责任；生产数据的机构之间是否具有充分的数据共享和协调；对每个数据报告者的数据是否能够保密，并只用于统计目的；是否通过法律要求和/或手段确保统计申报；资源能否满足需求；是否建立了以质量管理为重点的程序等方面。这些都是从宏观层面对数据生产和公布的评估，并没有涉及到具体的要素。

除此之外 DQAF 还包括 5 个具体的方面，分别是：

（2）诚信的保证。这个维度要求统计部门在统计收集、编制和公布中应坚持客观的原则，所包括的三项评估要素为：①专业化；②透明度；③职业道德标准。专业化强调按专业化原则指导统计政策和做法。透明度强调统计政策和做法保持透明度，如向公众公开关于如何收集、处理和公布统计数据的条件和要求等；提前宣布有关方法、源数据和统计技术方面的主要变化。第三项评估要素指以职业道德标准指导统计政策和做法。

（3）方法的健全性。这个维度强调统计的方法论基础应遵循国际公认的标准、指南或良好做法，评估主要依据的是《1993 年国民经济核算体系》（1993 年 SNA）或《1995 年欧洲账户体系》（1995 年 ESA）以及《消费者价格指数手册》中列出的指南。在确定覆盖面和计值时应沿用《1993 年国民经济核算体系》所列的概念和定义，在编制消费物价指数时应沿用《消费物价指数手册》所列的方法和程序。这个维度对于评估数据质量具有很重要的基础作用。在方法的健全性维度下有四个评估要素，即概念和定义、范

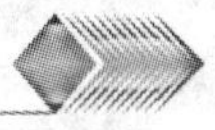

围、分类/部门划分、记录基础。

在“概念和定义”要素下，主要强调概念和定义的整体框架应遵循国际公认的标准、指南或良好做法，如在确定消费物价指数权重时应遵循《1993 年国民经济核算体系》或《1995 年欧洲账户体系》或国际劳工组织指南中住户消费支出的概念和定义等，消费活动分类可以按照 COICOP 体系等。

“范围”要素主要强调统计范围应遵循国际公认的标准、指南或良好做法，如 CPI 中的住户范围、消费范围等。

“分类/部门划分”要素主要强调分类和部门划分体系应遵循国际公认的标准、指南或良好做法，如对机构单位和交易的划分、消费活动的划分等。

“记录基础”要素强调应根据国际公认的标准、指南或良好做法对流量和存量进行定值和记录。例如是否使用市场价格为流量和存量定值；是否按权责发生制进行记录；加总/轧差程序与国际公认的标准、指南或良好作法广为相符。

（4）准确性和可靠性。这是影响数据质量的一个非常重要的方面，主要强调源数据和统计技术的健全，而且得出的统计数据能够充分反映实际情况。在这个维度下有五个评估要素，即源数据、评估源数据、统计技术、评估和确认中间数据和统计产出、修正研究。

在“源数据”要素下，有如下几个指标：①源数据应与一国的综合数据收集规划一致；②源数据应接近消费物价指数在定义、范围、分类、定值和记录方面的要求；③源数据是及时的。其中比较重要的一些要点包括：消费支出的统计频率与消费者购买和消费者行为的变化速度相称（例如每五年、每年或每季度），这涉及到 CPI 中权重的更新问题。在调查时是否根据最新的登记簿或现行的地区抽样架构开展住户调查；是否使用科学抽样技术，并公布住户/人员的抽取概率；是否使用有效的多阶段样本和分层抽样办法，并在反复调查中按计划有效轮换样本单元；是否定期审查调查设计和抽样程序，并在必要情况下予以改进；是否在住户调查中考虑到住户支出模式的季节性变化；是否全面覆盖居民单元。应覆盖所有居民，如有遗漏，不得损害调查结果的代表性和有用性（例如只调查非机构化平民人口）；调查是否全面覆盖地域。如有遗漏，则列明未覆盖之处，且不得损害调查结果的代表性和有用性；是否按照健全的设计原则编制调查表。

“评估源数据”要素主要强调应定期对源数据包括普查、抽样调查和管理记录进行评估，如评估覆盖范围、抽样误差、回复误差和非抽样误差等，以保证源数据的准确可靠。

“统计技术”要素主要强调使用的统计技术符合健全的统计程序，例如在处理 CPI 中的缺失价格和新产品时应使用适当的统计方法。

“评估和确认中间数据和统计产出”要素主要强调应根据相应的其他信息确认中间结果，对中间数据中出现的统计差异进行评估和调查，并进行原因的检查。

“修正研究”要素强调对发生的修正也要进行研究和分析，以进一步改善数据。

（5）适用性。这个维度下存在三个评估要素：频率和及时性、一致性、修正政策和做法。

“频率和及时性”主要强调数据公布的频率和及时性应符合国际公认的标准，主要应遵循国际货币基金组织的数据公布标准如 SDDS 和 GDDS。按照 SDDS，数据应在参考月份之后一个月内公布月份估算。按照 GDDS，数据应在参考月份之后两个月内公布月份估算。

“一致性”强调统计与其所在的数据组相一致，在一段时间内相一致，与主要数据组相一致，同时应根据定期和公开的程序修正数据。IMF 给出了一些具体要点，例如：①在适当的一段时期内

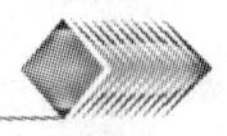

（至少为5年），具备一致性的时间序列数据。②当源数据、方法和统计技术发生变化时，尽可能远地回溯建立历史序列。③详细的方法性注释列出和说明了时间序列的主要中断和终止、其原因以及为在不同时期内保持一致性而进行的调整。④在包括在出版物和可由用户查用的数据库中的分析里解释经济趋势的异常变化。一致性还要求统计与来自其他数据源和/或统计框架的统计相一致或者可以核对，例如其他价格统计、国民账户等。

“修正政策和做法”这个评估要素强调：在修正数据时，应根据定期和公开的程序修正数据，如根据一个定期而透明的时间表进行修正，并应通知统计的使用者。修正周期应是预先确定的，并且每年保持相对稳定，同时向公众公开修正周期和修正的文件记录。当需要在正常周期以外进行修正时（例如，由于发现了新的源数据，发现了差错），应告知公众。初步数据和修正的数据应明确分开，应该告知公众哪些是初步数据，哪些是修正过的数据。关于修正的研究和分析也应该向公众公开，在统计出版物和用户可获得的数据库中应包括对修正的衡量、评估和说明。主要总量的修正数据与其初步数据之间差异的分析也应该公开，以便能够评估初步数据的可靠性。

（6）可获得性。这个维度强调公众能够获得数据及数据的诠释，在需要帮助的时候可以获得有见地的服务。

关于数据的可获得性，主要强调统计部门应能清楚和通俗易懂地提供数据。具体的评估要点包括：①统计机构应按照清晰的格式公布数据，并附以图示和表格，以便进行分析；②公布详细程度不同的数据组；③以经季节性调整后的形式公布相关序列；④按照预先公布的时间表发布统计；⑤所有用户同时获得公布的统计；⑥对于不例行公布的统计数据，若有要求，则应提供。

关于数据诠释的可获得性，主要强调统计部门应能够提供及时更新和相关的数据诠释，包括以下两个指标：第一，公众可以获得关于概念、范围、分类、记录基础、数据来源和统计技术的说明文件，并应说明与国际公认标准、指南或良好做法的不同之处。第二，根据用户对象的需要调整数据诠释的详细程度。当用户提出需要帮助时应能够给予帮助。具体的评估要点包括：（1）是否公开出版并定期更新一份完整的关于来源和方法的文件，包括概念、定义、分类、数据来源、编制方法、统计技术及其他方法性方面和程序的信息，以及调查来源等方面的信息等；（2）是否定期审核和更新 SDDS/GDDS 的数据诠释等；（3）数据诠释是否容易获得，如通过互联网及其他出版物等。（4）公众是否能够得到有关消费者价格指数及其他价格统计的一般性信息等。

同时统计部门应考虑用户的需求，应公布每个统计领域的联系人，广泛提供包括任何收费信息在内的出版物、文件和其他服务的目录，以方便用户的需要。

7.1.3 小结

作为国际货币基金组织制定的数据评价框架，DQAF 具有相当的权威性。该框架提供了详细的评估要素和要点，便于各个国家的统计部门对照执行。同时该框架也对价格指数编制的一些重要理论给予了一些解释，例如如何与 1993 年国民经济核算体系或 1995 年 ESA 在概念上相衔接，如何与国际各种分类标准相衔接等问题都给予了一定说明。这有助于政府部门在实践中更加明确方向。

前面所列出的是一些比较重要的评价方面，在很多方面也是中国 CPI 统计应该努力的方向。在第二节我们将参照该框架，对中国 CPI 编制中存在的问题及改进措施进行讨论，并基于该框架与美国的 CPI 数据质量进行比较。

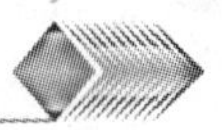

7.2 中美两国 CPI 数据质量的比较

7.2.1 中国 CPI 的数据质量分析

1. 国内学者对 CPI 的讨论

随着中国市场经济的发展，各种主体包括公众、政府、学者和企业家对各种价格指数的走势变化也逐渐关注起来。尤其自 2007 年以来中国 CPI 曾一度呈现很高的走势，在人们对价格指数走势变化表现出极大关注的同时，很多人也开始对价格指数的编制问题给予了很高的关注。

国内很多文献讨论了我国 CPI 编制中存在的问题，很多文章从为什么价格指数与人们的感受存在出入这个角度入手，提出对目前中国 CPI 统计内容的质疑，例如李平（2007）提出如医疗和住房价格应该体现在 CPI 中，也有人指出教育支出在实际中国居民消费中占很大比重，但 CPI 未能反映出来。也有人对 CPI 的权重提出质疑，主要集中在对食品类、住房、医疗服务、教育等方面权重的质疑，例如王国刚（2008）提出 CPI 中食品类所占比重应下调，王军平（2006）指出，中国居住类所占比重为 13.6%，而美国居住类所占比重为 42.2%，中国居住类比重过小。也有人对 CPI 样本代表性问题进行了分析（简立君，2005），认为样本代表性不高，应该考虑新产品因素等，也有一些对编制方法进行讨论的文章。此外也有一些文章对 CPI 进行了国际比较，例如张英花（2001）将中国与英国、日本、美国等国家的价格指数编制进行了比较，着重分析了在基本概念、价格范围、调查方法方面的差异。

总结来看，对 CPI 编制内容和权重的讨论较多，但是涉及到编制方法方面的讨论较少，国际上所关注的一些热点问题如质量变化问题等讨论得也很少。而且有些讨论本身就存在概念不清的问题，如关于住房价格在 CPI 中的处理问题。为此国家统计局也对某些质疑作了回应，表示我国价格指数编制总体上符合国际惯例，但也存在一些不足，国家统计局表示 2008 年内要启动对包括 CPI 在内的统计工作进行改革。

对于中国的 CPI，我们应该持一个客观理性的态度来看。可以说中国近年来对 CPI 的编制工作进行了一些改进，不过客观上也存在一些不足之处需要改进。

2. 近年来中国 CPI 的进步

中国在 2002 年加入了国际货币基金组织的 GDDS 体系，并按照 GDDS 的要求来生产和公布 CPI 数据，在数据计算范围、数据公布频率、数据的及时性方面等都基本上达到了 GDDS 的要求①，在价格指数编制方法的科学性、数据的准确性、数据的可及性等方面都有所改善。在基本指数编制阶段，中国已经按照多数国家所共识的，采用几何平均公式来编制。中国的 CPI 在编制方法上也有所改进，同时也关注 CPI 编制中的新产品因素问题，如 2006 年将上网费、物业管理费、教育软件开支等作为新商品费用首次列入 CPI 统计中，从而构成 CPI 商品目录的基本分类由以前的 251 个增加到 263 个②。

在 CPI 公布频率方面，已经达到了 GDDS 的要求。按照 GDDS 的要求，CPI 的数据应该在一至两个月内公布，而中国公布 CPI 的时间均控制在每月结束后 25 日内，在数据公布的及时性和规范性方面有所进步。数据的可及性也有所改善，不仅能通过印刷的纸质介质获取，还能够通过互联网获取。我们在第二章已经分析了，中

① 见国家统计局官方网站：http：www. stats. gov. cn，“我国价格指数与 GDDS 的差距及改进计划”。

② 余高潮：《2006 年 CPI 权重例行调整，北京推出分层计算 CPI》，《数据》2006 年第 4 期。

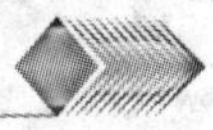

国国家统计局官方网站每月均公布 CPI，包括全国、农村和城市的 CPI，指数形式包括“上年同月 = 100”和“上年同期 = 100”，同时公布各省以上年同期价格为 100 的居民价格指数。每月 CPI 会公布 8 大类分类指数及食品类下的粮食、肉禽及其制品、蛋、水产品、鲜菜、鲜果的子类指数。

公众除了可以通过互联网获得数据，还可以通过其他渠道得到比较具体的信息，包括每月在《中国经济景气月报》及年度《中国统计年鉴》上公布的比较具体的数据。公众还可以通过付费的方式获得更细致的 CPI 分类数据，如中经网、国研网等。这些工作，使我国的 CPI 数据质量得到了明显的改进。

3. 中国 CPI 中存在的问题

但不可否认，中国 CPI 中还存在一些不足之处。对于快速发展的中国来说，我们认为在目前 CPI 的编制中存在以下方面的问题：

（1）对更新换代较快的产品，CPI 编制方法缺乏必要的调整。中国目前的经济发展是世界瞩目的。在这样的背景下产品的更新换代很快，尤其是电子类产品和一些高科技产品，如电脑、电视、摄像机等都是发展很快、更新很快的产品。我们在第 5 章的实证分析中，针对 2006 年 9 月到 2008 年 3 月之间市场上比较热门的笔记本电脑，统计其关键参数，发现产品的升级速度很快，很多产品在几个月之后就从市面上消失或者停产。按照 CPI 编制的最基本原则——产品的同质可比，前后时期的产品应该能够匹配，否则计算出来的价格指数就不是纯粹的价格变化，那么就应该考虑采用一定的质量调整技术。

在目前中国的 CPI 统计中，对更新换代较快的产品进行质量调整的实践非常有限，往往局限于一些简单的调整，比如前后时期产品包装大小发生变化时进行的调整等。而国外已经很广泛的方法如 hedonic 方法、选择权调整法、生产成本调整法在中国基本没有应用。相对于国外已经如火如荼的理论和实证研究的情形，中国在这个领域还少有行动，这是我们的差距之一。

(2) 产品篮子更新较慢，价格调查点不能反映新情况。随着我国经济市场化程度越来越高，经济活动的动态性越来越强，新产品越来越多，例如近年来 MP3、MP4 的出现，一些新的数码产品也经常出现。新的销售方式也经常出现并很快变得普及，如人们现在越来越多地在“当当网”或“卓越网”上购书，传统到书店购书的比例在下降。这就给我们提出一个问题：我们的产品篮子能否反映人们消费的变化？价格调查点的代表性如何？而实践中产品篮子的更新基本遵循以 5 年为一个周期，更新速度较慢，价格调查点的确定也并未考虑如网上购物这样新的方式，主要还是选择传统的商场、农贸市场和服务网点。因此，产品篮子和价格调查点不能经常更新是 CPI 编制中存在的一个问题。

(3) 对消费结构变化的反映不及时。在 CPI 的编制中，权重主要是根据居民消费结构来确定。随着经济的发展变化，人们的消费结构也会发生变化，CPI 权重也会相应发生变化，这就需要我们及时进行调查，以得到更加准确的权重方面的信息。从我国编制 CPI 的情况来看，我国基本以 5 年为周期进行一次大的消费结构权重的调整。对于我国这样的发展速度很快的经济来说，5 年间消费结构可能发生很大的变化。比如在 1996 - 2002 年间，城市居民的恩格尔系数从 49.64% 下降到 44.65%，到 2007 年下降为 32%，在 9 年时间内下降了将近 17.64 个百分点。相比而言，许多发达国家的消费结构已经比较稳定，但是其消费支出调查却比较频繁。以加拿大的数据为例，根据分组数据计算得出的 65 岁以下的单亲家庭的食品支出比重从 16.07% 下降到 12.68%，用了 22 年的时间（从 1978 年到 2000 年），在有孩子的双亲家庭中，在这 22 年间，食品支出比重从 17.81% 下降到 11.86%，相比我国在 9 年时间里食品支出比重就下降了 17.64% 的情况，国外很多国家的消费结构已经非常稳定。

尽管这些国家的消费结构相对来说很稳定，但是它们对权数的更新周期还是很短的，如加拿大从 1997 年起每年进行一次家庭支出调查（Family Expenditure Survey），英国每年都要进行家庭支出调查，如 Mick Silver 和 Saeed Heravi（2001）①在一篇文章中提到，英国计算 2000 年的价格指数时，采用的权数是 1998 年第 3 季度和第 4 季度以及 1999 年第 1 季度和第 2 季度的家庭支出调查数据，以及时反映消费的变化。美国近年来也两年更新一次权重，法国每年都要更新权重。这些国家不仅重视权重，而且非常重视缩短从数据调查到应用之间的时滞。相对而言，中国的权重更新周期确实较长。

（4）对价格指数编制方法的研究较少。CPI 的编制是一个自下而上的过程。首先需要编制基本价格指数，在基本价格指数的基础上再逐层汇总。我国从 2001 年开始采用几何平均方法编制基本指数，然后采用拉氏方法进行汇总得出总的 CPI。

尽管我国价格指数的编制方法总体上符合国际惯例，但是国内对指数编制方法的研究还是不够。以基本指数编制方法来看，尽管目前国际上主流的观点是应该采用几何平均方法编制，但是很多国家还是采用了多种组合，如美国在广泛的市场调查基础上，确定对占 CPI 权重 60% 的产品采用这种方法，剩余的采用算术平均公式等等。国外对不同指数编制方法如何能够降低 CPI 偏差也进行了很多研究，尤其美国还编制和公布了一些研究性指数系列，对不同的指数编制方法进行了充分的研究。

另外，中国指数编制还需要尽快与国际接轨，如中国所编制的年度环比指数与定基价格指数与国际上通行的做法存在差异。这也是我们需要改进的地方。

---

① Mick Silver and Saeed Heravi, Scanner Data and the Measurement of Inflation, The Economic Journal, 2001 (111): 383 - 404.

（5）数据公布和公众可及性方面还存在不足。尽管中国 CPI 数据公布满足 GDDS 标准的要求，一般在月后 25 日内公布，公众也能够通过查阅国家统计局的网页获得月度数据，但是还存在很多需要改进的方面。首先，CPI 权重信息不公布，使得公众和学者不能了解 CPI 中的权重构成。其次，基本的数据编制方法公布得不够，使得公众和学者了解的渠道非常有限。很多人之所以对 CPI 的编制产生一些误解，例如对中国 CPI 中没有将商品房价格和一些资产价格（如股票）纳入核算的质疑，恰好也从另一方面说明了中国对 CPI 编制的一些基本概念和方法宣传普及得不够，需要进一步加强。再次，数据公布的详细程度较低，很多分类数据不容易获取，目前还没有季节性调整后的数据。

7.2.2　美国对 CPI 的不断改进

1. 20 世纪以来美国 CPI 的改进总结

近年来在美国有 3 个很有影响力的报告，一个是 1961 年国民经济研究局 NBER 的 Stigler 委员会报告，一个是 1996 年的 Boskin 委员会报告，还有 2004 年的 Schultz 工作小组报告。总体来看，美国近一个世纪以来，对 CPI 的编制开展了非常细致的工作，核心宗旨是力争降低 CPI 的偏差，使 CPI 能够成为 COLI 更准确的测度指标。

在前面的分析中，我们在多个地方零散地涉及到美国价格指数编制的实践。在这一节我们将总结 20 世纪初以来美国 BLS 对 CPI 做的一些重大变化或改进，通过了解美国的情况以期对中国 CPI 的改进提供一些有益的借鉴。

大致来看，美国的改进体现在几个方面：一是对 CPI 核算内容的改进，包括将一些新产品引入进来；二是对 CPI 权重的改进，过去是 10 年更新一次权重，到目前改进为两年更新一次。这一点在每次综合调整时都有体现。三是对质量变化偏差方面的改进，例如

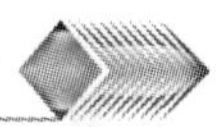

1998 年起决定扩大 hedonic 方法的使用。四是数据公布方面的改进，包括对主要城市各分类指数的公布，所公布的指数至少应包括三位小数点等。五是数据收集方法方面的改进，如对零售点的抽样调查采用 PPS；在数据收集频率方面，1978 年规定在美国 5 个最大的地区每月都收集价格，其他地区的价格收集频率低一些。六是指数编制方面，如 1940 年前编制全国总指数并不对各城市加权，1940 年第一次综合调整时就提出要对各城市进行加权平均得到全国总指数。表 7－2 按照时间顺序列出了 20 世纪以来美国 CPI 所发生的重大变化或事件。

表 7－2　　　　美国 CPI 的重大变化

时　　间	重大变化或事件
1940 年之前	1. 1919 年开始公布 32 个城市的指数；2. 根据 BLS 在 1917－1919 年间 92 个工业中心的家庭支出调查导出权重；3. 收集如下大类商品的价格：食品、服装、房租、燃料、家具、其他类；4. 对每一类收集部分代表性产品的价格；5. 1921 年开始定期公布全国的指数，采用对所有城市不加权方式得到；并用食品价格估计了自 1913 年以来的全国指数。
1940 年（第一次综合调整）	1. 使用基于 1934－1936 年间的消费者支出数据的权重； 2. 在 34 个大城市收集价格； 3. 对不同城市使用加权平均得到全国总的 CPI。
1940－1953 年间	1. 二战期间，间断了一些不容易得到的产品价格的收集工作；2. 扩大了汽车修理和公共交通的权重；3. 在 1951 年使用 1947－1949 年间的消费支出信息调整了 CPI 的权重；4. 引入了新产品如冷冻食品和电视机。
1953 年（第二次综合调整）	1. 根据 1950 年的支出调查得到新的权重；2. 目标人群包括了城市职工和工人家庭；3. 增加了对中等城市和小城市的抽样；4. 引入了一些新产品，例如将在饭店就餐的消费活动引入 CPI；5. 增加了价格收集的渠道；6. 改进了价格收集和指数计算方法。

续表

时　间	重大变化或事件
1964 年（第三次综合调整）	1. 利用 1960－1961 年中心城市地区的支出得到权重；2. 将单身家庭纳入目标人群中；3. 价格收集的地区范围有所扩大，包含了中心城市的郊区；4. 更新了调查城市和零售点及服务提供商的样本，更新了消费者的产品篮子。
1964－1978 年间	1. 对新的交通工具进行质量调整；2. 改进了季节性产品的处理方法。
1978 年（第四次综合调整）	1. 新增了 CPI－U 指数；2. 将旧的指数更名为 CPI－W；3. 利用 1972－1973 年间的消费支出和 1970 年的人口普查得到权重；4. 将样本扩大到 85 个地区；5. 将调查间隔由季度调整为双月；6. 在 5 个最大的地区实行每个月调查价格；7. 在 CPI 抽样的每个阶段引入概率抽样方法；8. 对每类支出给出一个清单；9. 分析和估计抽样误差以求减少误差。
1978－1987 年间	1. 对零售点和产品抽样进行轮换；引入 POPS 调查（购买点调查）；根据消费者支出等比例地选择零售点；开始执行每 5 年轮换零售点和样本的计划；每年轮换 1/5 的价格调查地区；2. 引入等额租金的概念：1983 年 1 月引入 CPI－U，1985 年 1 月引入 CPI－W；引入了服务流量的概念；中断了将房屋购买看作消费者物品（Consumer Good）的处理方法。
1987 年（第五次综合调整）	1. 根据 1982－1984 年消费者支出调查和 1980 年的人口普查得到权重；2. 对产品、零售点和地区的抽样进行更新；3. 重新设计了 CPI 住房调查；4. 改进了抽样技术、数据收集和处理及统计估计方法；5. 设计更有效的抽样方案；6. 引进了使 CPI 生产和编制更有效的技术。
1987－1998 年间	1. 考虑到住房的老化问题改进了住房的估计；2. 对交通工具和其他物品的新产品的处理方法进行改进；3. 采用新的抽样程序避免出现价格上涨很快的产品占用很大权重的情况；4. 改进季节调整方法；5. 将住院服务引入 CPI 中。

续表

时　间	重大变化或事件
1998（第六次综合调整）	1. 利用 1993 – 1995 年间消费者支出调查和 1990 年人口普查数据得到权重；2. 更新了地区和住房的抽样；3. 修改了代表性规格品的分类体系；4. 采用新的住房价格指数估算方法；5. 利用计算机辅助的价格调查和收集方法；6. 增加了电话调查（TPOPS）；7. 对产品和零售点轮换进行了改进。
1998 年以来的改进	1. 在 1999 年 1 月根据 1990 年的人口普查发起了一项新的住房调查，根据房租来确定自有住房等额租金；2. 从 1999 年 1 月开始对大多数基本指数采用几何平均公式来编制，以减小低层替代偏差；3. 公布 CPI – U 的研究性序列即 CPI – U – RS；4. 广泛采用了 hedonic 方法来处理质量调整问题；5. 采用直接替换法保证计算机及其他产品样本较新；6. 将 5 年内对零售点的轮换做法改变为 4 年轮换。7. 计划从 2002 年 1 月起每两年更新一次权重，在偶数年份的 1 月份引入新的权重，同时要扩大调查的样本容量以保证权重信息的可靠；8. 从 2002 年 8 月起增加链式 CPI – U，即 C – CPI – U 指数；采用高级指数 Törnqvist 以降低高层替代偏差；9. 开始采用计算机辅助收集数据的方式；10. 将价格收集的日期扩展到每个月所有工作日。这与 2004 年以前的做法不同，2004 年以前，在每年前 10 个月里，在每个月的前 18 个工作日收集价格，在后 2 个月内集中在前 15 个工作日收集价格；11. 从 2007 年 1 月起指数的公布将包括 3 个小数点。

资料来源：美国 BLS 官方网站 http：//www. bls. gov/opub/hom/pdf/homch17. pdf.

2. Boskin 委员会报告后的美国 CPI

我们在这里对 Boskin 委员会报告提出后的美国 CPI 编制给予专门的说明。在 1996 年 12 月 4 日该报告出台后的 10 多年时间内，为了降低 Boskin 委员会报告中所提的四类偏差，美国 BLS 在这期间做了哪些改进？

（1）应对替代性偏差的举措：为了降低替代性偏差，美国从1999年1月开始在基本指数层面采用几何平均公式，占CPI权重的60%，没有采用几何平均公式的主要是那些替代弹性不显著的产品和服务，如医疗保健和住房等。而1999年之前美国在低层汇总和高层汇总环节都采用拉氏型公式。为了估计CPI中的高层替代偏差，2002年美国BLS开始采用Törnqvist指数编制链式CPI－U，即C－CPI－U。将按照原来方法得到的CPI记为CPI－U－XL，这样就可以用CPI－U－XL与CPI－U之间的差来估计低层替代偏差，用CPI－U和C－CPI－U之间的差来估计高层替代偏差。表7－3给出了采用这两种方法之后与仍然按照在低层和高层均采用拉氏型公式得出的指数进行比较后CPI的偏差结果，估计结果为年均值。

表7－3　　1999年12月至2004年12月美国低层和高层替代偏差估计值

分类	CPI－U－XL	CPI－U	C－CPI－U	低层替代偏差	高层替代偏差	总替代偏差
食品和饮料	2.9	2.6	2.3	0.3	0.3	0.6
住房	3.0	3.0	2.8	0.0	0.2	0.2
衣着	−0.3	−1.8	−2.2	1.5	0.4	1.9
交通	2.4	2.1	1.8	0.3	0.3	0.6
医疗保健	4.5	4.4	4.3	0.1	0.1	0.2
娱乐	1.8	1.2	0.7	0.6	0.5	1.1
教育和通讯	2.5	1.9	0	0.6	1.9	2.5
教育	6.5	6.3	6.5	0.2	−0.2	0
通讯	−1.4	−2.3	−4.8	0.9	2.5	3.4
其他	3.5	3.2	2.8	0.3	0.4	0.7
合计	2.77	2.49	2.09	0.28	0.40	0.68

注：CPI－U－XL是指仍然在基本指数和高层汇总阶段均采用拉氏型公式的指数。

资料来源：David S. Johnson, Stephen B. Reed and Kenneth J. Stewart, Price Measurement in the United States: a Decade after the Boskin Report, Monthly Labor Review, May 2006.

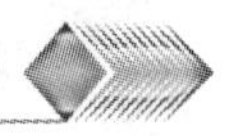

结果显示，采用新方法之后计算的 CPI，均比按照原来方法计算得到的 CPI 上升的幅度小，下降的幅度大。总体来看，按照原来的方法存在高估的替代性偏差。

（2）应对新产品和质量变化偏差的举措。美国应用很多方法来降低这种偏差。对于新产品偏差，经常通过产品和零售点的轮换、更新产品篮子等方式来降低偏差。对于质量变化偏差，则广泛使用各种方法，尤其是 1998 年之后扩大了 hedonic 方法的应用（见第 5 章的表 5－3）。如 1999 年对于 VCR's 和 DVD 播放机，hedonic 价格推导法使用了 267 次，直接的质量调整法使用了 1 次。2001 年 hedonic 价格推导法使用了 92 次，直接质量调整使用了 260 次。除此之外，为了分析各种质量调整法的效果，还进行了多种研究，例如比较使用与不使用质量调整法的指数差异，编制 CPI－U 的研究型指数序列 CPI－U－RS 等。表 7－4 列出了 10 类产品使用 hedonic 方法后与不使用的比较，以进一步研究质量调整法的应用效果。

表 7－4　　hedonic 方法使用后与不使用的比较

产品	年均差异（%）	产品	年均差异（%）
计算机	－3.81	VCR's	1.89
电视机	－0.11	洗衣机	－0.78
音响设备	1.52	干衣机	0.06
摄像机	0.15	微波炉	－0.17
冰箱	0.02	大学课本	2.53

资料来源：David S. Johnson, Stephen B. Reed and Kenneth J. Stewart, Price Measurement in the United States: a Decade after the Boskin Report, Monthly Labor Review, May 2006.

（3）缩短权重更新和零售点轮换的周期。美国从 2002 年起两年更新一次权重，发现这样比不更新权重得到的价格指数低，例如 2004 年指数的增长幅度比不更新权重情况下低 0.6 个百分点，这也说明不更新权重可能会产生高估的偏差。美国也重视缩短零售点轮换的周期，例如 1998 年由原来每年轮换 20% 的零售点变为轮换 25% 的零售点，这样轮换周期由 5 年变为 4 年。样本实行每两年轮换一次。

(4) 加强 BLS 与外界学术界的联系。为了更多地倾听外界的声音，2000 年成立了联邦经济统计顾问委员会（Federal Economic Statistics Advisory Committee，FESAC），作为与外界联系的桥梁，目的是希望得到更多的来自外界的建议，使 CPI 更准确。

7.2.3 基于 DQAF 框架对中美两国 CPI 数据质量的比较

DQAF 为我们提供了一个很好的评估 CPI 数据质量的框架。在这里我们将基于 DQAF 框架来分析中国和美国的 CPI 数据质量方面的差异。之所以选择与美国进行比较，是因为美国在 CPI 的编制和公布等方面都有很多值得我们借鉴的地方。同时美国有专门的机构即 Boskin 委员会负责对 CPI 数据质量指标进行评估和测定，这充分反映了其对 CPI 数据质量的重视。通过分析中美两国 CPI 数据质量方面存在的差距，以期对未来中国如何提高 CPI 质量起到一个引导作用，使中国 CPI 数据质量更高。

本书在经过比较分析之后，认为中美两国在 CPI 数据质量上的差异主要体现在如下方面：

1. 在“方法的健全性”维度下，理论框架存在差异

在“方法的健全性”维度下，DQAF 的评估要素之一是“概念和定义”，强调“消费物价指数的概念和定义应遵循国际公认的标准、指南或良好做法”。概念则取决于理论框架，不同的理论框架决定不同的概念。美国明确提出 CPI 编制的理论框架是 COLI。理论框架的不同对 CPI 的编制实践会产生很大影响，同时也会影响到对 CPI 偏差来源的认识及偏差程度的测度。在固定篮子指数框架下，CPI 偏差并不包括商品替代性偏差及零售点替代性偏差，而主

要包括新产品因素的偏差、质量调整因素的偏差及公式性偏差等。而在生活费用指数框架下 CPI 偏差包括商品替代性偏差及零售点的替代偏差。当然这两种理论框架很难说孰优孰劣，但是目前在中国还没有提出明确的理论框架来指导 CPI 的编制及 CPI 偏差的测度。尽管我们认为中国的 CPI 编制实践更接近于固定篮子指数框架，但是并没有明确的理论说明。这是 CPI 编制中理论框架上的差异。

2. 在“准确性和可靠性”维度下，存在一定的差异

这里的差异有几点具体表现：

（1）美国 CPI 统计明显地体现了降低 CPI 偏差的宗旨。1996 年美国 Boskin 委员会报告中提到了 CPI 的偏差主要包括替代性偏差、新产品出现引起的偏差和产品质量变化引起的偏差，并且对 CPI 的各项偏差进行了测度。为此美国对 CPI 的统计从方法上进行了很多改进，以降低其偏差。

相比之下，中国对于价格指数编制方法的研究较少，方法的针对性不足，尤其欠缺剔除质量变化因素后的价格指数编制方法研究。而美国则在广泛的市场研究基础上确定了什么产品应该采用什么方法，相对而言方法的灵活性和针对性也较强。

（2）DQAF 强调“消费支出的统计频率与消费者购买和消费者行为的变化速度相称（例如每 5 年或每年）”。这实际上涉及到关于消费者支出的调查问题。从 2002 年开始美国每两年就要进行一次消费者调查以更新权数。对中国来说快速发展的经济使得消费者的消费结构变化很快，我们在前面已经谈到，在 1996－2002 年间，城市居民的恩格尔系数下降了 5%，到 2007 年将下降 17.64%。但我们一般是 5 年左右大调整一次消费结构数据，每年有一些小调整。相比之下，我国权重的更新周期就长了一些。

（3）DQAF 强调“使用适当的统计方法处理缺失价格和列入消费物价指数范围内的新产品”。为了降低 CPI 中由于新产品因素引起的偏差，美国在更新产品篮子问题上加快了步伐，以使样本更具

有代表性。从1998年开始，每年25%的样本都要更新，而对于发展较快的产品如一些高科技产品则两年内要轮换更新，也就是说每年50%的样本都要更新。DQAF也强调“要针对质量差异进行调整”。对价格指数中的质量调整问题的研究和实践，可以说美国一直走在前面。1996年Boskin委员会研究报告称造成美国CPI偏差的最大因素是由产品质量变化引起的。从1996年Boskin委员会报告之后，美国在CPI的质量调整问题上给予了很大的重视，扩大了研究对象，并在官方统计中开始广泛使用hedonic调整技术。我们在第5章曾列出了美国劳工统计局（BLS）采用hedonic方法编制价格指数的实践时间，从中也可见其对这个问题的重视。而中国对新产品及质量变化问题的研究和实践很少。

3. “适用性”维度下的比较分析

在“频率和及时性”评估要素下，两国的做法存在差异。美国BLS对CPI公布时间制定得非常精确，从其网上人们可以很清楚地看到新的CPI数据将会在什么时间公布，公布时间细致到几日几点。例如2008年5月份的CPI数据明确表示到6月13日早上8:30开始公布。一年内以后几个月的CPI数据公布时间也都有确定的时间表，例如2008年9月的CPI将在2008年10月16日公布，10月的CPI数据将在11月19日公布。从而可见数据公布的及时性，同时也反映了其工作的正规化。中国CPI数据的公布也符合IMF的规定，在每月结束后25日公布，但相对而言中国CPI数据公布的时滞比美国长，美国CPI的公布基本不会超过月后20天。

另外，在“修正政策及做法”评估要素下，对于“数据修正的公开解释和说明”这一指标，中国还存在一定的差距。例如中国公众对CPI权重的更新和修正等信息缺乏了解的渠道，说明这方面还有待改进。这也是中国在2002年加入GDDS时计划改进的一个方面。而美国关于其CPI的修正及变更工作在每月CPI报告中都有明确的解释。美国2008年4月CPI报告有119页之厚，并且全

部公布在其官方网站，可以免费下载。中国在每月结束后公布的当月 CPI 的信息则相对简单，只提供主要指数，具体解释不足。

4. “可获得性”维度下的比较分析

“可获得性”主要与数据公布相关。比较而言，中国和美国在 CPI 数据公布方面存在的差距可概括为如下：

（1）公布渠道的差异。美国 CPI 的公布渠道包括网络、磁盘、印刷品、电话等方式，人们可以选择任意一种方式免费获得数据。最直接的渠道就是通过美国劳工统计局的网页获得 CPI 的数据，网络更新得很快，或者通过电话的方式获取数据。美国每个地区都提供电话咨询服务，电话号码均公布在网上。人们也可以通过电子邮件来定制相关数据。中国 CPI 则主要通过国家统计局的网站和《中国统计年鉴》两种方式来公布。

（2）数据公布方式的差异。美国的数据公布更人性化，数据的显示方式有多种，人们可以根据喜好选择自己喜欢的界面，如在一屏内全部显示还是用多屏显示，也可以选择用 excel 格式下载或 pdf 格式下载。中国 CPI 的公布相对死板一些，国家统计局的网页上只提供一种格式。

（3）数据资料全面、连续、细致方面的差异。如 BLS 会公布季节调整的和未调整的 CPI，有些数据会提供从 1913 年开始的资料，同时也提供 CPI 基本指数资料。除了 CPI 基本数据外，计算 CPI 的权数资料公布得也非常细致，这一点可以通过表 7－5 看出。表 7－5 仅列出了美国 CPI 中食品类下的部分权数资料及其价格指数，通过该表不仅可以说明美国居民消费调查做得非常细致，而且还说明在数据公布环节上公开透明。而中国所公布的 CPI 资料相对比较粗略。国家统计局的网站在公布当月 CPI 时，只公布 8 大类指数及食品类下粮食、肉禽及其制品、蛋、水产品、鲜菜、鲜果共 6 类子类指数，不公布权重资料。尽管中国比较具体的分类价格指数会通过如《中国月度经济指标》、《中国城市（镇）生活与价格年鉴》、《中国统计年鉴》等渠道来公布，但相对来说滞后期较长。

表 7－5　美国食品及饮料类下各级子类权数及价格变化表（2008 年 4 月）

名　称	权数（%）	价格变化（%）
食品及饮料（大类）	14.914	0.9
食品（一级子类）	13.833	0.9
在家享用食品（二级子类）	7.66	1.5
谷物及面包类（三级子类）	1.03	1.4
谷类及烤面包（四级子类）	0.324	0.2
面粉及其制成品（五级子类）	0.036	6.4
早餐谷类（五级子类）	0.191	-1.3
大米、意大利面及玉米粉（五级子类）	0.096	2.3
大米（六级子类）	n.a	2.8

注：资料来源于 www.bls.gov。其中权数是根据 2003—2004 年的调查资料得来，价格变化表示 2008 年 4 月与 3 月相比，经过季节调整后的价格变化。

美国 CPI 数据库的丰富性还体现在数据库中包括了大量的指数，例如美国不仅包括总的 CPI，还包括各种价格指数如剔除食品及燃料的 CPI，剔除食品后的价格指数、剔除房租的价格指数、剔除医疗服务的价格指数、非耐用品中剔除食品后的价格指数、非耐用品中剔除食品及衣着的价格指数、服务类下剔除医疗服务后的价格指数等各种指数，供不同分析目的之用。此外，CPI 数据库中的数据历史较长，很多指数都提供了 1913 年以来的数据，这大大方便了人们的研究。而中国目前尚未公布官方的季节调整后的 CPI，不同学者的研究又不完全相同，因此需要继续加大对 CPI 进行季节调整的研究和落实。这一点也是 2003 年中国回应 GDDS 时所作的中期计划之一，但还需要做很多工作。

（4）相关方法和技术手段诠释上的差异。从 BLS 官方网页上

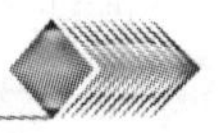

我们可以查阅到价格指数的具体计算方法，对于特殊处理的还有专门的说明，如机票、有线电视、计算机、居民取暖、医疗服务、汽车燃油、电话服务（包括本地和长途）、大学学费、旧车等价格指数编制中涉及到质量因素调整手段，就附有专门的说明。如果有什么变更，会明确指出其变更。中国 CPI 的相关诠释较少，主要公布在《中国统计年鉴》及《中国月度经济指标》，但诠释的详细程度不及美国。

（5）服务细致程度的差异。美国 BLS 的官方网页上有不变价格的换算，非常简单。要进行现价和不变价格的换算，直接输入年份和数据，结果马上就可以得到。

（6）数据查询便捷程度的差异。美国 BLS 提供便捷的数据查询，可以通过数据库自由设计多种查询条件及条件的组合。如想了解 A 地区某子类产品的价格指数，可以输入“地区名称”和“子类名称”两个条件得到结论。

相比之下，中国 CPI 的公布比较粗略、人们获得数据的渠道有限，在时间上存在较长的时滞，数据的连续性较差，人们获得信息的方便程度要差一些。很多基本指数的信息并没有公布，人们只能得到粗略的大类指数，而更具体的项目的指数则不容易获得。

7.2.4 中国如何改进 CPI 数据质量

在我国经济快速发展的背景下，该如何改进 CPI 的编制以减少其偏差？我们认为以下工作是有必要的。

1. 产品篮子和价格调查点应能够反映人们消费的变化

如果产品篮子和价格调查点不能反映实际，则会产生“新产品偏差”和“零售点替代偏差”等。前面我们已经提到，在快速发展的中国，新产品不断出现，应该经常进行市场调查，更新产品篮子。新的销售方式如网上购物等也不断涌现，并占据了较大的份额（网上购书的比例在逐年升高）。我们应该关注这一点，对价格的采集就应该考虑这种方式，而不仅仅局限于传统的商店和农贸场所。

2. 准确及时反映消费结构及其变化

随着中国经济的快速发展，消费者的消费结构也在发生着快速的变化。要想比较准确和及时地反映消费的结构及其变化，就需要我们及时进行调查或者多增加一些调查，以得到更加准确的权重方面的信息。事实上如果经常能够得到较新的消费结构的信息，那么商品替代性偏差也就能够部分地得到克服，因为新的消费结构的数据已经反映了替代行为。

中国加入 GDDS 后的中期计划之一就是两三年更新一次权重，这应该成为我们努力的方向。

3. 将质量变化因素考虑进 CPI

产品发生质量变化必然导致前后时期产品可比性下降，这样计算出来的价格指数不能反映纯粹的价格变化，因此 CPI 的质量调整问题一直是价格统计中很大的一个问题。在 CPI 的偏差中，质量变化因素是导致 CPI 偏差的最大因素，这是很多国家在实证研究中得出的结论。而我国在这方面的研究则基本是空白。

尽管国外的研究无论在理论层面还是在实证层面都已经非常丰富，但是在我国这方面的研究还很欠缺。我国目前在实践中尚没有明确提出编制经质量调整的价格指数，这也是中国加入 GDDS 后的短期计划之一，但是目前来看还存在较大的差距。

4. 开展指数公式研究

尽管总的来看，中国价格指数编制方法基本与国际接轨，但是世界范围内并没有停止对指数公式的研究，包括基本指数层次、高层汇总层次都有很多问题还需要研究。因此中国也应结合自己的实际情况，深入对指数公式的研究。

此外，中国价格指数编制中还存在与国际编制方法不一致的地方，如中国编制的年度环比指数和定基价格指数等等。中国目前还

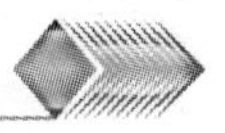

没有编制和公布经季节性调整后的价格指数。这也是中国加入GDDS后提出的中期计划之一，也是我们继续努力的一个方面。

5. 加强对数据收集阶段抽样调查方法的效果的研究

因为CPI所估计的总体是一个多层次的总体，如何抽样并不是一个简单的问题。虽然这不是一个新问题，但直到近期仍有人在不断研究，例如Dorfman等（2006）① 的研究。中国应加强这方面的方法研究，同时应对现有抽样调查方法的效果进行评估，为进一步改进奠定一些基础。

6. 中国应加强与外界的沟通

可以说，价格指数的编制工作是一个全世界性的工作，很多权威国际机构都在为如何更好地编制价格指数而努力，包括IMF、ILO、OECD和世界银行等等。很多国际会议也以如何改进CPI为主题。但是中国与外界的交流较少，一些重要的国际会议鲜见中国学者和政府部门的身影，如著名的渥太华国际研讨会已经召开了10届，很少有来自中国的声音。加强国际交流，扩大国际合作是增加信息，避免弯路的一个重要渠道，因此中国应加大这方面的投入，使更多的人走出去，带回更多的信息。

7.3 价格指数的未来研究领域

从世界范围来看，价格指数的研究和实践已有逾三百年的历史，但对价格指数的研究却从未停止，统计学家、经济学家和政府统计部门为改进价格指数，提高价格指数的准确性付出了很多努力。但是社会经济在发展，在发展过程中必然总会出现一些新事物

---

① Dorfman, A. H., J. Lent, S. G. Leaver, and E. Wegman, On Sample Survey Designs for Consumer Price Indexes, in *Survey Methodology*, Vol. 32, 2006. pp. 197 - 216.

和新现象，因此总有一些需要解决的问题。未来价格指数中还有哪些需要继续研究的领域呢？

7.3.1 服务业领域中还存在很多需要研究的问题

服务业在一国经济总体中所占比重越来越大是一个不可逆转的趋势，因此在消费者的产品篮子中也会变得越来越重要。就美国来说，服务类在CPI中所占的比重已经超过50%，对于发展中国家来说，消费者对服务的需求也将越来越多。如何准确地测算服务价格的变化，将影响到对总的CPI的测度。同时也将关系到对这些服务业产出以及总产出的准确测算。但是服务业有着不同于商品的特征，如何编制其价格指数存在很多挑战。

目前在消费者价格指数文献中讨论较多的几种服务包括：医疗服务、电信及上网服务、有线电视服务、电话服务、保险服务和金融服务等。

电信、电视和网络服务往往受市场管制的变化、技术的更新等因素影响呈现快速的变化。这种变化可能体现为服务质量的变化、新型服务的出现、服务形式的变化如产品以打包形式出现等。这给价格指数的编制带来了很大挑战。问题之一是如何剔除服务中的质量变化得到纯粹价格变化的测度？其次如在电信服务中经常存在一种打包现象，如将电话、电视和上网等服务打包在一起给予定价。如何编制这类服务的价格变化？目前一些统计部门采用根据账单来确定价格变化的方法（Bills - based Method），如澳大利亚统计局等。但是对这类服务价格变化的测度还需要继续研究，因为这些服务中涉及了太多的问题。

随着金融市场的发展和金融产品的不断开发，消费者所消费的金融服务和保险服务也越来越多。如何在CPI中准确反映金融服务和保险服务的价格变化？Mick Silver曾指出，现在金融服务在CPI要么被忽略，要么被不恰当地处理。关于金融服务在CPI及PPI中

的正确处理，还需要做如下几方面的工作：第一，构建一个恰当的概念框架，以方便测度。Woolford 曾讨论了什么样的金融服务应该纳入 CPI 核算中，这与 CPI 的目的直接相关。如果 CPI 是为了测度通货膨胀，那么三种金融服务都应该纳入 CPI，即货币兑换、股票经纪和存贷款服务。所以弄清概念和框架是最基础的工作。第二，如何获得金融服务的价格，包括隐含的价格和显性定价。这其中也涉及到很多的基本涵义的界定。第三，也要关注该部门的动态变化以及服务质量的变化。第四，如何保证数据的支撑也是一个重要方面。另外关于金融服务的处理还涉及到一个如何与 PPI 中的方法相协调的问题。

健康服务（health care）也是一个很棘手的问题。Mick Silver 曾提到，对价格统计学家来说这也许是一个最具挑战性的问题之一。健康服务中往往存在着补贴，但是补贴的数量和补贴的方式在不同国家是不同的。如何在 CPI 中进行处理，首先需要明确 CPI 的目的。与金融服务的处理类似，对 CPI 目的的不同理解决定了不同的处理方式。对于健康服务如住院治疗来说，一个更大的问题在于如何理解健康服务，是基于投入法（input）角度还是产出（output）或者是结果（outcome）的角度？这在 CPI 核算中还尚未达成一致的看法。在概念框架清楚的基础上才能解决如何抽样、如何收集价格等具体问题。关于医疗保险的处理也存在很多需要继续研究的地方，不同国家的处理方式差别很大，如美国是将健康保险纳入健康服务类下核算的，采用一种间接方法来估计健康保险价格的变化。美国 BLS 从 2006 年 1 月才开始公布健康保险价格指数。

7.3.2 对价格指数的质量调整工作还需要继续研究

尽管在过去的几十年里，人们对如何编制经过质量调整的价格指数进行了很多理论和实证研究，但这方面还存在不少需要继续研究的问题。

1. 质量调整技术问题还需要完善

在目前的政府统计实践中，已经有不少技术用于克服质量变化因素导致的偏差问题，但是这些技术还需要完善。以 hedonic 方法为例，存在的问题是 hedonic 模型的设定有一定的主观性，不同 hedonic 方法之间如何选择？如何取得所需要的数据，样本容量的适度性问题等等都是需要完善的地方。尤其在一些统计不发达的国家更是一种挑战。

2. 如何实现常规性地在政府统计中进行质量调整

在政府统计中，需要有一个明确的框架来指导如何常规性地进行质量调整。这个框架应该包括：①质量变化的判断标准，即什么情况下可以认为是发生了质量变化；②质量调整技术的选择标准，即选择什么样的质量调整技术；③质量调整效果的评价标准，即使用质量调整技术后的效果怎么样，若不使用质量调整技术，会产生多大的偏差等。只有这样才能实现常规性的、规范的质量调整。这也是一个值得研究的问题。

3. 关于产品的质量变化与新产品问题

有时候产品质量发生变化与新产品很难明确区分。但是新产品的出现也是越来越频繁，如何很好地在 CPI 偏差分析中理解和运用 Hausman（1997）所提出的消费者剩余概念，也是一个值得研究的领域。

7.3.3 有关抽样和价格收集的问题

Erwin Diewert（2001）① 曾指出，数据收集的技术可能在未来 20 年内发生一些变化，我们应该继续研究数据收集的相关方法。Diewert 指出，关于消费者支出的数据，很多国家都是通过消费者

---

① Ernst R. Berndt, Research on price index measurement: Agendas for the next twenty years, Journal of Economic and Social Measurement, 27, 2001.

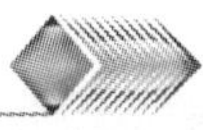

的记账及回忆来获得，以后可以考虑通过借记卡和信用卡的交易信息来获得住户支出信息。关于价格数据的收集，除了扩展扫描数据的应用，他指出可以借用现在方便的互联网来收集一些价格，如现在有一些网上车市，可以收集汽车的价格；通过网上电子商城等，来收集相关产品的价格。通过网络收集价格的好处就是无需到零售点去采集价格，但还需要研究技术上的问题。

在抽样调查价格时，Stigler（1961）委员会报告指出，应该在基层阶段采用概率抽样，美国 BLS 在 1978 年之后才开始采用该方法。但是并非所有国家在基层阶段均采用概率抽样，如澳大利亚采取的是判断抽样。那么到底哪种方式更好，还需要更多的研究和实证比较。

7.3.4 一些新理论引入 CPI

Diewert（2001）曾指出，在未来 20 年内，一些具有创新性的理论可能会引入 CPI 中。这包括：（1）Becker（1965）的时间分配理论。他将时间与消费者所消费的商品和服务都看作能够产生效用的商品，因此可以将时间成本看作是时间的价格也引入 CPI 中。这样可以比较全面地刻画住户的全部活动。（2）将 Becker 模型扩展，考虑非市场生产对住户生活费用水平的影响。（3）将 Becker 模型扩展，考虑若残疾、疾病和意外事故发生而引起的医疗行为的影响。如果残疾、疾病和意外事故发生，那么将会对消费者效用的最大化构成一个约束，影响消费者的福利，如果能够接受医疗，则会增加消费者的福利。这些怎么样才能反映在 CPI 中？

总之，价格指数领域中还有很多需要研究和深入的理论和方法问题，还有很多亟待解决的问题，值得我们继续为之努力。

参考文献

1. Abel, Jaison R., Ernst R. Berndt and Alan G. White. Price Indexes for Microsoft's Personal Computer Software Products. NBER working paper no. 9966, September, 2003, Cambridge, MA: National Bureau of Economic Research.

2. Abraham, K. G., J. S. Greenlees and B. R. Moulton. Working to Improve the Consumer Price Index. Journal of Economic Perspectives, Vol. 12, No. 1, 1998, pp. 27 – 36.

3. Adelman, Irma and Zvi Griliches. On an Index of Quality Change. Journal of the American Statistical Association, 56 (295) (September), 1961, pp. 535 – 548.

4. Aizcorbe, Ana, Carol Corrado and Mark Doms. Constructing Price and Quantity Indexes for High Technology Goods. Industrial Output Section, Division of Research and Statistics, Board of Governors of the Federal Reserve System, July, 2000, Washington, D. C.

5. Allan Crawford. Measurement bias in the Canadian CPI: an update. in Bank of Canada Review, spring 1998.

6. Ambjörn Berglund. New inflation measure used as main indicator in the ECB/ESCB monetary policy for the euro – zone. Estadística Española, Vol. 42, No. 145, 2000.

7. Arguea, Nestor M. and Cheng Hsiao. Econometric Issues of Es-

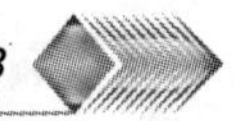

timating Hedonic Price Functions: With an Application to the US Market for Automobiles. Journal of Econometrics, 56 (1 – 2) (March), pp. 243 – 67, 1993.

8. Armknecht, Paul and Donald Weyback. Adjustments for Quality Change in the US Consumer Price Index. Journal of Official Statistics, 5 (2), 1989, pp. 107 – 123.

9. Armknecht, Paul A. Improving the Efficiency of the US CPI. International Monetary Fund Working Paper 96/103, 1996, Washington, D. C.: International Monetary Fund.

10. Armknecht, Paul A. and Fenella Maitland – Smith. Price Imputation and Other Techniques for Dealing with Missing Observations, Seasonality and Quality Changes in Prices Indices. International Monetary Fund Working Paper 99/78, 1999, Washington, D. C.: International Monetary Fund.

11. Ball, Adrian, Sukwinder Mehmi, Prabhat Vaze, Anthony Szary, Nicola Chissell, and Jeremy Heaven. Implementing Hedonic Methods for PCs: The UK Experience. presented at the Office of National Statistics 2002 New Economy Workshop, available at: http://www.statistics.gov.uk/events/new _ economy _ measurement/downloads/NEMW (04) _ AB_ Hedonics. pdf.

12. Ball, Adrian and David Fenwick. Static Samples in a Dynamic Universe: The Potential Use of Scanner Data and Hedonic Regressions. presented at SSHRC International Conference on Index Number Theory and the Measurement of Prices and Productivity, Vancouver, June 30 – July 3, 2004.

13. Barzyk, Fred. Updating the Hedonic Equations for the Price of Computers. Working paper of Statistics Canada, Prices Division, November, 1999.

14. Barzyk, Fred and Matthew MacDonald. The Treatment of Quality Change for Computer Price Indexes – A Review of Current and Proposed Practices. unpublished working paper of Statistics Canada, Prices Division, October, 2001.

15. Bascher, Jérôme and Thierry Lacroix. Dish – washers and PCs in the French CPI: Hedonic Modeling, from Design to Practice. presented at the Fifth Meeting of the International Working Group on Price Indices, Reykjavik, Iceland, August 25 – 27, 1999.

16. Benkard Lanier and Bajari Patrick. Hedonic Price Indexes with Unobserved Product Characteristics and application to Personal Computers. Journal of Business and Economic Statistics, Vol. 23, No. 1, 2005.

17. Berndt, Ernst R., Zvi Griliches and Neal Rappaport. Econometric Estimates of Prices in Indexes for Personal Computers in the 1990s. Journal of Econometrics, 68 (1), 1995, pp. 243 – 268.

18. Boskin, Michael J., Ellen R. Dulberger, Robert J. Gordon, Zvi Griliches and Dale Jorgenson. Toward a More Accurate Measure of the Cost of Living. Final report to the Senate Finance Committee, Advisory Commission to Study the Consumer Price Index, December 4, available at http: //www. ssa. gov/history/reports/boskinrpt. html.

19. Bradley, R., B. Cook, S. E. Leaver and B. R. Moulton. An Overview of Research on Potential Uses of Scanner Data in the U. S. CPI, Paper presented at the Third Meeting of the International Working Group on Price Indices. Voorburg, Apr. 16 – 18, 1997, available at http: //www. ottawagroup. org.

20. Brent R. Moulton. Bias in the Consumer Price Index: What is the Evidence. Journal of Economic Perspectives, Vol. 10, No. 4, 1996.

21. Brent R. Moulton, Timothy J. LaFleur, and Karin E. Moses.

Research on improved quality adjustment in the CPI: the Case of Televisions. BLS 1998.

22. Charles Schultze and Christopher Mackie (eds.). At what price? Conceptualizing and Measuring Cost – of – Living and Price Indexes. 2004, available at: http: //www. nap. edu/catalog/ 10131. html.

23. Christos Ioannidis And Mick Silver. Chained, exact and superlative hedonic price changes: estimates from microdata. Applied Economics, 2003.

24. Costa, D. L. Estimating real income in the United States from 1888 to 1994: correcting CPI bias using Engel curves. Journal of Political Economy 109, 2001, 1288 – 1310.

25. Crawford, A.. Measurement Biases in the Canadian CPI: An Update. in Bank of Canada Review, Spring, 1998, pp. 39 – 56.

26. Damon Wingfield and Philip Gooding. CPI and RPI: the 2008 basket of goods and services. Economic & Labour Market Review, Vol. 2, No. 4, April 2008.

27. David Fenwick. The Boskin Report from a United Kingdom Perspective. Statistics Canada – Cat. No. 62F0014MPB No. 10, 2001.

28. Deaton, A. Getting prices right: What should be done?. in Journal of Economic Perspectives, Vol. 12, No. 1, 1998, pp. 37 – 46.

29. Dennis Fixler, Charles Fortuna, John Greenlees and Walter Lane. The Use of Hedonic Regressions to Handle Quality Change: The Experience in the U. S. CPI. Paper presented at 5th Ottawa international meeting, 1999.

30. Diewert, W. E. Index Number Issues in the Consumer Price Index. Journal of Economic Perspectives 12 (1): 47 – 58, 1998.

31. Dora L. Costa. Estimating Real Income in the United States from 1888 to 1994: Correcting CPI bias Using Engel Curves. Journal of

Political Economy, Vol. 109, No. 61, 2001.

32. Ernst R Berndt (eds.). Research on Price Index Measurement: Agenda for Next Twenty Years. Journal of Economic and Social Measurement 27, 2001, pp. 99 - 130.

33. Feenstra, Robert C. Exact Hedonic Price Indexes. Review of Economics and Statistics, 77 (4) (November), 1995, pp. 634 - 653.

34. Fixler, Dennis J. and Kimberly D. Zieschang. Incorporating Ancillary Measures of Process and Product Characteristics into a Superlative Productivity Index. Journal of Productivity Analysis, 2 (2), pp. 245 - 267, 1992.

35. François Lequiller. Does the French Consumer Price Index Overstate Inflation?. Statistics Canada - Cat No. 61F0014mpb, No. 10.

36. Geneva. Consumer Price Index Manual: Theory and Practice. International Labour Office, available at: www.ilo.org/public/english/bureau/stat/guides/cpi/index.htm.

37. Greenlees, J. Expenditure Weight Updates and Measured Inflation. Paper presented at the Third Meeting of the International Working Group on Price Indices, Voorburg, Apr. 16 - 18, 1997.

38. Hamilton. Using Engel's Law to estimate CPI bias. American Economic Review, Vol. 91, 2001, pp 619 - 630.

39. Hoffmann, Johannes. Problems of Inflation Measurement in Germany. Discussion paper 1/98, Economic Research Group of the Deutsche Bundesbank, Frankfurt, Germany: Deutsche Bundesbank, 1998.

40. Hoven, Leendert. Some Observations on Quality Adjustment in the Netherlands. Presented at the Fifth Meeting of the International Working Group on Price Indices, Reykjavik, Iceland, August 25 - 27, 1999.

41. Inter – secretariat Working Group on Price Statistics. Revision of the ILO Manual on CPI. unpublished, 2003, available online at: http://www. ilo. org/public/english/bureau/stat/guides/cpi/index. htm.

42. J. A. Astin and D. J. Sellwood. Harmonization in the European Union: A Review of Some Technical Issues, in: Proceedings of the Third Meeting of the International Working Group on Price Indices. B. Balk, ed. , Research Paper no. 9806, Statistics Netherlands, 1998, pp. 291 – 308.

43. Jacques Taillon. review of the literature on core inflation. Statistics Canada working paper, Catalogue no. 62F0014MIB, 2000.

44. James Rossiter. Measurement Bias in the Canadian Consumer Price Index. Working paper 2005 – 39, Bank of Canada, 2005.

45. Jerry Hausman. Sources of bias and solutions to bias in the Consumer Price Index. Journal of Economic Perspectives, Vol. 11, No. 1, P23 – 44, 2003.

46. Kokoski, M. , K. Waehrer, and P. Rozaklis. Using Hedonic Methods for Quality Adjustment in the CPI: The Consumer Audio Products Component. Bureau of Labor Statistics Working Paper No. 344, 2001.

47. Lebow, D. E. and J. B. Rudd. Measurement Error in the Consumer Price Index: Where Do We Stand?. Journal of Economic Literature 41 (March): 159 – 201, 2003.

48. Louis Marc Ducharme eds. Bias in the CPI experiences from five OECD countries. Price Division, Statistics Canada, 2000.

49. Mark A. Wynne and Diego Rodriguez – Palenzuela. Measurement Bias In The HICP: What do We Know And What Do We Need To Know?. Journal of economic surveys, Vol. 18, No. 1, 2004.

50. Matthew D. Shapiro and David W. Wilcox. Mismeasurement in

the consumer price index: an evaluation. NBER working paper 5590, 1996.

51. Mick Silver, Elementary Aggregates. Micro Indices and Scanner Data: Some Issues in the Compilation of Consumer Price Indices. The Review of Income and Wealth, Vol. 41, 1995, 427 - 438.

52. Mick Silver. Bias in the compilation of consumer price indices when different models of an item coexist. 4th Ottawa Group Conference Paper, 1998.

53. Mick Silver. An Evaluation of the Use of Hedonic Regressions for Basic Components of Consumer Price Indices. The Review of Income and Wealth 45 (1), 1999, p41 - 56.

54. Mick Silver and Saeed Heravi. Scanner Data and the Measurement of Inflation. The Economic Journal, 111 June, 2001, P384 - 405.

55. Mick Silver and Saeed Heravi. Hedonic Price Indices and the Matched Models Approach, Unpublished Paper. Cardiff Business School (Cardiff: Cardiff University), 2001.

56. Mick Silver and Saeed Heravi. Why the CPI Matched Models Method May Fail Us. Working Paper 144 (Frankfurt: European Central Bank), 2001.

57. Mick Silver. The Use of Weights in Hedonic Regressions: The Measurement of Quality Adjusted Price Changes. Unpublished Paper, Cardiff Business School (Cardiff: Cardiff University), 2002.

58. Mick Silver and Saeed Heravi. a Failure in the Measurement of Inflation. European Central Bank, working paper No. 144, 2002.

59. Mick Silver and Saeed Heravi. Elementary price index number formulas differ: price dispersion and product heterogeneity. Presented at the 9th Ottawa Group Meeting on Prices, 2006.

60. Moulton, Brent R. and Karin E. Moses. Addressing the Quality Change Issue in the Consumer Price Index. Brookings Papers on Economic Activity, 1997 (1), pp. 305 - 349.

61. Okamoto, Masato and Tomohiko Sato. Comparison of Hedonic Method and Matched Models Method Using Scanner Data: The Case of PCs, TVs and Digital Cameras. Presented at the Sixth Meeting of the International Working Group on Price Indices, Canberra, Australia, April 2 - 6, 2001.

62. Pakes, Ariel. A Reconsideration of Hedonic Price Indexes with an Application to PCs. American Economic Review, 93 (5) (December), 2003, pp. 1578 - 1596.

63. Paul A. Armknecht and Feenlla Mintland - Smith. Price imputation and other techniques for dealing with missing observations. seasonality and quality change in Price Indices, IMF Working Paper, 1999, WP/99/78.

64. Robert C. Feenstra and Matthew D. Shapiro, eds, "scanner data and price indexes", http://www.nber.org/books/feen03 - 1.

65. Robert Cage, John Greenlees, and Patrick Jackman. Introducing the Chained Consumer Price Index. Paper Presented at The Seventh Meeting of The International Working Group On Price Indices Paris, France, May 2003.

66. Rosen, Sherwin. Hedonic Prices and Implicit Markets: Product Differentiation in Pure Competition. Journal of Political Economy, 82 (1) (January - February), 1974, pp. 34 - 55.

67. Rossiter James. Measurement Bias in the Canadian Consumer Price Indexes. working paper 2005 - 39, Bank of Canada.

68. Schultz, Bohdan J. Choice of Price Index Formulae at the Micro - Aggregation Level: The Canadian Empirical Evidence. presented at the

First Meeting of the International Working Group on Price Indices, Ottawa, Canada, October 31 – November 2, 1994.

69. Schultze, Charles and Christopher Mackie (eds.). At What Price? Conceptualizing and Measuring Cost – of – Living and Price Indexes. Panel on Conceptual, Measurement, and Other Statistical Issues in Developing Cost – of – Living Indexes, Committee on National Statistics, National Research Council, Washington, D. C.: National Academy Press, 2002.

70. Shapiro, Matthew D., and David W. Wilcox. Alternative Strategies for Aggregating Prices in the CPI. Federal Reserve Bank of St. Louis Review, May/June 1997, 113 – 125.

71. Statistics Finland. Measuring the Price Development of Personal Computers in the Consumer Price Index. paper for the Meeting of the International Hedonic Price Indexes Project, Paris, France, September 27, 2000.

72. Timothy K. M., Beatty and Erling Roed Larson. Using Engle Curves to estimate bias in the Canadian CPI bias. Canadian Journal of Economics, Vol. 38, No. 2, 2005.

73. Todd E. clark, "Comparing Measures of Core Inflation", available at: http: www. kc. frb. org.

74. Triplett, Jack E. Should the Cost – of – Living Index Provide the Conceptual Framework for a Consumer Price Index?. The Economic Journal, 111 (472) (June), 2001, pp. F312 – 334.

75. Triplett, Jack E. handbook on hedonic indexes and quality adjustment in price indexes. DSTI/DOC (2004) 9, OECD.

76. Turvey, Ralph. Elementary aggregate (micro) indexes. Paper presented at the seminar, "Improving the Quality of Price Indices", Florence, Italy (December), 1995, Hosted by Eurostat and Dipartim-

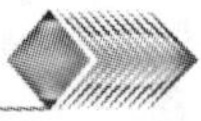

ento Di Statistica, Florentina Studiorum Universitas.

77. 陈浩:《X-11季节调整技术介绍——北京市统计局宏观经济监测技术培训团赴美学习情况报告（之二）》，《北京统计》，2002年第149期。

78. 曹振良主编:《价格指数概论》，南开大学出版社1998年版。

79. 范维、张磊和石刚:《季节调整方法综述及比较》，《统计研究》，2006年第2期。

80. 高艳云:《中美CPI数据质量比较——基于国际货币基金组织的DQAF框架》，《统计研究》，2008年第11期。

81. 高艳云:《笔记本电脑价格指数的编制——基于hedonic模型的研究》，《价格理论与实践》，2008年第11期。

82. 高艳云:《提高我国CPI编制质量的几点思考》，《价格理论与实践》，2008年第4期。

83. 高艳云:《国外CPI偏差及其测度研究综述》，《统计与信息论坛》，2008年第1期。

84. 龙革生、曾令华和黄山:《我国核心通货膨胀的实证比较研究》，《统计研究》，2008年第3期。

85. 刘建伟、彭建霞和罗兰:《核心消费价格指数的理论与应用》，《统计研究》，2006年第10期。

86. 刘丽萍:《对西方国家时间序列调整的几点认识》，《统计研究》，2001年第12期。

87. 刘仕国:《关于时序数据的季节调整、季度变化率与年度变化率的推导及年度化方法》，《世界经济统计研究》，2003年第1期。

88. ［匈］帕尔·科夫斯:《指数理论与经济现实》，夏一成、刘运哲、胡伏云译，中国统计出版社1993年版。

89. 邱东、杨仲山等著:《当代国民经济统计学主流》，东北财经大学出版社 2004 年版。

90. 王军平：《住房价格上涨对 CPI 的传导效应》，《经济学家》，2006 年第 6 期。

91. 徐国祥主编：《统计指数理论及应用》，中国统计出版社 2004 年版。

92. 徐强：《CPI 编制中的几个基本问题探析》，《统计研究》，2007 年第 8 期。

93. 徐强：《宏观经济价格指数测度论》，东北财经大学统计学博士论文。

94. 夏祥谦、王力宾：《汽车特征价格指数的理论与实证研究》，《云南财经大学学报》，2007 年第 1 期。

95. 杨缅昆、杨宏亮：《论质量指数——兼论名义物价指数的调整》，《统计研究》，2000 年第 3 期。

96. 易宪容：《应重新设计中国的 CPI 指数体系》，《领导之友》，2007 年第 5 期。

97. 中国人民银行调查统计司：《时间序列 x－12－ARIMA 季节调整——原理与方法》，中国金融出版社 2006 年版。

98. 赵红：《国民经济核算中的价格指数及其存在的问题研究》，《统计研究》，2005 年第 5 期。

99. 张鸣芳：《国际上季节调整最新发展及对我国的思考》，《统计研究》，2006 年第 10 期。

100. 周清杰：《自有住房的双重性质及其费用在 CPI 中的处理》，《经济理论与经济管理》，2008 年第 3 期。

后 记

本书是在我主持的一项国家社科基金课题基础上扩展完成的。2005年我荣幸地获得国家社科基金青年项目的资助，资助项目是关于质量调整的价格指数构建方法研究。当初选择这个题目是考虑到随着经济的发展，产品的更新换代越来越快，价格指数中的质量变化成为一个很重要的问题，它会导致价格指数产生偏差。而与国外从20世纪90年代开始如火如荼的理论和实证研究相比，中国对这个问题的研究实在太少，因此课题的核心就确定为如何编制经过质量调整的价格指数。在完成课题的过程中，又认识到价格指数编制中不仅质量变化会导致偏差，同时还有很多其他因素也会导致偏差，这些都会影响到价格指数的准确性。这些问题也引起了我的兴趣，因此本书在原有课题研究的基础上进行了一些拓展，主要思路是围绕着如何能够使CPI更加准确展开。

价格指数的研究是一个系统性的工作，同时又有很强的实践性。随着研究的深入，我越来越认识到有很多问题理解得不深刻，甚至需要重新回头去思考过去认为理所当然的问题。在本书即将付梓之际，我深知文稿还很不完美，一定存在很多错误和纰漏，恳请各位读者提出宝贵意见和建议。

本书的完成得益于很多人对我的帮助。其实课题的题目最初是受东北财经大学蒋萍教授的一次讲座的启示而来，她富有前瞻性的视角引领了我在这方面的探索。我的导师邱东教授也对课题的研究方向给予了肯定，给了我很大的帮助。山西财经大学的杭斌教授、李宝瑜教授、张如山教授在我多年的求学和工作过程提供了很多支持和帮助，尤其是李宝瑜教授对本书的完成提供了很多有见地的建议。在此要对他们说声非常感谢！

本书的完成也要感谢几位研究生同学的助研工作，包括单其豹、曹镇富、邵华、马广涛、胡浩等。

最后我还要对我的家人多年来给予我的支持深表谢意，尤其是我先生的无私付出。唯有继续努力才是对他们最好的回报。

作　者

2008 年 12 月